難民への旅

山村淳平

目次

【用語の統一について】

※入国管理収容施設の名称には、入国者収容所・収容場・東日本入国管理センター・西日本入国管理センター・大村収容所などがある。本著では収容の実態を的確に表現するため、外国人収容所という言葉をもちいる。

※ビザのない外国人には、悪質なイメージをあたえる〝不法〟滞在者という言葉を使用せず、非正規滞在者と表記する。なお、英語ではUndocumented migrantとしている。

※ミャンマーという国名が使用されているが、正当性をもたない軍事政権が国民の同意をえないまま、一九八九年ビルマ連邦からミャンマー連邦へ突然に変更したいきさつがある。軍事政権に反対している人々は抵抗の意をこめて、ビルマという国名を使用している。本著ではそれにしたがいビルマとする。

はじめに　目ざめへの旅のはじまり

一九九一年六月初旬、フィリピンで二〇世紀最大といわれたピナツボ火山の大噴火がおきた。周辺住民の数百万人が被災し、数千人が亡くなった。わたしは、日本のＮＧＯアジア人権基金の要請で、ピナツボ火山から西へ五〇キロはなれた町に設置された避難所へ派遣された。テントシティーとよばれた三万人もの被災者をかかえるおおきな避難所である。

わたしにとって海外での医療救援はこれがはじめてで、いったい何からはじめてよいのかわからず、ほとんど手さぐりの状態であった。とりあえず、病院でいつもおこなっている診療を避難所の一角にもうけられたテントで開始した。うだるような暑いテントのなかで、くる日もくる日も患者はかぎりなくおしよせてきた。一日数百人もの患者を診療しながら、ほどなくしてわたしは奇妙な印象をもった。ピナツボ火山噴火でもっともおおきな被害にあった先住民族アエタの人々が、診療所にほとんど姿をみせない。栄養失調の子どももあまりみかけない。あらかじめきいた話とちがっている。どうしてだろうか。そんな疑問がフト頭をよぎったのである。

ある日の午後、アエタ地区のキャンプにでかけ、一軒一軒家庭訪問してみた。すると栄養失調の子どもをみかけるではないか。九歳になる女の子は、手足がやせほそり、髪の毛が半分以上ぬけおちている。重度の栄養失調になっているのはあきらかだ。診療所ちかくで実施している栄養補給プログラムにすぐにでも参加させ、彼女の栄養状態を改善させなくてはならない。両親にこのことを説明しようにも、わたしでは言葉がつうじない。訪問に同行した地元の保健婦さんが、子どもを入院させるべ

アエタの少女。栄養失調がひどく、手足はやせほそり、髪の毛がぬけおちている。

く両親へ説得をこころみる。しかし両親はかたくなに拒否する。それでも保健婦さんは根気づよく説得する。彼女の対応には同胞に対する思いやりがみてとれる。

ようやく三〇分後に両親は入院に同意した。穴があき汚れた衣服を身につけている女の子に、あたらしい衣服を両親が着替えさせようとする。これから入院させる子をきづかう親の気持ちがつたわってくる。この間わたしは何もすることがなく、ただその光景をながめるしかなかった。

この出来事が何を意味するのか、その日の夜に反芻してみた。なぜアエタの人は病状が悪くなっても、ちかくの診療所にすぐにこなかったのか。入院するにしても、交通費・入院費・食事代などのお金がないのはもちろんである。ただ、それよりもアエタの人が入院すれば、廊下でねかされ、一般のフィリピン人から「くさい」といわれ、「きたない」とののしられ、屈辱感をあじわうからである。あるフィリピン人のいったことをわたしはおもいだした。「アエタは原始的な生活をおくっている。知能もひくく、能力もない」。

アエタの人が診療や入院を拒否する理由に、彼・彼女らの意見や主張を無視しつづけたフィリピン人、そのフィリピン人と一緒に医療活動する外国人への根強い不信感があるからだ。それは、アエタに対するフィリピン人の目にみえない差別と偏見からきている。

わたしは患者を診察することはできる。だが患者の言葉を話すことはできないし、アエタの文化や社会もわからない。診療の方法もひょっとしてちがうかもしれない。それよりもなによりも、地元の保健婦さんが態度でしめした「同胞に対する思いやり」がわたしにそなわっているかどうか、うたがわしい。それにわたしはいつの日かフィリピンをはなれる。フィリピン社会にひそむさまざまな不平等・貧困・差別のなかでくるしむ底辺の人々に、一時的にしか滞在しない外国人のわたしに診療以外いったい何ができるというのだろうか。

しかも診療していたテントからほんの数キロはなれた場所で、栄養失調におちいり病気にあえぐ子どもたちの存在に気づかず、結果的に患者をみのがしていた。それはわたしにとっておおきな衝撃であった。テントの診療所でいったい何をやっていたのか、何をみていたのか、何をきいていたのか。テントのなかでイスにすわり、患者をまつだけのこれまでの診療のあり方に根本的な疑問をもち、わたしはつよい反省をせまられた。

社会の異変がおこれば、もっとも被害をうけるのは少数民族・子ども・女性などの社会的弱者である。そのことをやせ細った少女に接してはじめて肌で実感した。彼・彼女らは目にみえない存在としてあつかわれ、社会から排除され、制度から疎外されている。それだけに病気になりやすく、しかし治療へとつなげられず、しだいに体はむしばまれ、病気の悪循環におちいる。それらをひきおこしている根本原因に貧困——むしろ富の偏在といったほうが適切である——や差別、そして国の社会構造などがふかくかかわってきていることに気づかされた。

制度の範囲内で活動しても、制度からはじきだされた人々をすくいだせない。一定の枠のなかで安住していたわたしは、彼女との間によこたわるあつい壁をしると同時に、医療だけで患者をなおすには限界があることを、身をもっておもいしらされた。それはふかい教訓として胸にきざみこまれた。本来一ヵ月であったフィリピンの滞在予定をのばし、最終的にその地に身をおいた月日は、一年半ちかくにおよんだ。

『中国の赤い星』をあらわし、中国革命を予見したジャーナリストのエドガー・スノーは自叙伝『目ざめへの旅』（筑摩書房、一九八八年）のなかでのべている。

旅に出てから一年目の終わりに、わたしは故郷からもっとも遠い地点に立っていた。ゴビ砂漠の南にある灼熱の都、薩拉斉である。ここで飢えのため万を数える子供たちが餓死するのをみたが、それは五百万以上の生命を奪った大飢饉であった。これがわたしを覚醒させる転機となったのである。

その後スノーは世界各地をまわり、戦争・貧困・革命の実態をかきあらわし、社会の矛盾や不平等を指摘し、さらに本国アメリカ合州国にもするどい批判の目をむけた。

われわれすべてが隣人の目にあるちりをはらう前に、自身の目にあるうつばりを取り除くべき時である。

フィリピン後、わたしはいくつかの国で医療活動に従事した。そのつど医療で人をすくえるのか、援助はどのようにすすめればよいのか、そもそも援助とは何なのか、自然災害であっても本当の被害をもたらすものはなにか、民族とはいったい何なのか、人はなぜ難民になるのか、国家の暴力とは一体何であるのか、中立の立場というものは存在するのか、社会とはどのような構造になっているのか、といった根本的な疑問をかんがえざるをえない場面に遭遇してきた。

その後日本にもどり、外国人診療にたずさわり、外国人収容所問題にかかわり、外国人や難民を支援しながら「自身の目にあるうつばりを取り除」こうとして、現在にいたっている。基本的な視点や姿勢は、今でもフィリピンで活動していた当時とほとんどかわらない。ふりかえると、わたしにとっての目ざめへの旅は一九九一年のフィリピンからはじまった。

第一章

海外の現場にて

〔解説〕

フィリピンで活動している間、ビルマから大勢のロヒンギャ難民がバングラデシュにおしよせるという緊急事態が発生した。アジア人権基金の要請をうけ、一九九二年にわたしは難民救援のためバングラデシュにむかった。わたしの難民救援活動はこれを皮切りに、一九九五年にザイール（現コンゴ民主共和国）でのルワンダ難民救援に従事し、一九九九年にタイにくらすビルマ難民の調査にかかわり、実態がまったくしられていないビルマ国内の避難民キャンプをおとずれた。さらに二〇〇四年にパキスタンのアフガニスタン人居住区や難民キャンプもたずねた。

難民キャンプでくらす人もいれば、のがれた先の国で定住者として生活する人もいる。住んでいる場所のちがいだけで、難民なのか、移民なのか、それらをはっきり区別する線引きはない。いずれにしても支援するにあたって、本国の実情や難民のおかれている状況だけでなく、難民がのがれた先の途上国の実情も把握しておかなければならない。途上国では難民を受けいれる余裕はなく、その国民もまた難民として他国にのがれているからである。

本章では、わたしが海外で経験した現場を中心にのべる。それぞれの活動や調査結果をアジア人権基金に報告をした。それをもとに再構成した文章を国別に掲載し、その後の状況もつけくわえた。

当時まったく意識しなかったが、海外の体験は日本での外国人支援にずいぶんと役にたった。有益だったのは、それだけではない。印象にのこった出来事や現地の人々の言動が刺激となり、援助のありかた、民族との関係、歴史的背景、社会の構造などに考えをめぐらすようになった。それはわたしの精神的支柱を強固なものにした。その点については第四章と第六章でのべることにする。

ビルマ西端からの人々——一九九二年

ひしめきあうテント

バングラデシュは平たんな国である。海抜〇メートルのところがいたるところにあり、雨期になると国全体が水びたしとなる。小高い場所はもちろんある。丘にたってながめると、地平のかなたがみわたせる。東に目をむけると、幅三キロのうすい茶色の河がみえる。河といっても流れはほとんどなく、湾のようにおだやかだ。河では数隻のちいさな船が漁をし、ちかくの水田では穂がたなびいている。河のむこう岸に目をむけると、標高五〇〇～八〇〇メートルの濃い緑につつまれた山々がそびえたつ。ビルマ[1]のアラカン山脈西端である。国土の大部分が低地のバングラデシュとは好対照をなす。時間の流れがとまったかのように、のどかで平和な風景が目の前にひろがる。わたしがたっているのはバングラデシュ南東部の小都市コックスバザールから三〇キロ南にくだった小高い丘の上である。

一九九二年二月から急速にふえたロヒンギャ難民のほとんどは、今ながめているナフ河を手漕ぎ船でわたってきた。船がなければ、徒歩でアラカンの山々をこえ、一週間以上かけてバングラデシュにたどりついた。その数は二八万人とされ、当時としてはカンボジア難民三五万人にせまるいきおいで

1　第二次世界大戦後、ビルマは社会主義計画党の一党独裁がつづいていた。一九八八年の民主化運動でおおきくゆらぎながらも、同年クーデターによって軍部が全権掌握した。一九九〇年に総選挙を実施したところ、アウンサンスーチーさんのひきいる国民民主連盟が八割の議席を獲得した。ところが軍事政権はこの結果を無視し、当選議員の逮捕・拘禁などで民主勢力の解体策にでた。現在も軍事政権は維持されている。

あった。難民は、国境をこえる際にビルマ兵にお金をわたさなければ、ビルマを出国できなかったという。追いはぎに銭とはこのことをいうのだろう。

バングラデシュのNGO民衆保健センター（Gonosyastra Kendra＝GK）と協力しながら、ビルマからのがれてきたロヒンギャ難民を救援するため、わたしはこの地にやってきた。コックスバザールから南の町テクナフまでの幹線道路五〇キロを車ではしると、沿道には一三ヵ所もの難民キャンプがもうけられていた。大量の人々が一度におしよせたため、バングラデシュ政府の対応は後手にまわった。そのため難民は粗悪なテント生活を強いられた。道なりにつづく密集したテント、水や食料をもとめる人々の群れ、手足がほそく腹のでた子ども、糞尿はたれながしの不衛生な状態。これが人間の生活するところなのか、とおもわずにはいられないほど想像を絶するひどさであった。

一日に八人が死亡

ひとつの難民キャンプに一〜四万人の難民が生活している。バングラデシュの避難所にはいれたのは全体の六割でしかなく、他はいたるところにテントをはりめぐらし、細木を支柱にして小枝をよせあつめ、鳥の巣のような住居にする以外に方法はなかった。国連から支給されたビニールシートをかぶせ、かろうじてつよい日差しをさえぎっている。それが道路沿いにずらりとみわたすかぎりならんでいる。

テントでくらす一家におじゃまして中にはいる。テントをくぐったとたん、強烈な熱気がはねかえり、料理用に火をおこした煙のくすんだ匂いが鼻をつく。地面はむきだしで、広さはたたみ四畳にもみたない。せまい空間に親と子どもたちがひしめきあっている。数枚の毛布が支給され、土の上にかぶせて大人二人が体をよこたえると、余分な空間はなくなる。自前のものは鍋と皿しかない。着替える服はなく、まさに着のみ着のままでビルマからのがれてきた様子が一目でわかる。子どもたちは屈託のない笑顔でわたしをむかえるが、大人は無表情で黙してかたらない。将来への不安と絶望感がただよっている。

不足しているのは避難所だけではなかった。清潔な水を供給する井戸、そしてトイレなどの衛生設備が圧倒的にすくない。トイレはキャンプ全体の三割しかおかれず、用をたしても外へたれながしとなる。そうなると水は汚染され、下痢にくるしむ患者がいっそうふえる。診療所におとずれる患者の四割以上が下痢疾患でしめられ、患者用ベッドには栄養失調におちいり、肺炎などの感染症を合併し、点滴治療をうける子どもたちでいっぱいである。親はベッドの隣で不安げな表情で子どもをみまもっている。

食料は赤新月社から配給されているが、量は不十分で、タンパクやビタミンなどが不足し、栄養素のバランスがかたよっている。乳のみ子をかかえる母親は突然の強制追放のショックで乳がだせなくなり、ナフ河をわたるまで食べるものはなにもなかった。かといって、赤新月社が乳幼児用の食糧を配給しているわけではない。重度から中等度の栄養失調の子どもが全体の一割から二割にものぼり、治療の一環として実施している栄養失調を改善するセンターはやせた子どもたちで満杯だ。センターで兄や姉が栄養失調の弟や妹に食事をあたえている光景は、悲惨な状況のなかにあってもほほえましい。

こうした緊急治療がほどこされても、一九九一年末から九二年八月までに二一〇〇人が亡くなった。一日平均八人の割合で、そのほとんどは抵抗力のよわい五歳未満の子どもたちであった。下痢・脱水・呼吸器感染症・栄養失調が原因なのだが、衛生環境をととのえ、充分に栄養補給していれば、ふせげた病気ばかりである。

元気な子どもたち

栄養失調児はほんの一部で、大半は元気な子どもたちだ。広場にあつまり仲間と遊び、料理や水くみのお手伝いをしている。

各キャンプではさっそく子どもたちに教育がはじめられた。難民でもある教師が小学低学年の子ども一〇〇人を一ヵ所の部屋にあつめ、授業をおこなっている。子どもたちがいっせいにおおきな声をはりあげ、教師の一言一言を復唱している。

元気な子どもたち一〇〇人があつまれば、よそ見する子どもや輪になっておしゃべりに夢中になる子どももでてくる。どの国でも学校の授業というものは子どもにとって退屈このうえない。なんともいえず、つい微笑をさそうなごやかな光景なのだが、それを一瞬にしてぶちこわしたのは教師である。皮のムチをふりまわし、女性教師が子どもの背中やお尻をひっぱたく。体罰が公然とゆるされる授業におどろき、ずいぶんとおっかない教師だな、とおもいながら教室をたちさる。

教育はお腹の足しにはならないが、たえず迫害される少数民族にきびしい世の中を生きのびるための知恵をさずけている。せめて教育だけでも子どもにあたえたい、という親の切実な願いでもある。教師のしつけが厳格になるのは当然だろう。ところがバングラデシュ政府はほどなくしてキャンプ内の教育を禁止し、ムチではなく銃でもって、教師や子どもたちを学校からしめだした。

救援にかけつける国際NGO

水の確保は食料供給と同様に重要である。バングラデシュ政府や支援団体は川や沼から水をひき、キャンプに供給していた。給水車が砂埃をたてながら道路をひっきりなしに往復する。各キャンプには井戸が数ヵ所ほられている。それでも二八万人もの渇きをみたすには充分でない。しかもこの時期は乾季で、雨はほとんどふらず、井戸の深さはあさく、水は汚染され、衛生上の問題が発生していた。

ある日インド人がこの地にやってきた。彼はイギリスのNGOオックスファムで給水技術を身につけていた。必要な器材をイギリスからとりよせ、上流の川水をパイプで平地までひきよせ、三〇平方メートルの巨大貯水タンクを数日間でつくりあげた。それは浄水装置のついた立派なタンクであった。浄化された水が給水車ではこばれ、各キャンプにゆきわたった。インドの地元の人間に水確保の技術をさずけるオックスファムの援助方法をわたしは驚きをもってながめた。わたしは情報交換するためフランスの国境なき医師団とも接触したのだが、イギリスとフランスのNGOの行動様式があきらかにちがっていた。植民地時代の統治方式がそっくりそのままNGO活動に応用されているのである。

イギリスは植民地時代に現地人との軋轢を回避する間接統治を採用していた。地元インドのエリート層をたくみに利用したように、オックスファムはこの方式をひきつぎ、地元にとけこみながら技術移転し、現地のエリートをうまくつかいこなしていた。それに対しフランスは自己の文化の優位性に絶対的な自信をもち、植民地に同化政策を強行していた。アルジェリアやベトナムがその代表であるが、両国に対するフランスの同化政策は失敗に帰した。国境なき医師団の活動にはフランスの栄光が背後にかがやいている。フランス人が上にたち、地元民はあくまでその下働きにすぎない。緊急事態という面があるにしても、フランス人が率先し、フランス式をマニュアルどおりこなし、地元NGO

と連携するにしても、国境なき医師団があくまで上にたとうとしていた。そこからは技術移転や地元の人間をそだてる発想はでてこない。

当時なにげなくおもっただけだが、その後国内外の難民や外国人の支援にたずさわり、ＮＧＯの存在や支援の意味をさぐるうちに、かつての植民地支配と現在の国際協力がけっして無縁ではないことをしるようになる。

傷つけられた人々

キャンプを巡回していると、あるロヒンギャ女性がちかづいてきた。泣きさけびながら何かをうったえている様子だ。通訳を介して事情をきくと、ビルマ兵に銃剣でおなかをさされ、傷があるという。傷口をみると、小腸の一部がとびでていた。おなかをおさえながら、やっとのおもいでバングラデシュのキャンプにたどりついたのである。緊急に縫合手術が必要なので、キャンプちかくのイスラム教団体が運営するラビタ病院まで彼女をつれていった。ラビタ病院にはたくさんのロヒンギャ難民が入院している。ちょうどよい機会なので、病院の責任者の了解をえて、病室をまわってみることにする。

ベッドによこたわっている男性患者に話しかけてみた。彼は四ヵ月前ビルマ軍に連行され、武器運搬の強制労働をさせられた。四八歳という年齢のため、おもい荷物をはこぶのは無理で、休憩していたところを兵士にとがめられ、銃剣をお尻から足へとつきさされた。二ヵ月前にキャンプにのがれてきたが、傷口が化膿したのでラビタ病院で手術することになった。

ビルマでそうとうひどいことがおきているようだ。難民キャンプで調査と医療活動する合間をみて、わたしは時間のゆるすかぎりビルマからのがれてきた理由を難民にたずねてみた。おおくの人々は異口同音に次のようにかたった。

軍事施設・道路・橋の建設のため、ロヒンギャは労働力として強制的にかりだされてきた。すこしでも休めば、なぐられ、けとばされた。ビルマ軍と仏教徒アラカン人はロヒンギャの財産・家財道具・食料・家畜を略奪し、ロヒンギャが抵抗しようものなら銃剣で暴行され、場合によっては殺された。モスクは破壊しつくされ、イスラム教徒のロヒンギャはお祈りを禁じられた。若い女性は強姦されるため、身をかくさなければならなかった。ロヒンギャはアラカンの土地から追放され、その地にビルマ人やアラカン人があらたに入植してきた。

こんな恐ろしいことがビルマでおきているのだ。じつはロヒンギャ難民大量流出は今回が初めてではない。ロヒンギャはビルマのアラカン地方でつねに迫害をうけつづけてきたのである。

迫害の過去

一三～一八世紀にかけてムスリムの人々はアラカン王国の傭兵としてやとわれ、あるいは商人としてベンガル地方やアラカン地方を往来していた。イギリス統治時代およびビルマ独立後の移住者をふくめて、その後住みついたムスリムの末裔および混血がロヒンギャといわれている。ビルマ西部のアラカン地方には推定一〇〇万人のロヒンギャ少数民族がくらしている。言語はバングラデシュのコックスバザール地方のベンガル語で、宗教はイスラムである。他にもサウジアラビア・インド・パキスタン・マレーシアなどイスラム圏に移住し、世界各国にちらばっている。

ロヒンギャへの迫害が歴史に登場したのは、日本占領期の一九四二年である。日本軍は仏教徒アラカン人を組織化し、愛国アラカン軍を武装させ、ロヒンギャをアラカン地方からおいだしにかかった。その際に一〇万人が殺され、五〇万人が家をうしなったとされている。これに対しイギリス軍はチッタゴンでイスラム教徒から構成されるゲリラ部隊をつくり、反撃をこころみた。ゲリラ部隊はアラカン地方で日本軍をたおすのではなく、アラカンの仏教徒とたたかうことになった。このときからイスラム教徒ロヒンギャと仏教徒アラカン人の血で血をあらそう民族紛争に発展していった。

一九七八年には独裁政権のもと、アラカン地方での軍事作戦によって三〇万人のロヒンギャがおわれ、バングラデシュに難民としてのがれた。当時は国際的な救援活動が不十分だったため、一万人ものロヒンギャが亡くなった。その大半は栄養失調におちいった子どもたちである。後にバングラデシュとビルマ両国の合意により、三年間で二〇万人がビルマに帰還した。

しかし一九八二年に成立した国籍法によって、ロヒンギャはバングラデシュからの不法移民あるいは無国籍者としてあつかわれてしまった。市民権がないため、教育をうける機会はせばめられ、医療をうける権利はない。職業選択はかぎられ、たいていは稲作農業に従事し、他は漁業・きこり・貿易業・船員などである。税金として作物や米をとりたてられ、さらに道路や橋を建設するための強制労働にかりだされる。それを拒否すれば、暴行をうけ投獄される。

アラカン地方へのビルマ民族の入植も着々とすすめられ、ロヒンギャは住んでいる土地をおいだされはじめた。アウンサンスーチーさんらの民主化運動をロヒンギャが支持したとして、ビルマ軍事政権はアラカン地方に七~八万名の軍隊を集結させ、一九九一年暮れに、仏教徒アラカン人とともにふたたび大規模な追放を開始した。今回の難民大量流出の原因となった軍事作戦である。

このように物しり顔でわたしはここに記載しているが、白状すれば、ロヒンギャ難民キャンプをおとずれる前までわたしはビルマについてまったくしらなかった。一九八八年の民主化運動のことも、アウンサンスーチーさんのことも、無知そのものであった。キャンプで難民の生の声をきいて、そこではじめてビルマでおきている現実を理解したのだった。本をよみ写真をみても、なかなか実感がわかない。その点すこしにぶい部類に属するだろう。アナログ方式の現場主義に徹しているのは今でもかわらず、すぐに情報を手に入れられるデジタルへといっこうに進化していない。ちなみに難民弁護士の第一人者である渡邉彰悟弁護士も、わたしがロヒンギャ難民を救援していた同じ頃、タイの難民キャンプをおとずれ、実態をはじめてしり、おどろいたという。だから、あなたがビルマに関して何の知識もなくても大丈夫、今から理解しようとしてもおそくない。

まねかれざる客

わたしがテクナフ町周辺の難民キャンプをはなれている間、とんでもないことがおきた。難民のデモがあり、警備にあたっているバングラデシュ兵士や警官が制圧の際にデモ隊に発砲し、多数の死傷者がでたのである。

バングラデシュは最貧国の烙印をおされ、自国民でさえ十分やしなえていない。そこにロヒンギャ難民二八万人がおしよせたのだから、たまったものではない。バングラデシュ側にとって、難民はやっかいで迷惑である。しかも難民の生活が長期化するにつれ、バングラデシュ住民とロヒンギャ難民の対立がはじまった。キャンプで活動する国際支援団体が食料・医薬品・建築材を買い占め、地元の生活必需品などの物価が値あがりし、地域住民の生活がおびやかされたからである。また難民は調理の燃料用に木々を伐採し、地域住民の反感をかった。無料の食料配給や医療があたえられることで、地域住民の嫉妬心もつよくなった。

不満がつもりにつもって、地域住民の国連難民高等弁務官事務所（United Nation High Commissioner for Refugees＝ＨＣＲ）へのデモ、そして難民への略奪・暴行・イヤガラセなどへと発展していった。さらにバングラデシュ政府と難民の対立もはげしさをました。バングラデシュ政府は難民に対し暴行をくわえ、場合によっては投獄し強制送還をこころみた。強制送還をめぐって難民はデモで対抗し、ちいさな衝突がなんどかくりかえされてきた。そして今回の大規模なデモと衝突によって死傷者がさらにふえたのである。

その後、ＨＣＲの仲介によりキャンプの衝突はなんとかおさまった。かわりにバングラデシュ政府は外国からの介入や報道をきびしく規制しはじめた。そのため難民の実態は報道されなくなった。ロヒンギャ難民の生存権は、ＨＣＲや国際ＮＧＯの存在でかろうじてまもられているといってよい。後のことになるが、ザイールでのルワンダ難民でも、おなじ出来事がみられた。ザイール政府は軍隊をつかって、ルワンダ難民を強制送還しようとしたのである。日本でも難民の強制送還がおきている。どの国も難民をはやく厄介払いしたいようである。

バングラ魂

わたしを派遣したアジア人権基金[2]の基本方針は、アジアの地元ＮＧＯを支援し、地元の人々に活動の場を提供することである。すでにフィリピンでわたしはそれを実践していた。バングラデシュも同様に、地元ＮＧＯのＧＫと協力関係をむすんでいた。コックスバザールにＧＫの支部があり、その事務所をたずねると、事前に連絡をうけていた支部長がまっていた。遠来の客に冷たい紅茶をさしだし、もてなしはていねいであった。はるばる日本からやってきたことに支部長は感謝の意をあらわし、GKのシャジャハーン医師を紹介した。彼は三〇歳になったばかりの若手医師で、わたしを各キャンプに案内してくれた。GKの運営するキャンプではスタッフは仕事を手際よくこなしている。あまりにも患者がたくさんなので、まず看護師が最初に診察し、手におえない患者になると、医師の出番である。わたしにもその番がときにまわってきた。

難民キャンプで地元のバングラデシュ人とともにはたらくなかで、しばらくしてわたしはあることに気づいた。バングラデシュ（バングラ人の国）は海外からの援助で国としての体裁がなんとかたもたれている被援助大国である。経済的にいくら貧しくても、みずからの社会をよくしようとするバングラデシュ人の心意気——バングラ魂といっていい——をたびたびかんじたのである。隣国からおしよせた難民に対しても自国の問題としてGKのスタッフはとらえていた。

バングラデシュには「ヒロシマの日」というのがある。毎年バングラデシュ各地で八月六日に「ヒロシマの日」の式典がもよおされる。NGOネットワーク主催の「ヒロシマの日」の集会に、日本のNGOシャプラニール現地代表の下澤嶽さんとともにわたしは招待された。集会所は一〇〇人以上のバングラデシュ人であふれかえっていた。わたしたちは集会での話をもとめられた。下澤さんは見事なベンガル語でかたった。次はわたしの出番である。式典につきものの堅苦しさはないが、人前で話

2　アジアの人々の支援に取り組んでいるNGOや個人をささえるため一九九〇年に設立された。共同代表は元衆議院議長の土井たか子さんと早稲田大学教授の村井吉敬さんである。二〇一〇年に二〇年間の歩みを終え、活動の幕をとじた。

すのは大のニガテである。しかも不慣れな英語であいさつしなければならない。それに何を話したらよいだろうか。でも被爆国からの客をせっかくまねいてくれたのだから、その好意にこたえよう。意をけっして、次のようにのべた。

日本は、アメリカ合州国にヒロシマとナガサキへ原爆をおとされた無差別大虐殺の不幸な体験をもっています。それは日本の悲劇であり、人類の悲劇です。昨日のヒロシマの運命は、明日のダッカの運命なのです。ヒロシマ以降、原爆を保有している国はふえました。それらの国々のうち、もし人類の上に三度目の原爆をおとすとすれば、いったいどこの国なのでしょうか。それはとりもなおさずアメリカ合州国です。朝鮮戦争やベトナム戦争で原爆使用が検討されましたが、幸いにもそれはみおくられました。そのかわり、枯れ葉剤やナパーム弾がアジアの地にたくさんふりそそがれました。わたしたちは、原爆の威力はもちろんのこと、なによりも原爆を人類の頭上におとしたアメリカ合州国の支配層の恐ろしさをうったえつづけなければなりません。第三のヒロシマ、ひいては人類の悲劇をふせぐためにです。

はるかとおい異国の地バングラデシュであっても、おたがいが人類の未来に想いをはせる。わたしはバングラデシュを親しみのある身近な国とおもうようになった。バングラデシュ人とともに活動する心地よさをかんじはじめていた。だが、かならずしも良い面ばかりではない。別の顔があることを活動中にしる。

チッタゴン丘陵の少数民族

ある日の夕方、HCRの現地職員がわたしのところにやってきた。コックスバザールから北にひろがるチッタゴン丘陵にくらすジュマ少数民族がひどい目にあっている、それを日本にぜひつたえてほしい、という相談であった。わたしが日本の人権団体の一員なので、おそらく安心してはなす気になったのだろう。彼は真剣な表情でジュマの窮状をうったえた。

バングラデシュはかつて東パキスタンという名であったが、国民の大部分をしめる誇りたかきベンガル民族が、西パキスタン支配に反発し、一九七一年にバングラデシュ独立へとみちびいた。栄光ある独立を勝ちとったが、国家建設の過程で他民族を支配し圧迫するようになる。最大の被害者は、バングラデシュ南東部のチッタゴン丘陵地帯に住むモンゴロイド系の先住民ジュマ民族である。

多数民族ベンガル人とは歴史的文化的にことなり、仏教やヒンズー教を信仰している。ジュマの土地に巨大ダムが建設され、軍用道路がしかれ、道路沿いに軍のキャンプがもうけられ、同時にベンガル人の入植がすすみ、ジュマの生活圏がおびやかされはじめた。武装する入植者が各地で寺や学校などを襲撃し、家々を焼きはらい、多数のジュマは傷つけられ、殺された。一〇数万人以上が隣国インドやビルマにのがれたという。

これではビルマのロヒンギャ迫害とまるでおなじではないか。ジュマの状況をつたえたいが、まず現地に足をはこび、その現状を自分の目でたしかめなければならない。物事を正確に判断するための第一歩である。わたしはロヒンギャ難民の救援活動と調査に手一杯で、とてもその余裕はない。それにバングラデシュ政府は、外国人がチッタゴン丘陵地帯にはいるのを極端に警戒し、情報統制している。日本にもどり、ロヒンギャ難民救援のキャンペーンをはじめなければならない。ジュマの窮状をうったえれば、バングラデシュ政府を刺激し、ロヒンギャ難民キャンプでわたしが活動できなくなる。

そのように説明し、彼に納得してもらった。わざわざ相談にこられたバングラ魂をもつ好青年に申し訳なくおもい、たいへん心のこりであった。

二つの少数民族、ロヒンギャとジュマはそれぞれの国から迫害をうけている。わたしは現地にいたおかげで、少数民族のおかれている状況をよく理解できた。だがバングラデシュとビルマの両政府は都合の悪い情報が外にもれるのをきらっていたため、迫害の状況が海外につたわることはなく、当時ロヒンギャやジュマなど少数民族の実態をしる人はほとんどいなかった。ところが一〇数年後にわたしは二つの民族に日本であうことになる（第二章「熱血漢！　ビルマ人」参照）。

あらたな支配者

わたしはコックスバザールで一泊六〇〇円の安宿に投宿していた。ベッドには蚊帳がついていて、子どもの頃に慣れしたしんでいたので、じつになつかしかった。ベランダに腰かけると、海からのさわやかな風をうけ心地よい。のどかな田園風景、道をゆきかうバングラデシュ式人力車、子どもたちの歓声、のろい歩みの牛。それらを宿からながめるだけで大満足であった。そんな安宿にＨＣＲの職員も寝泊まりしていた。娯楽設備のない田舎町でおたがいの仕事がおわれば、おしゃべりの時間はたっぷりとある。ＨＣＲの任務はキャンプの難民の安全をまもることである、とわたしはおもっていた。ところが、その職員はトンデモナイと即座に否定し、ＨＣＲの内部事情をくわしくかたりはじめた。

ＨＣＲ現地事務所の代表はキャンプの現状をぜんぜん把握していない、やる気のまったくない人だ、本当はすることはいっぱいあるのに、キャンプで職員たちは何もせず単にみまわっているだけ、それを批判したジャーナリストはキャンプや事務所の出入りを禁止されてしまった、援助金の七割以上がＨＣＲおよび事業委託する支援団体の事務所経費や人件費などにつかわれ、のこりの二〜三割だけが難民のもとにとどく、ＨＣＲ職員はファーストクラスの飛行機にのり、豪華なホテルに宿泊し、その出費をぜんぜん無駄とおもっていない、ＨＣＲは自分たちの組織維持しか考えず、金集めに精をだす、セクハラの被害にあった女性が内部でうったえようとしても、同調する人がひとりもあらわれず、逆に不祥事を組織的にもみけされ、被害者は孤立無援の状態であった、あこがれてＨＣＲ職員になったけれど幻滅することばかり、理想と現実がこれほどちがう組織は他にない等々……。

わたしが人権団体の一員であり、医者という社会的に信頼されている職業から気をゆるしたのか、ＨＣＲのかくされた面をまくしたてた。自身がＨＣＲ職員であることの恥ずかしさにこれ以上たえられず、精神的にまいっている様子であった。

ＨＣＲは、地元のバングラデシュ人からも不評をかっている。ＧＫは独自の資金と人材でキャンプの医療を担当し、ＨＣＲとのつながりはない。ＨＣＲについてシャジャハーン医師にたずねると、なかなか刺激的な答えがかえってきた。

「ＨＣＲは、欧米のＮＧＯとともに新しい支配者としてやってきた。

緊急救援は重要である。しかし他国の国際団体がわがもの顔でやってくるのは我慢できないし、警戒を要する。かつて数百年にわたりイギリスに植民地支配された経験から、欧米に対し根強い不信感がのこっている。彼の言葉をわたしがふかくかみしめることになったのは、しばらく後に日本で難民や外国人の支援をはじめてからである（第四章「古い支配から新しい支援へ」参照）。

難民キャンプ再訪

ＨＣＲ・バングラデシュ政府・ビルマ政府の三者による合意が成立し、難民の自主帰還がすすめられ、一九九四年から九七年までに約二三万人のロヒンギャ難民がアラカン地方にもどった。

二〇〇二年八月、わたしは一〇年ぶりに難民キャンプをおとずれた。二ヵ所の難民キャンプに合計二万一五〇〇人の難民が避難生活をおくっている。一九九二年当時と比較すると、キャンプの状況はおちついている。住居や衛生環境は整備され、栄養失調児はほとんどみられない。疾病についても軽症例ばかりで、数もそれほどおおくない。

しかしキャンプ生活の長期化でおきてくる問題がある。食糧や医療は無料のため、難民の依存度がつよまっている。子どもがキャンプでの生活しかしらず、外の世界にふれられず、子どもの将来への希望は絶たれている。男性は長期間のキャンプ生活でストレスが蓄積し、それがよわい立場の女性にむけられ、家庭内暴力としてあらわれている。このような現象は、ロヒンギャ難民にとどまらず、世界のどの難民キャンプでもみかける。

ＨＣＲのはたらきかけにより、バングラデシュ政府の柔軟な姿勢がみられてきたことはおおきな変化であった。強制送還を中止し、あくまで自主帰還としたこと以外に、一九九六年には小学校がつくられ、ロヒンギャの教師がアラカン語・ビルマ語・英語などをおしえるようになった。さらにＨＣＲによって女性センターがたてられ、そこで裁縫や石鹸作りなどの職業訓練がおこなわれている。[3] 以前にはバングラデシュ政府はこうした施設をいっさいみとめなかった。バングラデシュ政府は国際社会の目を気にし、よほどのことでないかぎり難民に手出しするのをひかえるようになった。国際団体の存在自体がバングラデシュ政府へよい影響をあたえているのだろう。

ビルマのアラカン地方でも、国際団体の存在がビルマ軍事政権への抑止力となり、ロヒンギャに対して強制労働・不当な税金徴収・暴行・追放などがなくなったのであれば、たいへんよろこばしいのだが、改善のきざしはいっこうにみられない。現在も陸づたいや海上ルートをつかい、インド・タイ・マレーシアへと、ロヒンギャ難民の流出はつづいている。ビルマ国内でＨＣＲや国際ＮＧＯが監視の役目をしているとはとてもいえない。

3　センターの職業訓練が将来役立つかどうかは、はなはだ疑問である。ビルマのアラカン地方にもどったところで、縫製や石鹸の工場はなく、宗教的な理由からイスラム女性がはたらくのは容易でないからである。

ルワンダとザイールの狭間で——一九九五年

赤道直下へ

単発エンジンのセスナ機の窓からながめると、青色をおびたキブ湖が眼下にひろがる。夕陽をあびながら小型機は上空を旋回し、ザイール（現コンゴ民主共和国）東部のブカブ町の空港に静かにまいおりた。密林をきりひらいてつくられた空港ターミナルは木造りの粗末な小屋である。まわりはふかい緑につつまれ、静寂をたもっている。新鮮な空気をおもいっきりすうと、アフリカの大地にたった感覚が全身につたわってきた。

入国審査の手続きをすませ、小屋をでると、むかえたのはザイール人のジャンさんである。ベルギーの薬科大学に国費留学した優秀な人物だ。薬剤師としてブカブで薬局を経営するかたわら、支援団体の調整役をひきうけている。初対面のあいさつはおたがい笑顔でかわす。だが彼の態度はわたしに対してどことなくよそよそしく、ぎこちない。英語が彼の第一外国語でないことは、なまりのつよいアクセントですぐにわかった。彼にとってフランス語の方が楽であろう。彼への奇妙な第一印象はかならずしも言葉の問題だけでなかった。それは後になってあきらかとなる。

トヨタのランドクルーザー車の後部座席にすわると、運転手のケナンさんを紹介された。彼はルワンダ難民で、手なれたハンドルさばきで寡黙に運転する。景色は濃い緑の森から町並みへとすこしずつうつりかわり、一時間ほどしてブカブ町の支援団体の事務所兼宿泊施設に到着した。日本人スタッフは調整員の田所さんと日本人看護師、そしてザイール人スタッフはジャンさん以外に事務担当の元教員・料理人・夜の門番二人である。事務所の玄関口ででむかえた犬一匹がそれにくわわる。わたしとの初対面で、後ずさりしながらうるさくほえる番犬を一瞬たのもしいとおもったが、「夜の門番二人と同様に、まったく頼りにならない臆病な犬です」と田所さんは苦笑した。

一〇〇万人以上といわれるルワンダ難民がザイールにのがれてすでに一年以上経過していた。わたしは当時オーストリアに滞在していたため、そこから直接ナイロビ経由でザイールにのりこんだ。一九九五年九月のことである。アジア人権基金から派生した支援団体Asian Volunteer's Network（AVN）の活動強化と難民キャンプの現状把握をアジア人権基金から依頼されたのである。ルワンダ難民についてはある程度の情報を入手していたが、今回の難民救援活動がどれだけ危険なのか、ほとんど予備知識のないままアフリカの大地に足をふみいれた。これまでの経緯や現地スタッフのことを田所さんからひととおりの説明をうけ、あくる日に彼の案内でＡＶＮの医療活動拠点カタナキャンプにむかった。

難民とともに活動

キャンプまでの道路は穴だらけの未舗装で、ぬかるみや穴をよけながら車はすすむ。ケナンさんの運転は慎重であるが、車はゆれるにゆれる。上下左右にゆさぶられ、手すりにつかまっても体は宙にうき、時おり天井に頭をぶつける。事務所を午前八時に出発し、一〇時にカタナキャンプに到着する。片道二時間の道中で、すわっているだけでも体力を消耗する。キャンプにむかう途中の市場で昼食用のバナナを、帰りには夕食用の野菜を調達する。甘みの十分あるバナナや新鮮で歯ごたえのある野菜はうまい。栄養をとらなければ、消耗した体に力がつかない。市場にはソーラーパネルも売買されていた。電気はとおっていないので、ソーラーパネルを購入し、キャンプに設置する。

カタナキャンプはキブ湖をみおろす丘の上にたてられている。キャンプからながめると、巨大なキブ湖が眼下にひろがる。国境線をなす海抜一四六〇メートルのキブ湖は南北一〇〇キロの長さをもつ。湖面は美しく水色にそまり、おだやかだ。複雑にいりくむ湖岸のまわりを湖面から三〇〇～四〇〇メートルの山々が幾重にもとりかこむ。あざやかな緑の合間にみえかくれする土の色は赤みをおびる。上をみあげると、真っ青なアフリカの空がひろがり、太陽がてりつける。赤道直下といっても海抜一五〇〇メートルの高地のため、日陰にはいるとすずしい。湖岸とキャンプを往復すると、大粒の汗をかくが、乾燥した空気なので汗はすぐにひく。

キャンプでは食料は配給され、医療も無料なので、難民はなにもすることがない。一日中イスに腰かけて談笑するだけだ。なかには商才ある難民が小売店をひらき、通貨を介しての商売をはじめる。資本主義の市場原理がアフリカ奥地の難民キャンプでも浸透している。キャンプでは難民も職につくことだってできる。国際NGOに雇用されるのである。AVNも一〇数人ほどの医療スタッフをやとっている。難民のなかには役所や学校ではたらいていた公務員もいれば、医療関係者もいる。そこから医師・看護師・事務員をみつけだし、難民キャンプでともに医療活動をする。

キャンプに設置された診療所のテントにはいると、湿気をたっぷりふくむ強烈な暑さがわが身をつつむ。まるでサウナにはいっているようだ。蒸しかえすテント内で難民のクリザント医師が黙々と診療している。日本ではあたりまえの検査はいっさいできず、問診と身体所見だけで診断しなければならない。手にはいる医薬品は、種類も数もかぎられる。とぼしい医療環境のなかで、経験にもとづき診療するしかない。下痢疾患や呼吸器疾患の感染症が多数をしめ、なかにはエイズらしき患者もみられ、それで命をおとした人もいる。

　前年のルワンダ内戦の虐殺や避難途中のコレラ流行で両親が亡くなり、たくさんの孤児がうまれた。保護する人がいなければ、孤児はたちまち低栄養状態となり、感染症にかかりやすくなる。そこで感染症の予防接種をしつつ、栄養失調児に栄養価のたかい食べ物をあたえる。これがキャンプ内の医療活動のおおきな柱のひとつである。治療をうけ体力を回復した子どもたちはキャンプ内を元気にはしゃぎまわるようになる。はるばる地球の裏側までやってきてよかったとおもうのは、こんな光景を目にしたときだ。

　医療活動に協力してくれるのは、子どものお母さんたちである。彼女らが診療所で子どもの体重や身長の測定、栄養補給など積極的に活動をたすけてくれる。難民といっても、女性は身だしなみをととのえることをわすれていない。目のさめるような色柄の衣装に身をつつみ、こぎれいでおしゃれである。わたしが服装をほめると、うれしそうな顔がはじけ、「それじゃ、わたしの服と交換してちょうだい」と服を脱ぐしぐさをする。たのしく陽気な人々である。キャンプには活気があり、悲惨な雰囲気につつまれてはいない。

知的な人々

　雇用したスタッフのなかには知的な人物がいる。

　クリザント医師はまだ三〇歳になったばかりで、若々しさがみなぎっている。おとなしい性格で、おちついた態度で淡々と診療をこなす。スタッフ全員が彼に全面的な信頼をよせている。クリザント医師はルワンダの首都キガリの公立病院に勤務していたのだが、ルワンダ内戦で妻と一緒にのがれて

左側のクリザント医師は医者らしい雰囲気で、服装をきちんとととのえていた。彼は五年後に若くして、マラリアで命をおとした。右側は筆者で、海外にでかけるたびに不精し、服装も無頓着で、よごれたままの身なりである。そのまま帰国すると、「オ！　アフガニスタンのハザラ難民だ」「チベット難民がやってきた」といつもからかわれる。

きた。彼は仕事をきっちりとこなす。日本におくらなければならない報告書を、彼は定規をつかわず図や表を正確にえがき、完璧にしあげた。彼の優秀さがあらわれている証《あかし》である。

　ある時彼を夕食にまねき談笑した。もの静かな彼は内戦についておおくを語ろうとしない。現実の苦難をあるがまま受けいれているかのようだ。「これからどうなるのか、自分でもわからない」と微笑みをうかべ、しんみりとした口調でかたった。来る日も、来る日も、同じことのくりかえしがこたえている様子で、なによりも先のみえない不安が表情にあらわれていた。

　事務職員として雇用したベナンさんも頭の回転がはやい。一九八〇年代後半に中国に国費留学した優秀な人物である。留学中に漢字を習得し、わたしの日本文をみるなり、おぼえている漢字を指さし、正確な意味をいいあてた。遊びごころで、ときどき彼とは漢字でやりとりするのだが、アフリカの奥地で、しかもルワンダ人相手に漢字で筆談するという、なんとも奇妙な体験であった。

　ベナンさんは中国寄りの政治姿勢が色濃くのこり、アメリカ合州国の世界戦略の横暴を痛烈に非難していた。彼は、日本人は技術的にすぐれ驚異の戦後復興をなしとげ非常にすばらしい、と絶賛していた。だが不思議がる。それほどの頭脳明晰な日本人が広島や長崎に原爆を落とした非道なアメリカ合州国になぜ追随するのだろうかと。彼のような発言は、アジア各地で一般の人々からよく耳にする。

まさか、アフリカの奥地でもそれを聞かされるとはおもいもよらなかった。

ベナンさんは実際に日本人に接して、日本人の言動にすくなからず失望したようだ。彼がルワンダ内戦の背景をくわしく説明しようとしても、日本人のほとんどは政治的な内容などききたくないとさえぎり、相手にしてくれなかった。唯一きく耳をもってくれたのは、日本のNGOシェア代表の本田徹医師、田所さん、そしてわたしだけだったという。技術的な優秀さが論理的かつ倫理的思考にかならずしも直結するわけではない、とわたしが実例をあげながら解説すると、彼は納得した。

ベナンさんによれば、ルワンダ内戦にはアメリカ合州国の影がちらついているという。アフリカ戦略の一環としてアメリカ合州国はツチのルワンダ愛国戦線を背後であやつり、内戦が進行するなかで虐殺がおきても、アメリカ合州国は傍観し、国連平和維持活動への関与をさけた、というのである。ことの真相はともかく、なかなかするどい考察である。[4] 彼は正義感もつよい。ザイール人スタッフのジャンさんが立場のよわい難民女性に性的関係をせまった。それをききつけたベナンさんは、ジャンさんと取っ組み合いのケンカとなった。難民という境遇であっても、知的で行動力にすぐれた人物がかならずいる。それにしても、なぜ彼・彼女らが難民としてのがれなければならなかったのだろうか。

4　実際に当時のアメリカ合州国はアフリカ経済の利権を手にいれるため、ルワンダやブルンディのツチ政権をささえ、支援の手をさしのべていた。一方フランスはフツ政権を支持していた。内戦の裏には、先進国同士の覇権争いがあった。

大虐殺の過去

わたしは、ザイールにおもむく前、かつてルワンダで通信機器整備の仕事をしていたドイツ人としりあった。彼は仕事をとおしてルワンダ人の人柄に好感をいだいていて、おだやかで陽気な人々がなぜ恐ろしい大虐殺をおこしたのか理解にくるしむ、と首をかしげていた。キャンプでともに医療活動をしていくうちに、ドイツ人の疑問はそのままわたしのそれにもなった。どうして突然彼・彼女らは狂気にはしってしまったのだろうか。

ルワンダはわずか二万六〇〇〇平方キロの小国で、そこに八〇〇〇万人が住んでいる。人口密度はアフリカのなかでたかい国のひとつにかぞえられる。せまい国土に別々の民族集団が古くから存在していたわけではない。

植民地時代に宗主国ドイツは統治を円滑にすすめるため、王侯として君臨していたツチの権力を強化し、国民の八五%をしめる農耕民族とされるフツを支配した。[5] 第一次世界大戦の勝利品としてベルギーはルワンダをゆずりうけ、そのまま分断間接統治をひきつぐ。分断をさらに遂行するため、ツチとフツとを明確に分類した。顔や鼻を計測し、その数値が白人にちかければ、その人をツチとし、それぞれのIDカードを発行した。もともとおたがいの交流はさかんで、言語もルワンダ語で、文化的差異はあいまいだったにもかかわらず、植民地支配されるなかでツチとフツの境界線が人為的にさだめられたのである。

学校ではおおっぴらにツチを優遇する教育がなされ、子どもにツチの優越性がたたきこまれた。プランテーション開発・道路建設・森林伐採で大量のフツが底辺の労働者として動員され、その監督にツチがおかれた。ツチに経済的恩恵や特権をあたえ、たがいに反目させていた。一九世紀に宗主国がアフリカを分割し統治する過程で、集団のなかにほんのわずかの差異をみいだし、分類し、序列化し、統治していった。反発するエネルギーが白人の統治者にむかわないためのまことに都合のよい方策である。

一九六二年にルワンダは独立し、フツが政権をにぎり、途上国につきものの独裁・権力争い・腐敗・汚職は絶えなかった。その間ツチとの軍事的衝突は小規模な戦闘でしかなかった。

はげしい対立をうながしたのは、ブレトンウッズ体制によって推進された構造調整計画である。国際通貨基金と世界銀行主導の経済政策によってルワンダの経済は大打撃をうけ、物価は高騰し、当時の政権に対する人々の不満はたかまった。政敵など敵対勢力の一掃をはかるため、政権は政治腐敗や経済悪化を民族問題にすりかえ、潜在的な敵とみなしたツチをおそうようにしむけ、責任転嫁をはかろうとした。

こうして人口八〇〇万人のうちおよそ五〇万人が殺戮された。近隣国で力をたくわえていたツチのルワンダ愛国戦線は国内の混乱に乗じて一気におしよせ、内戦状態にもちこみ、ルワンダを制した。人口の四分の一にあたる一二〇〜一七〇万人が隣国のザイールやタンザニアににげこみ、難民となった。およそ五〇万人を殺したフツは、今ここでわたしたちが助けようとしている陽気で気さくな人々なのである。

5　ルワンダではフツ族とツチ族という言葉が使用されているが、「何族」というのは蔑称の意味あいがつよい。また歴史的経過からして、それぞれをことなる民族としてあつかうのは、おおいに疑問がのこる。ここでは単にフツおよびツチとして表記する。

当時救援活動にいそがしく、それほどふかくかんがえる余裕はなかったが、この惨劇をもう一度ふりかえってみる価値は十分ある。ごくごく普通の人々を虐殺へとかりたてる誘因はかならず存在する。程度の差こそあれ、一定の条件のもとで、いつでも、どこでも、大虐殺はおこりうる。しかも大虐殺は難民発生とけっして無関係でない。どういう人間のあいだで残虐行為がおこなわれたのか。その条件や誘因はいったい何であろうか（第六章「近代化がうみだす難民」参照）。

NGOの大安売り

百数十万人のルワンダ難民がザイールに流入した一九九四年七月は混乱のきわみにたっしていた。コレラが猛威をふるい、下痢疾患でわずか三週間に三万人以上が亡くなるという緊急事態であった。悲惨な姿をうつした写真やビデオ映像はまたたくまに全世界にゆきわたり、たくさんの人々が難民に救いの手をさしのべた。

世界各国から経験豊富なNGO、できたてほやほやの新参NGOがたくさん馳せ参じた。NGOはキャンプ内の活動場所を確保するため我先にといそぎ、さながらスーパーマーケットの大安売りの様相を呈し、〝NGOのスーパーマーケット〟と揶揄されるようになった。売り出し物は〝人道支援〟である。いっせいに数おおくのNGOがあつまったものだから、どのNGOがどこで何をするのか統制がまったくとれず、難民と同様にNGO側も混乱していた。

それを効率よく統制したのは、国連難民高等弁務官事務所（HCR）である。スーパーマーケットに陳列されたNGOはHCRに品さだめされ、HCRのお目にかなったNGOがHCRと契約をむすび、HCRからの豊富な資金提供によって活動を開始した。HCRの事業資金の七割ちかくがHC

R・NGO・援助関連業者のふところにおさまり、食料・事務所経費・医薬品・スタッフの住居費や給料などにきえていく。のこりを難民がやっと手にする。

おこぼれを頂戴する難民もしたたかだった。最初のころ難民のフツは統治機構や軍事組織をそっくりそのままキャンプにもちこみ、キャンプの人々を暴力的に支配していた。あろうことか、ザイール国軍の支援をうけたルワンダ旧軍隊がキャンプを根城にして、国境をこえ、ルワンダ新軍隊に攻撃をかけはじめた。

NGOはキャンプの政治化と軍事化に心底とまどった。難民を〝人道支援〟しても、それが旧軍隊の支援につながることにジレンマをかんじて撤収するNGOもいた。それ幸いにと、空席となった活動の場を別のNGOがすぐにうめ、HCRと契約をむすび、資金提供されると同時に活動をはじめた。AVNはその穴埋め団体のひとつであった。

わたしがこの地にやってきた頃は、初期の大混乱から一年が経過し、旧軍人たちのわがもの顔のふるまいはみられず、キャンプはおちつき、平和そのものであった。

エジキにされるNGO

アジアとことなり、アフリカでは現地人雇用のむつかしさを痛感する。

現地のザイール人からの要求はかぎりがなかった。給料の前借、帰る途中の車の同乗、突然の休みなど、どのNGOもザイール人スタッフに手をやいていた。いったん一人をみとめれば、他からの頼みごともひきうけなければならず、後に尾をひく。こちら側の論理をしっかりと組みたてなければ、相手は納得せず、容易にひきさがらない。そこで特別な理由をのぞき、すべてことわる方針をとった。

いちばん頭をなやませたのは、スタッフのぬすみである。ＡＶＮは現金盗難の被害にあった。他にも医薬品・食料・日常品の盗難は日常茶飯事で、あげたらキリがない。

盗っ人のきわめつきは、ＡＶＮの現地調整員ジャンさんであろう。医薬品は倉庫に保管してあるが、すぐにもちだせるように事務所内にも一部がおいてある。わたしが到着してまもなく、医薬品の数量を確認するようにしたのだが、なぜか時々なくなっていた。しらべてわかったのは、彼がこっそりと医薬品をぬすんでいたのだ。医薬品にかぎらず、栄養失調の子ども用の食料も彼はぬすんでいた。しかも彼は一〇〇〇ドルという破格の給料でやとわれている。他のスタッフの給料はせいぜい二〇〇から四〇〇ドルである。わたしが着任する前の雇用契約だからどうすることもできない。証拠のないまま解雇すれば、まちがいなく逆恨みにあい、危険きわまりない。地元に精通しているジャンさんは警察や軍隊とのコネがあり、どのようにでもわたしたちを料理できる。医薬品や食料は、ぬすまれないように別の倉庫に移動させるしかなかった。

ＮＧＯがそう思わずとも、ザイール人からすれば、ＮＧＯは金持ちとうつった。ここぞとばかりに、ブカブ町の役所や警察が、土地使用料や治安維持費などを名目に、税金支払い要求の攻勢をかけてきた。ＮＧＯはお金をまきあげられ、格好のエジキとなった。キャンプで救援活動していたドイツのＮＧＯがブカブ町をはなれる当日、ザイール人スタッフ全員に解雇をつげ、即座に飛行機にのりこみ、その地をさった。それは見事な撤退であった。事前に解雇を通知すれば、混乱がおこり、ザイール人から金品を強奪される可能性があったからだ。

援助金をだしている先進国のＮＧＯが、たすけようとしている難民からおびやかされる、という皮肉な現象もおきていた。アジア医師連絡協議会（ＡＭＤＡ）のスタッフがルワンダ難民にかこまれ、使用していた車がぬすまれる事件に遭遇し、エジキの代表選手となってしまった。

AMDAのNGOとしての致命傷はむしろ、みずからまねいた盗難事件の騒動に、国際協力法にもとづいて〝人道支援〟のためルワンダに派遣された自衛隊に協力をあおいだことであろう。AMDAにかぎらず、国境なき医師団もまた、ルワンダ内戦時に難民の安全確保という名目で、フランス軍の介入を要請していた。民間と軍隊との協力関係は、今にはじまったことではない。植民地時代に宗主国はその地を支配するため、キリスト教徒などの自国民の保護を理由に軍隊を派遣した。キリスト教団体やNGOは時の権力につねに利用される運命にある。そこに〝人道支援〟のあやうさがひそんでいる。

AVNとHCRとの契約は一九九五年末でうちきられる。契約を更新せずに、カタナキャンプから撤退する方針を日本側につたえた。これ以上活動しても、盗っ人の食い物にされ、日本人スタッフはそれをふせぐ手立てをもちあわせず、そして活動にみあうだけの能力にもとぼしく、せっかくの募金や税金が無駄にきえていくからである。

年末の撤退をつたえ、日本側も了承した。カタナキャンプは、クリザント医師やベナンさんなどのスタッフの雇用を条件にAMDAにひきついでもらうことにした。未使用の医薬品はアルゼンチンの医療NGOにわたした。ザイールに到着して以来、医療活動以上に、対外交渉や内部のもめごとに労力をついやしてきた。

国家の体をなさないザイール

ザイールは面積が日本の六倍以上もある広大な国である。首都のキンシャサからブカブ町まで距離にして約一六〇〇キロもある。しかも国境線は植民地時代の西欧諸国による分割で奇妙な形をしている。滞在してわかったのは、ザイールは社会基盤の整備がほとんどなされていないことである。

停電や断水はしょっちゅうおきる。公共の乗り物はなく、移動手段は車だが、道路は舗装されていないため、時間は倍かかる。通信手段としての電話はもちろんなく、郵便物はとどかない。銀行は存在せず、日本からの活動資金をうけとれない。そこでケニヤのナイロビの銀行で現金をひきだし、飛行機を乗りつぎブカブまでもちはこぶ。事務所経費だけで毎日数百ドル単位の金がうごく。外貨からザイール紙幣への換金はブラックマーケットにゆだねる以外にない。交換されたザイール紙幣にモブツ大統領の軍服姿が印刷されている。一〇ドル札一枚を交換すれば、数えきれないほどの札束となってかえってくる。紙幣がただの紙切れと実感するのは、このときである。現地スタッフは、給料を〝紙切れ〟でなく、米ドルでもらうことをのぞんでいた。

学校や病院もほとんど機能していない。現地スタッフとしてやとった小学校の教員は、給料の支払いはなく生活がくるしい、となげいていた。モブツ独裁政権は経済悪化を理由に公務員や兵士などに給料を支払わなかった。それではザイール国軍の兵士は食べていけない。そこで「これが給料だ」といってモブツ独裁政権があたえたのが、旧ソ連製のカラシニコフ銃である。給料代わりの銃をかまえた兵士はたちが悪く、キャンプまでの道路をところどころ封鎖し、金をせびりはじめる。空港でもザイール兵にからまれる。お金を要求されたらそれまでだ。ことわれば、お金も、食料も、車も、そして命までもあやうくなる。警察にそれをうったえたところで、ききいれてもらえず、逆に警官から金品をせびられるのがオチである。治安を維持するはずの警察の規律は最初から存在せず、軍隊は戦闘能力を完全にうしなっている。近代的な装いがととのえられているかにみえるが、中身はおそろしいほど機能していない。

これでは国家として維持できるはずもなく、そうとうの無理をしている。最貧国といわれるバングラデシュとくらべても、国家の無機能ぶりはきわだっている。それにしてもどうしてこのような国が三〇年以上もなりたっているのだろうか。

ザイールはかつてコンゴという国名であった。当時アフリカは暗黒大陸とよばれ、植民地の代名詞でもあった。第二次世界大戦後になると、たくさんの国が独立をはたした。だが宗主国は形式的な政治的独立をあたえ、力の支配よりも経済的支配で利益をむさぼるほうが得策とかんがえていた。植民地支配の構造は維持され、新興独立国は政治的・経済的な安定からはほどとおく、指導者の独裁と腐敗はつづき、数百の民族や武装集団がいりみだれ、それぞれの対立は激化していた。ザイールも例外ではない。一九六五年のコンゴ動乱で、モブツ軍司令官のクーデターにより軍事政権が誕生した。その背後には、共産主義の防波堤としてモブツ大統領をたくみに利用する西側諸国がひかえていた。

ザイールはアフリカ大陸のどまんなかに位置する地政的な要所である。共産主義の浸透をくいとめるため、軍事独裁であっても、いかに腐敗しようとも、モブツ大統領を西側諸国は三〇年間ささえつづけた。しかもザイールは金・コバルト・ダイヤモンド・ウランなどの鉱産物資源を豊富に産出し、ゆたかな農産物を生産し、象牙などの商品取引もさかんで、莫大な利益をもたらす。そこに先進国の山師どもがむらがり、銅鉱山開発事業や石油採掘開発の共同事業に着手する。国際通貨基金や世界銀行などは経済支援をおしまなかった。利益の大半は山師とモブツ大統領のふところにおさまり、分け前の一部は、敵対する勢力を排除するため、軍隊の武器と弾薬の費用にあてられた。冷戦時代の常として、モブツ反対勢力は社会主義諸国から支援をひきだそうとした。後に大統領となるローランド・

カビラは軍事訓練のため中国を何度か訪問し、キューバ革命をみちびいたチェ・ゲバラもコンゴ動乱にかかわっている。

東西冷戦は一九九一年に幕をとじた。アフリカの地域において、共産主義や反共主義はもはや過去のものとなった。アフリカ戦略のみなおしをせまられ、先進国はザイールから手をひいた。利用価値のなくなったモブツ大統領はこれで最初のパンチをくらった。ルワンダ難民流入によって潜在化していた内戦に火がつけられ、第二のパンチをうけた。このダブルパンチでモブツ体制はあっけなく崩壊した。

わすれさられる難民

モブツ体制総崩れのきっかけとなった第二のパンチは、隣国ルワンダからの突然の襲撃である。一九九六年八月ルワンダ新国軍が国境をこえ、ブカブ町に進撃してきた。あまりにも急だったため、キャンプは混乱をきわめた。難民キャンプは一瞬のうちに跡形もなくきえ、おびただしい数の難民がキブ湖周辺を北へむかった。二年前とは逆方向に難民の大移動がはじまった。北のゴマ市周辺はザイール軍が陣取っているため、逃げ場はなく、六〇万人のルワンダ難民フツはルワンダにもどるしかなかった。しかし一部は西のジャングルにちらばり、山のふもとに避難した難民もいる。一五万人ともその倍とも噂されたが、正確な数を誰も把握していない。

わたしたちと一緒に活動したベナンさんやクリザント医師はジャングルにのがれる道をえらんだ。ベナンさんと彼の家族はさらに南のタンザニアにくだり、そこでしばらく滞在し、キリスト教系団体を介して電子メールで二〇〇〇年に日本の田所さんに連絡してきた。わたしは田所さんから連絡をうけ、たいへんおどろいた。と同時に彼が無事であることにひとまず安心した。しかしクリザント医師と彼の妻はジャングルでの過酷な生活で衰弱してしまい、そこにマラリアにかかり、治療されず命をおとしたという。わたしと田所さんは、せめてベナンさんの家族がこれからも無事にすごせるように、いくばくかのお金を彼におくった。送金は数年間つづけられたが、いつのまにか彼からの連絡は途絶えた。

ルワンダ難民はすでに存在しないかのようにみなされているが、そうではない。ジャングルのなかでひっそりと生きのびている。ロヒンギャ難民と同様、はるかとおくの古い出来事として世界からわすれさられているだけである。

その一方、モブツ後のザイールでは新しい難民があらわれはじめた。

一九九六年に軍をひきいたカビラ将軍が全域を支配下におき、大統領の座におさまった。ザイールはコンゴ民主共和国と国名をかえ、新しい政治体制で出発したものの、カビラ大統領の打倒をかかげた反対勢力が蜂起し、ふたたび内戦がはじまった。希少金属などの鉱物資源の分け前ほしさに、周辺各国はそれぞれの勢力に加担し、内戦はさらに激化した。カビラ大統領は暗殺され、息子が大統領の職をひきついだが、政情不安はいっこうにおさまらない。

もとの国名コンゴにもどっても、植民地時代のコンゴ以上に人々の生活は過酷このうえもない。この間の内戦の犠牲者は数百万人以上にものぼり、おびただしい数の難民がうみだされた。いずれ彼・彼女らも、ルワンダ難民と同様に、みむきもされなくなるだろう。

ビルマ東端からの人々——一九九九年

すてられた赤ん坊

ロヒンギャ難民はビルマ西隣のバングラデシュのビルマ難民である。それではビルマ東隣のタイのビルマ難民——そのほとんどがカレン民族——はどのような状況におかれているのか、という疑問がわいてくる。なにはともあれ、自分の目でたしかめるのをモットーとする現場原理主義者にとって、タイのカレン難民の状況をさぐるのは当然すぎるほどの行動である。

わたしがタイを訪問する前、在日ビルマ人女性がわざわざわたしの勤務する診療所までやってきた。タイのビルマ孤児のためシンシア医師（後述）にお金をわたしてほしい、と二〇万円をさしだしたのである。日本での彼女自身の生活費だけでもたいへんなのに、二〇万円もの大金を寄付するのは、ビルマ孤児の境遇によほど心をいためているのだろう。その時わたしはタイのビルマ孤児の実状についてしらなかったが、タイ・メーソット町のシンシア医師の診療所をおとずれたまさにその日に、赤ん坊が診療所の前にすてられていたのをまのあたりにし、きびしい現実をあらためておもいしらされた。シンシア医師は赤ん坊をだきながらため息をついた。

こうしてすてられる赤ちゃんが最近おおくなってきたのよ。

軍事政権の経済失策によって、ビルマは一九八八年以降世界の最貧国のひとつにかぞえられるようになった。そこでビルマ人は生活の糧をもとめ、タイの工場・農場・建設現場などで出稼ぎ労働者としてはたらきはじめるようになる。同じ仕事でもタイ人とくらべると、賃金は低くおさえられ、タイ人の三分の一である。たとえば一日の最低賃金がタイ人では一五〇バーツ（四五〇円）に対し、ビルマ人では五〇バーツ（一五〇円）でしかない。

家族総出ではたらき、子どもまでも長時間の労働を強いられる。それでもビルマのキンローホーシという名の強制労働よりは、賃金がもらえるだけマシである。[6] タイのビルマ人労働者の数は一〇〇万人と推定されている。彼・彼女らは〝不法〟滞在や〝不法〟就労ゆえにタイ当局にきびしく監視され、たえず強制送還の恐怖におびえている。

ビルマ人女性はさらに過酷な労働・生活環境におかれている。女性がまともにはたらける場はかぎられ、彼女たちは娯楽や性産業への道をすすむ。しかもタイ人や同胞のビルマ人からだまされ、売春を強要させられる被害が後をたたない。

タイのビルマ人売春婦は二～四万人と推定され、大多数は一〇代から二〇代前半の女性である。彼女たちは性知識がなく、避妊方法もしらない。もともとビルマ国内でさえ女性に家族計

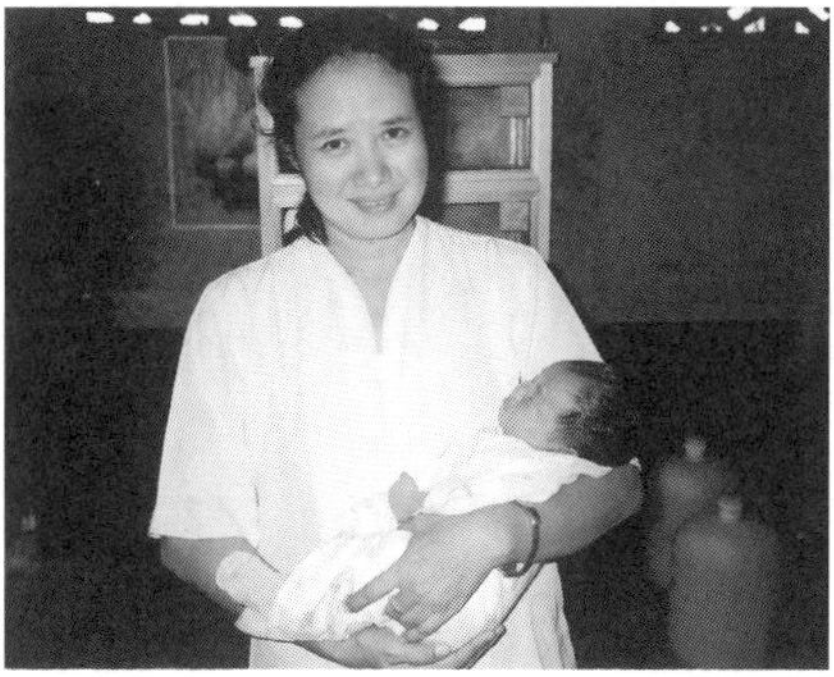

すてられた赤ん坊をかかえるシンシア医師。うまれたばかりの赤ん坊の寝顔が愛くるしい。それだけに、赤ん坊のゆく末を案じてしまう。

6　戦時中に日本軍はビルマ人にキンローホーシ（勤労奉仕）を強要していた。当時の言葉が今でもビルマで強制労働の代名詞としてつかわれている。

画や性についての教育はいっさいなされていない。こうした状況では簡単に妊娠してしまう。しかもお金がない彼女たちは通院できず、違法で不衛生な伝統的手法による中絶をえらばざるをえない。それは感染や出血などの危険がたかく、母子ともに不幸な結果をまねく。妊産婦の死亡がときにみられ、女性の健康にとって劣悪な環境といっていい。

たとえ子どもを無事出産したとしても、未婚の母親では経済的な余裕があろうはずもなく、養育するのはむつかしい。母親はお腹をいためた子をおきざりにするしか他に手だてはない。メーソット町周辺にはそうしたすて子がきわめておおい。かりに両親がタイで子どもをそだてようとしても、満足な養育環境ではなく、乳幼児の死亡もすくなくない。

かといってビルマでは充分な医療は期待できない。ビルマの医療や福祉は整備されず、医療の質はきわめて低いからである。少数民族との内戦にあけくれ、民主勢力を弾圧するため国家予算の大部分を軍事費につぎこむ強権政治は、ビルマ女性や子どもを直撃している。シンシア医師の腕にだかれた赤ん坊は、その犠牲者であった。

しのびよるHIV

シンシア医師によれば、ビルマでＨＩＶ感染症が急速にひろがっているという。急激なＨＩＶ感染者の増加に次の要因が指摘されている。

北部地域では金・銀・宝石類を採掘するため、乾期になると全国から若年労働者があつめられる。そこでは世界の四〇～五〇％のヘロインが生産され、労働者のあいだでヘロイン注射の回しうちが横行している。若い男性があつまれば、商才にたけた者が売春宿をたてはじめる。そうするとＨＩＶウイルスは、性交や注射針を介して容易に彼らのなかに進入していく。雨期になると労働者はそれぞれの故郷にもどり、そこから一般の人々へとＨＩＶ感染がひろがる。

ヘロイン生産や売春は取り締まりの対象とされず、むしろ政府関係者がそれで利益をえている有様である。経済失策や外国からの経済制裁により外貨はかせげず、輸入品である医療機器や医薬品が手にはいらず、医療器具の不足や輸血液の不潔な管理もあいまって、ＨＩＶ感染は拡大の一途をたどる。ながい鎖国の時代がつづき、性に対する保守的な習慣が一般的で、ＨＩＶ・エイズはおろか、コンドームの存在すらしらないビルマ人が多数をしめる。ＨＩＶ感染者やエイズ患者はまともな治療をほどこされず、放置されたままである。タイにくらすビルマ人にもＨＩＶ感染はひろがっている。[7] 難民キャンプでは医療器具や医療機器がとぼしく、系統的なＨＩＶ抗体検査も実施されていないため、ビルマ難民のなかにどれだけのＨＩＶ感染者がいるのか、正確な数は把握されていない。

栄養失調の福祉予算、肥満の軍事予算

ＨＩＶ感染拡大の原因はもちろん低い医療の質にある。[8] ビルマの医療レベルは世界のワースト五〇位以内に位置し、アジア諸国のなかでは医療環境の劣悪な国のひとつにかぞえられる。その背景に他

7　タイのビルマ人にＨＩＶ抗体検査をすると、陽性率は一般人が一・五％、売春婦が二四・七％と高率である。

8　『世界子供白書二〇〇九』（日本ユニセフ協会、二〇〇九年）のデータによれば、五歳未満児一〇〇〇人あたりの死亡率は一〇三人（日本の二六倍）、妊産婦死亡率は一〇万人出生あたり三八〇人（日本の六三倍）である。死亡原因一位のマラリアでは、死亡報告数はＷＨＯ東南アジア地域で統計の半数をしめ、結核では一〇万人あたり四四一人（日本の二〇倍）の感染率で、結核高蔓延国のひとつに指定されている。

の途上国と同様に貧富格差があげられるが、それだけでは説明がつかない。国家予算の六割以上が軍事費としてつかわれ、教育や福祉の合計予算は一割にもみたない。予算がなければ、十分な保健医療対策はたてられず、地方やスラムへの医療環境は整備されないままである。しかも医療にうとい軍関係者が医療を管理しているため、医療の質はますますおちる。

その軍事政権を経済的に援助しているのは、日本政府である。一九八八年ビルマ軍部が全権を掌握した際に西側諸国のなかで軍事政権をいちはやく承認したのは、日本政府である。その後日本からビルマへのＯＤＡ援助額は年間五〇億円ちかくにのぼり、直接・間接的に軍事政権をささえている。本来であれば教育・社会福祉・医療・インフラ整備はビルマの国家予算に割りふらなければならないが、医療協力をふくめて日本のＯＤＡが肩代わりし、その分を軍事予算にまわすことが可能となっている。その軍事費は、一九八八年と二〇〇七年の二度にわたり、旧首都ヤンゴンで流血の惨事をひきおこした。しかもビルマ国軍設立には第二次世界大戦中の日本軍の謀略機関がふかくかかわっていた。このように過去から現在までビルマ軍事政権と日本政府とのつながりをたどると、日本政府は軍事政権の虐殺や迫害に間接的にからんでいるといえよう。

メータオ（Mae Tao）診療所

〝不法〟滞在や〝不法〟就労ゆえにタイ当局にきびしく監視され、ビルマへの強制送還に不安をいだくビルマ人労働者。性産業にうられる若い女性。親にすてられる子ども。ひろがるＨＩＶ。ビルマ軍がキャンプをいつ襲撃してくるかわからない恐怖のなかでくらす難民。こうした状況をすこしでも改善しようと努力するビルマ人たちがいる。シンシア医師とメータオ診療所のスタッフである。

メータオ診療所は、メーソット町でシンシア医師やビルマ人学生によって一九八九年設立された。ビルマ人移住者やビルマ難民を診療し、治療費はすべて無料である。職員は医師と医療スタッフで構成され、住居と食事が提供されるのみで、すべて無料奉仕である。診療所の維持費は、カレン民族の自治組織や各国からの資金提供でまかなわれている。またメーソット町の公立医療機関が検査や治療に協力している。医師数は十分とはいえず、その不足を一〇〇人ほどの医療スタッフがおぎなっている。ビルマのカレン州、タイの難民キャンプ、そしてメーソットから若いビルマ人が医療スタッフに応募し、メータオ診療所の教習所で一年間の医療訓練をうける。教習所の隣には医学図書館がもうけられ、海外から寄付された英語の医学書が棚にたくさんならんでいる。その医学書を参考にしながら医療スタッフは学業にはげむ。医療訓練の後、彼・彼女らはメータオ診療所で一定期間研修し、Backpack Health Worker（移動保健師）としてビルマ国内の村々へむかう。

診療所の外来での病気は呼吸器疾患や下痢などの感染症がほとんどで、薬さえあれば確実に治癒できる。患者の状態が悪化しても、診療所に入院施設がもうけられ、点滴などの治療をうけられる。しかしなおせない病気もある。入院施設には一〇代前半の少女がうつろな目でベッドによこたわっていた。彼女は地雷で両足をうしない、一年半もベッドの上ですごしているという。診療所に併設されている義足センターでつくられる義足を少女はずっとまっているのだ。たとえ義足が完成しても、身体的な障害以上に彼女の心の傷はふかく、治癒できない。

診療所をおとずれる妊婦の二・八％がＨＩＶに感染しているという。ビルマ国内とほぼ同率で、その深刻さがうかがわれる。月に七〇件の出産がある一方、中絶も月に七〇件と同数である。中絶が母体にあたえる危険度はたかく、しかも子どもをうしなう母親の心理的な負担も無視できない。そのため医療スタッフは女性に避妊計画をすすめ、母子保健に力をそそいでいる。

最近では女性をとりまく状況がひどくなってきた。メーソット町近郊の難民キャンプでの避難生活が長期化するにつれ、男性の不満のはけ口が女性にむけられ、家庭内暴力が頻発している。そこでカレン民族の女性団体などがセミナーをひらき、家庭内暴力の予防に取り組んでいる。

シンシア医師は機会をとらえて積極的にセミナーに参加し、女性の権利や地位向上につとめ、さらには孤児をそだてる養育施設を運営している。社会的にもっともよわい子どもや女性に焦点をあてながら医療をこえた幅ひろい活動がたかく評価され、一九九九年にはジョナサン・マン保健人権賞、二〇〇一年にはアジアのノーベル賞とよばれるマグサイサイ賞、同年アジア人権基金の女性・人権特別賞を受賞した。こうした活動にたずさわっていると、ビルマ軍事政権による身の危険性がでてくる。その点をシンシア医師にたずねると、やさしい笑顔がかえってきた。

それでも、わたしたちは患者のために診療所を二四時間ひらかなければならないのよ。

メータオはタイ語で「お母さん」という意味である。

国境をこえて

日本は大海にかこまれている。出入国はだから、空を経由するか、海をわたるか、どちらかをえらぶしかない。海が国境線となる日本にうまれついた人間は、土地に国境線がひかれる不思議さをかんじる。そこで陸路で国境をこえようと悪戦苦闘し、それに快感をおぼえ病みつきになる日本人もあらわれてくる。

わたしはそのような〝病人〟ではないが、ぜひとも陸路で突破したい国境があった。ビルマとタイの国境である。正規の方法でビルマに入国できないことはないが、権力にしがみついている軍人さんに悪いけれど、ビルマに〝不法〟入国した。なにしろ大義名分がある。アジア人権基金からの寄付金の使い道、とりわけビルマ国内避難民の支援内容をどうしてもつかんでおきたかったからである。希望の川と名づけられたモエイ川を小船でわたると、ついた先はビルマ国内カレン州の村落であった。国境の見張りは誰もいない。なにしろ国境は一二〇〇キロ以上の長さで、ビルマ兵士がすべて監視するのは物理的に不可能である。国境をこえても、もちろんなんのおとがめもない。

一九九五年カレン民族解放軍の拠点・マナプロウが陥落した後、カレン州にすむカレン民族はビルマ軍によってしだいにおいつめられ、タイ国境ちかくに点在する国内難民キャンプにあつまってきた。彼・彼女らがタイ側の難民キャンプにうつることもできるのだが、人の移動や農作業の自由が制限されているため、たとえ生命の危険があろうとも、自分たちの土地をはなれようとしない。

わたしが訪問したメラプタキャンプでは学校や診療所がたてられ、シンシア医師も月に数回おとずれ、診療のみならず病気の予防教育をおこなっている。メーソット町のメータオ診療所で訓練された医療スタッフ数名が常駐し、必要最低限の医療設備で患者の診療にあたっている。誰でも診療所を無料で利用でき、周辺の村々の住民も徒歩で数時間かけて診療所にやってくる。医薬品は診療所に一週間分の量がおかれ、対岸のタイ側の倉庫には大量の医薬品が保管され、必要に応じて診療所に供給される。

疾病はメータオ診療所と同様に感染症が大半をしめ、ある程度の医学的知識と医薬品で治療できる。

山々を転々とさまよい、キャンプにようやくたどりついた子どもは重度の栄養失調におちいっているため、栄養補給プログラムに参加させている。患者の病状が悪化すれば、タイ側のメラ難民キャンプの診療所に移送される。メーソットで訓練された移動保健師は、国内キャンプを拠点にカレン州の村々を移動しながら、村人に医療をほどこしている。疾病予防や医療教育活動にも力をいれ、住民の潜在能力をひきだそうとしている。それは、将来ビルマに平和がおとずれた際、地方の住民にも医療を提供できる仕組みを作りあげていくのをめざしているからである。

わたしは別の機会に国内難民キャンプのレバハーをたずねたことがある。診療所や学校がたてられているのは、レバハーも同様である。住民は野菜を栽培し、川魚をとり、自給自足し、施設すべてを住民自身の手でつくっている。彼・彼女らは自立への志向がつよく、活発にうごいている。これは自由が制限されているタイ側の難民キャンプとのおおきな違いである。

だが、それだけに危険を覚悟しなければならない。難民キャンプから徒歩で二時間の場所にビルマ軍が拠点をかまえ、幾度となく攻撃をしかけてくるからである。そのためビルマ軍の動きをたえず監視し、携帯通信器で連絡をとりあい、襲撃にそなえ、すぐに移動できる体制をととのえている。じつはメラプタキャンプは、わたしが訪問した一年後ビルマ軍におそわれ、壊滅的な打撃をうけたのだった。レバハーはその代替キャンプなのである。

わたしをレバハーに案内した五〇歳代の男性は小学校の前にくると、村落共同体について語りはじめた。ビルマ軍によって村々が焼き打ちにあい、ある家族はビルマ国内の別の村にうつらざるをえず、ある家族はタイの難民キャンプへとむかい、ある家族はこの国内避難民キャンプで生活するようになった。村人らは離ればなれとなり、昔からつたわる伝統的な風習や習慣がとだえてしまったのを、彼はなげいた。

これだけ村々が破壊されてしまったのでは、おたがいに助けあう共同体をつくるのは、わたしたちの世代ではもう無理だろう。この学校でまなんでいる次の若い世代に希望をたくすしかない。

国内の難民キャンプや周辺の村々の将来がどうなるのか、わたしにはわからない。しかしたくさんのビルマ人に接したこれまでの経験から、わたしはしっている。彼・彼女らの結束の固さや助けあう精神がつよくのこっていることを、そして困っている人をあたたかくむかえるビルマ人の微笑みの社会をも。そうした精神は、家でおしえられ、学校でまなび、メータオ診療所の活動をとおしてきたえられ、たとえビルマ軍によって村々のキャンプや共同体が壊滅的な打撃をうけたとしても、次の世代へと確実にひきつがれる。キャンプに名づけられているレバハーは石という意味である。それは、石のようにその土地をはなれないという難民や村人の意志表示でもある。いつの日か彼・彼女らはかたい決意と絆でビルマに平和な共同体をきずくであろう。

アジアの救済思想

現在世界でおきているおおきな動きのひとつに、国の隅々にまで資本主義経済が浸透していることがあげられる。アジアを席巻する経済成長にともない、人々には「自分さえよければいい」という排他的な雰囲気が支配的となり、拝金主義と弱肉強食がはびこり、見すてられる人々がふえつつある。ビルマをふくめ途上国では貧富の格差がひろがり、社会のひずみがあらわれている。圧倒的多数の貧しい人々は、病気になってもお金がなく、満足に医療をうけられない。病気というものは社会の底辺におそいかかるものだ。社会的弱者でも保障される医療環境をととのえなければ、その社会は健全とはいえない。先進国では社会福祉制度によって社会の不平等が是正されている。ところが途上国の社会福祉はなきにひとしい。

それでは途上国では底辺の人々にどのような対応をしているのだろうか。国内避難民キャンプの診療所のあり方は、解決の一端をわたしたちにおしえてくれる。キャンプには自由があり、住民の自立志向はつよく、資金がなくてもおたがいの知恵をだしあうことで、共同体は有機的にむすびついている。医療関係者が無料で奉仕し、医学知識を住民につたえ、住民の潜在的能力をひきだすことにつとめている。これは都市ヤンゴンでの医療とのおおきな違いであり、タイ側の難民キャンプでの国際NGOによる受け身の治療ともことなる。

近代的な医療設備をととのえ、機器や医薬品を提供することは、重要かもしれない。それはしかし、底辺の貧しい人々の医療につながるわけではない。むしろ都市ヤンゴンの私立病院のように富める者の病院となってしまう。そもそも近代西洋医療というのは資本主義の利益追求の要素を内在し、お金がなければ、医療をうけられない仕組みとなっている。お金をかけずとも、助けあい精神で医療を提供する方法を国内難民キャンプの診療所の医療従事者は行動でしめしている。そこにながれているのは、アジアの社会に浸透している共同体の救済思想である。

救済思想を体現する行動が有効にはたらくためには、前提となる条件がある。住民のくらす社会が平和であり、安心して生活できることである。そのうえで村落共同体の人々が有機的なつながりをもつ。そこではじめて、医療活動の効果があらわれる。戦争や内戦あるいは自然災害によって共同体は簡単につぶされる。ながい年月をかけてつくりあげた共同体メラプタキャンプはビルマ軍によって一瞬のうちに破壊されてしまった。共同体を再建するための労力と時間ははかりしれない。共同体の医療活動が有効に作用するには、争いのない平和な社会をきずくことである。これこそが、ビルマの、そして世界のすべての人々が医療をうけられる大前提なのである。

柔軟なタイ、一途なビルマ

それにしてもなぜビルマは世界の発展からとりのこされてしまったのだろうか。ビルマの隣国タイと比較すると、その違いは一目りょう然である。

東京品川に居をかまえるビルマ大使館前では、ビルマ人によるデモが毎週土曜日にくりひろげられる。誰もよせつけないかのように、大使館の門はかたくとざされている。外国人にこまったことがおきれば、たいていは出身国の大使館が救いの手をさしのべる。だがビルマ大使館は何ひとつしない。積極的なのは在日ビルマ人から毎月一万円の税金を徴収していることである。そのためビルマ大使館は在日ビルマ人から税金徴収所とよばれている。

その〝税金徴収所〟から二キロ西北にむかうと、タイ大使館にであう。タイ大使館はビルマ大使館とは対照的に開放的である。門はひらかれ、誰でも自由に出入りできる。どうやら両国のお国柄は大使館の門に象徴されるようだ。

両国の違いは重症患者の搬送の対応にもあらわれていた。タイ人の重症患者をわたしが搬送したとき、日本のタイ大使館は患者の保護にたいへん熱心であった。かたやビルマ大使館はビルマ人患者をまったく無視していた。重症患者搬送をとおしてタイ政府関係者に接したところ、タイは非常に統制のとれた官僚制の国であることをわたしは理解した。官僚がしっかりと国をうごかしている。将来の官僚候補生を先進国におくりこみ、すぐれた部分をとりいれることにかけて、アジアのなかでタイは優等生である。東南アジアの国々で経済の実権をにぎっている華僑さえもとりこみ、国の発展に活かしている。そのためか、隣国のビルマやマレーシアのような民族問題はほとんど発生していない。おっとり型で柔軟なタイ人の性格がそうさせているかもしれない。

中世の頃のタイは過去二度にわたりビルマ軍に敗退し、軍事的に劣勢であった。ところが近代になると、立場が逆転する。アジアを侵略する西欧の意図をみぬき、西欧に対抗するためには西欧の文物をとりいれる以外ない、とタイは判断した。王室貿易の利点をたくみに活かし、映画「王様と私」でえがかれているように、西欧文明を積極的にとりいれ、国王を国の中心にすえ、官僚をそだてながら、中央集権国家としての統一をはたした。その後も国家をじょうずに運転し、近代化の波にうまくのった。

しかもタイのたくみな外交術は群をぬき、それがビルマとタイの命運をわけた。イギリスやフランスから領土を侵食されながらも、タイはかろうじて独立をたもった。第二次世界大戦で最初は日本側についたが、日本の敗北が決定的になると、くるりと向きをかえ連合国にすりよった。節操がないというなかれ。タイが弱肉強食の世界で生きのこるための処世術なのである。戦後になり政治的な危機が何度かおとずれたが、そのたびに軍部がのりだし、最終的に国王が登場し事をおさめた。ビルマの軍事政権とは根本的にことなり、タイの軍部はクーデターをおこしても一時的な統治のみで、危機がとおのけば、すばやく身をひき、民政へと移行している。

難民の対応もかしこい。タイはカンボジア難民・ラオス難民・ビルマ難民などをうけいれているが、かならずしも〝人道的〟に保護しているわけではない。過去二度もビルマ軍にやぶれ、タイはビルマによる征服を潜在的におそれている。アメリカ合州国を敗退させたベトナム軍の強さにも脅威をかんじている。自身の軍隊の弱さを自覚し、領土拡大などの野望はさらさらなく、分をわきまえている。そこで難民をたくみに利用し、ビルマやベトナムからの軍事的圧力の防波堤として難民キャンプを緩衝地帯としている。しかも難民条約に加入しないまま、難民保護を名目に国連難民高等弁務官事務所（ＨＣＲ）をタイにおびきよせ、ＨＣＲの執行委員会の席にちゃっかりとすわっている。難民援助が産業としてタイ経済にうるおいをもたらしているのも熟知している。タイは近代化の流れにさからわず、激動の世界で生きのびる知恵と柔軟性を身につけているようだ。

タイとくらべ、ビルマは西欧の悪だくみにあまりにも無頓着であった。おしよせる近代化の荒波にビルマのかたくなで一途な姿勢ではのりきれなかった。それが後々にひびく。鎖国を断行し、首都は奥にひっこみ、西欧との接触をこばんだ。西欧の侵略にこれまでと同様に軍事力で対抗しようとしたところ、それが裏目にでた。領土拡大の野心をひめたイギリスの意図をみぬけず、三度の戦争をへて、植民地化されてしまった。オソマツな外交の伝統は現在もひきつがれ、欧米から経済制裁をうけるはめとなっている。

ビルマが歴史に登場した一一世紀以降王朝がしばらくつづき、その後イギリス支配・日本支配・独裁政権時代をへて、現在の軍事政権へとつらなる。特権層の首のすげかえがおきているだけで、ほんのひとにぎりの人が圧倒的多数の人々を支配する構造は千年もの間変化なく、ビルマは中世時代からいっこうにぬけだせずにいるかのようだ。首都を奥地に移転し、欧米との接触をあいかわらず拒否している点でも王朝時代そのままである。

近代化という尺度でみると、ビルマはタイにおおきく水をあけられている。東南アジアの近代化のはじまりを一九世紀後半の欧米の植民地時代からとすれば、ビルマはタイと一世紀以上のひらきがある。これでは近代化がさらにすすんでいる他のアジア諸国にさえおいつけない。ここにビルマの民主化の困難さがある。ながい年月をかけ、近代化の進展とともにある程度の民主化――あくまで西欧的価値観にもとづく概念や制度にすぎない――をそれぞれの国家はとりいれてきたからである。さらにインドおよび中国の大国に国境を接するというきびしい地政学的条件がくわわる。これはタイにはない。

それでも情熱的で一途なビルマ人は民主化闘争をあきらめない。タイはタイ独自の方法で近代化や民主化をなしとげたように、ビルマはビルマ式の近代化と民主化をめざすしかない。その過程でさらにおおきな犠牲をはらうことになるとしても……。

アフガニスタンの命運——二〇〇四年

アフガニスタンの女性解放

一八世紀から二〇世紀にかけては革命の時代であった。一八世紀末のフランス革命をかわきりに、一九世紀のドイツ革命、イタリア革命、日本の維新革命、二〇世紀になるとイランの立憲革命、トルコ革命、ロシア革命、中国の辛亥革命、戦後のアジア・アフリカの独立革命とつづき、一九九〇年のルーマニア革命で最後をかざる。それぞれの国が革命をへて、近世から近代へと移行した。二一世紀の今日ほとんどの国が近代化したため、革命という言葉は死語と化している。

ところが革命を団体名に冠している団体が今でもある。アフガニスタン女性革命協会（Revolutionary Association of Women in Afghanistan＝ＲＡＷＡ）で、通称ラワとよばれている。前近代社会を近代へとかえるには、ぜひとも革命は断行されなければならない。革命をかかげるゆえんである。もともと男性の抑圧から脱し、自由をもとめる女性解放を出発点としているが、内戦にあけくれるアフガニスタンの現実を直視し、過去にはタリバーンや北部同盟との闘争、現在ではカルザイ政権に対峙しながら政治運動をおこなっている。

ラワの活動は政治面だけにとどまらない。アフガニスタン難民[9]のため孤児院・学校・病院を設立し、

9　アフガニスタンはアフガン（パシュトゥーン民族）の国という意味である。ただしパシュトゥーン以外にもハザラ・ウズベク・タジクなどの民族が混在しているため、ここでは総称してアフガニスタン難民とする。

女性や子どもに教育をほどこし、彼・彼女らの健康をまもっている。ラワの活動はたかく評価され、二〇〇一年にアジア人権基金のアジア人権賞を受賞した。あわい青色のブルカを一身にまとい、授賞式にのぞんだアフガン女性の姿が印象的であった。

二〇〇四年、アフガニスタン難民の調査およびラワの活動評価のため、わたしはパキスタンにむかった。首都イスラマバードは整然と区画された計画都市で、おちついた静かな街並みである。それとは対照的に、イスラマバードから二〇キロ南にくだったラワルピンジーは生活臭のただよう喧騒の街である。ラワルピンジー郊外のカチャアボディ地区には、約二万人のアフガニスタン人が難民あるいは移民としてくらしている。その一角にラワの運営する三階建てのマラライ病院がひっそりとたたずむ。中にはいると、対応したのはアフガン女性である。突然の来客にイヤな顔をひとつせず、ていねいにむかえいれてくれた。

マラライ病院は二〇〇一年にアメリカ合州国の民間支援によってたてられた。子ども用と女性用の診察室があり、一日一二〇~一五〇人の患者がおとずれる。手術室や分娩室が用意され、手術や出産は二四時間体制で、重症患者用の入院ベッド二〇床を確保している。レントゲン装置や超音波検査機器などをそろえ、薬局を併設し、自前の救急車も病院前で常時待機している。近代西洋医学の設備が十分ととのえられている。スタッフは医師五名、看護師八名、事務職員六名で構成され、女性が半数ちかくをしめている。運営資金は欧米からの援助でまかなわれ、医療費はすべて無料である。[10]

アフガニスタン難民のキャンプ

パキスタン北西辺境州ペシャワール市郊外のアフガニスタン難民キャンプにも足をはこんでみた。

キャンプはかなりの広さで、まだたくさんの難民がのこっている。彼・彼女らはアフガニスタンにかえれず、生活の基盤をパキスタンにおいている。冬をパキスタンの難民キャンプですごし、夏になるとアフガニスタンの地元の村にもどり、農作業にいそしむ季節労働者もいる。キャンプでは泥で形づくられた家々が密集し、古くからのキャンプであることがうかがわれる。中東産油国からの資金援助によって診療所が各キャンプにもうけられ、国際支援NGOが小学校を運営している。パキスタン政府に登録され、国連難民高等弁務官事務所（HCR）の管理のもとで運営されているキャンプでは電気がとおり、水道設備がととのえられ、食料は配給され、医療は無料である。しかし政府登録されないキャンプもいくつか存在し、生活必需品などは難民自身でまかなわなければならない。

北西辺境州はパシュトゥーン人の地域である。パキスタンにくらす数百万といわれるアフガンニスタン難民および移住者もまたパシュトゥーン人である。パキスタン政府は彼・彼女らの移動と経済活動を制限せず、出入りが自由で、国境はなきにひとしい。アフガニスタンでの生活はきびしく、パキスタンに住居をかまえる人はかなりの数にのぼっている。商経営にたずさわっている人もいれば、日雇い労働で生計をたてている人もいる。なかにはアヘンの取引や密貿易に従事するよからぬ者もいる。

こうしてみると、パキスタンのアフガニスタン人はタイやバングラデシュのビルマ人の状況に似ている。多民族国家の不安定な政権と長期にわたる内戦、隣国にのがれるおびただしい数の難民や移民、キャンプですごす難民である。そしてビルマとアフガニスタンはともに前近代的な社会である点でも共通している。

10　欧米からの資金にたよりすぎたのか、二〇〇六年に財政難のためマラライ病院は閉鎖された。

前近代と近代がまざりあう世界

ペシャワールではイスラマバードやラワルピンジーでみかけなかった風景を目にする。車と並行して、馬車がひずめの音をたてながら道路をはしっている。前近代的な馬車と近代的な自動車が同居している不思議な世界である。街をあるくと、ブルカ姿の女性をみかける。道にまよってしまったが、たずねようにもブルカの女性ではとても声をかける雰囲気ではない。ブルカをはおっていない女性がちかくにいたので、話かけてみた。すると流暢な英語がかえってきた。彼女は大学生という。大学まで進学できる女性はパキスタンでも上層階級の人であろう。聞くところによれば、教育の十分でない底辺の女性が少女から大人になる際にブルカをはおるという。ブルカはみしらぬ男性をよせつけないためのアフガニスタン庶民の風俗である。たしかにブルカ姿の女性はちかよりがたい。

ラワは女性解放をめざしている。女性解放運動は先進国の近代的かつ都会的な思考の産物である。ラワは時代の最先端をゆく思想をとりいれながら、ブルカを抑圧の象徴としてみなしている先進国に気にいられるように演出しているようにみうけられた。マラライ病院を案内してくれたアフガン女性は、わたしを道案内してくれた女性と同様に、高学歴の上層階級出身らしく、洋服姿で、流暢な英語でラワの活動を説明していた。

アフガニスタンでは近代的な制度や装置はほとんどない。国民の八割以上は農業に従事し、自給自足の生活をおくり、食べていくのがせいいっぱいである。風土や習慣、ものの考え方、村落社会の決定や掟も昔からの伝統をうけつぎ、前近代そのままである。ラワの活動は一定の評価はできるものの、アフガニスタンで女性解放運動をすすめても、反発はそれだけおおきくなるのではないだろうか。

あやうい清浄な国

パキスタンPakistanは、パンジャブ人のP、アフガン人(パシュトゥーン人)のA、カシミール人のK、シンド州の人々のS、バローチスタン人のTanからの文字をとっている。国名の意味するところは「清浄な国」である。一九四七年にインドから分離独立した際、インドをはさむようにして西パキスタンと東パキスタンにわかれた。胴体が二つある国はそれまで歴史上存在せず、ずいぶんと奇妙な国づくりをしたものだ。だからその無理がたたった。

イスラムを旗印に統一したものの、民族解放の波がおしよせるなかでバングラ魂がゆさぶられ、一九七〇年に東パキスタンはバングラデシュとして独立をはたした。パキスタンはウルドー語を、バングラデシュはベンガル語を使用しているし、服装にしろ、食のカレーにしろ——わたし個人の好みはウルドー風味に軍配があがる——、風俗や習慣がまるでちがう。パキスタンは国家統合の手段としてイスラムをかかげている。近代以前には統治原理にイスラムが通用したとしても、現代において政治や人々をうごかすには宗教はすでに効力をうしない、民族勃興の前では太刀打ちできずに退散している。

そもそもパキスタンは国づくりが人工的で、統一が不徹底である。そこでカシミール紛争などをもちだし、インドからの脅威にさらされているという危機意識を人々にあおりたて、祖国防衛の大義名分をかかげながら国の一体感をつくりだそうと躍起になる。インドに力で対抗するには暴力装置がどうしても必要となる。民主的にえらばれる政治家やイスラム関係者よりも軍人の意向が優先され、軍部が実質的に国家の頂点にたっている。しかも国名の頭文字Pのパンジャブ人によって国が統治されている。北西辺境州のパシュトゥーン人やバローチスタン州の民族はパキスタン国民という意識にとぼしく、パンジャブ人による軍事支配に反発している。パキスタンは建国当初から分裂の危機をはらんでいたのである。

あやういのは、なにもパキスタンばかりではない。隣国アフガニスタンも民族同士の争いで崩壊の瀬戸際にたたされている。

命の水

話をアフガニスタンにもどそう。

二〇〇八年四月に第八三回日本結核病学会総会がひらかれた。九〇年ちかい歴史をもつ伝統ある医学会のひとつである。結核病学会には「在日外国人結核および国際支援」という分科会があり、その座長をわたしはまかされた。この部門には注目すべき演題があった。「アフガニスタン・カンダハールの地方クリニックにおけるＤＯＴｓの現状とＢＣＧ接種の活動実態」という一行ではおさまらない題名である。発表者はＮＧＯカレーズの会代表のレシャード・カレッド医師である。彼はアフガニスタン出身で、日本の医学部を卒業し、その後日本で病院の勤務医としてはたらいていた。現在では日本に帰化し、静岡県島田市で開業している。発表後「カレーズの意味をおしえていただきたい」とわたしが質問したところ、レシャード医師は即座に返答した。

命の水です。

アフガニスタンは、ビルマとならび、医療環境がもっとも劣悪な国のひとつにかぞえられる。[11] 保健衛生の予算がすくなく、医療行政能力にとぼしく、医療従事者は不足し、医療に関するすべてが何もない。カレーズの会は劣悪な医療環境をすこしでも改善しようと奮闘している。診療所を設立し、乳児や妊産婦の死亡をへらすため、母子保健に力をそそいでいる。公衆衛生にも重点をおき、下痢対策として井戸水を徹底的に管理している。アフガニスタンでは五年間で一三万人もの人々が結核で命をおとしたという。そこでカレーズの会はユニセフから協力をえて、BCGのワクチンを子どもに接種し、受診率の低い女性を焦点にあてながら結核対策をすすめている。さらに日本の医療機関から中古の医療機器をゆずりうけ、それを県や州の病院にとどけ、アフガニスタン独自で運営できる医療体制をととのえようとしている。

日本の団体が、アフガニスタンの峰から地下へと目立たずながれる伏流水（カレーズ）のごとく、人々に命の水をそそぎ、紛争地域での平和な国づくりをめざしている。レシャード医師の説明をききながら、日本の地方からのちいさな試み、しかし偉大なる精神にわたしはふかい感動をおぼえずにはいられなかった。彼の発表後、心のなかで深々と頭をさげた。

アフガニスタンの状況をさらにくわしくしるため、四ヵ月後にレシャード医師の自宅をわたしはたずねた。島田市の閑静な住宅街にひっそりとたたずむ、全面が白い壁におおわれた診療所がレシャード医師の仕事場である。事務の人に案内され、院長室でレシャード医師の診療が終了するまで

11　『世界子供白書二〇〇九』（前掲）によれば、乳児死亡率は出生一〇〇〇人あたり一六五人（日本の五五倍）、五歳未満児の死亡率は一〇〇〇人あたり二五七人（日本の六四倍）、妊産婦死亡率は一〇万人出生あたり一八〇〇人（日本の三〇〇倍）とかなりの高率である。結核の感染率でも一〇万人あたり三三三人（日本の一七倍）で結核高蔓延国のひとつに指定されている。

まつことにした。部屋の本棚には、『内科学』や『肺癌』などの医学書にまざって、『イスラム概説』、『Afghan-Guerrilla Warfare』、『Taliban』などがある。かなりの読書家であることがうかがわれる。

温和な顔にひげをたくわえたレシャード医師が笑顔で部屋にはいってきた。しばらくの間医院で談笑した後に夕食をともにした。遠来の客人を心あたたかいもてなしでむかえるのは、アフガニスタン人の誇りであり、礼節をおもんじる西アジアに共通する習慣である。それがじつに心地よかった。

レシャード医師のもうひとつの仕事場は、先にのべたようにアフガニスタンにある。カレーズの会は日本からのスタディーツアーをこれまで何度か実施してきたが、アフガニスタンの治安は悪化の一途をたどり、スタディーツアーは中止においこまれた。それにしても治安はなぜ悪いのだろうか。

奇妙な論理による戦争

アメリカ軍を中心にした多国籍軍がアフガニスタンを空爆したのは、二〇〇一年である。テロリストのオサマ・ビンラディン氏をリーダーとするアルカイダをかくまうアフガニスタンはテロ支援国家である、という奇妙な論理で空爆は正当化された。だが空爆で殺され傷ついたのは、テロリストではなく、罪のない一般の人々であった。そもそもアルカイダが9・11事件をひきおこしたという確証はない。仮にそうだとしても、アフガニスタンを空爆する理由はどこにもない。

アフガニスタンを支配していたタリバーンが多国籍軍の攻撃によってまたたくまに崩壊し、アメリカ合州国の後ろ盾をえたカルザイ政権が成立した。ところが政権の統治機能はきわめてよわく、カルザイ氏はアフガニスタン大統領ではなくカーブル市長だ、と皮肉られるほど実効支配地域はカーブル周辺のみである。

不安定なのは政情だけではない。経済機能は停滞したままで、電気・水道・道路などのインフラは整備されず、国土は地雷だらけで、爆発の恐怖に人々は毎日おびえている。おいうちをかけるように、二〇〇〇年からはじまった干ばつが農作物への被害を拡大させている。アフガニスタン国民の八割以上が農民であり、明日の食べ物にも事欠くようになった。食糧不安は人心の荒廃をまねき、麻薬や強盗などの犯罪に手をそめる人もでてきた。タリバーン支配の頃とくらべ、あきらかに治安が悪化している。そうしたなかで武装解除と並行して、復興支援がすすめられている。

あわれな結末の武装解除

レシャード医師は武装解除についておおよそ次のように説明している。

日本の支援によってタリバーンの武装解除がおこなわれた。それまで軍閥にやとわれ、それで生活していた人々から銃をとりあげたところで、その後の生活保障がなければ、ふたたび銃を手にするのは目にみえている。職業訓練がなされても、それにみあう産業がなければ、人々は食べていけない。農地は地雷だらけで、農作業は危険だ。将来にわたる平和な生活をいとなむための見取り図がえがかれないままの武装解除であった。

麻薬の輸出と武器の輸入も深刻な問題である。国境では麻薬と武器の密貿易がさかんで、資金と武器を手にした地方の軍閥や各民族が個人的な利害関係や民族間の憎しみからふたたび紛争をはじめた。その間隙をついて、タリバーンがふたたび台頭している。さらにタリバーンやアルカイダ掃討作戦のため、せっかく武装解除した民兵や軍閥にアメリカ軍はあたらしい武器や弾薬をわたし、軍事訓練をほどこしている有様である。

タリバーンとアメリカ軍との戦闘がはげしくなり、アメリカ軍の爆撃で被害にあった人々がタリバーンとは別に武装集団を形成し、多国籍軍に対し攻撃をしかけ、混乱に拍車をかけている。紛争の犠牲になるのは、たいていは一般市民である。肝いりで日本が実施した武装解除は、こうしてあわれな結末をむかえた。被害者を代弁するかのようにレシャード医師はつよい口調でのべた。

アメリカのイラクでの失敗をアフガニスタンでつぐなおうとしています。アフガニスタン国民としてこのような無責任な行動は御免こうむりたい。

茶番の復興支援

復興支援についてもレシャード医師はきびしくみている。二〇〇二年に東京でアフガニスタン復興支援会議がひらかれ、日本政府から援助金が提供された。そのうち一七億円分相当の医療器具や医療機器をおくることが決定された。あたかも救いの手をさしのべているかのようにみえる。ただし、どの病院におくるのか、医療器具や医療機器をつかいこなす医師がどれだけいるのか、という具体的な情報を日本政府はつかんでいなかった。そこでレシャード医師に相談した。使用方法がわからず、しかも維持できない高価な物は地元の人にとって無用と彼は判断し、五億円分の削除を担当者につたえた。

ところが彼の助言は無視され、一七億円分相当がそのままアフガニスタンにおくられた。同年レシャード医師はアフガニスタン現地の倉庫で医療器具・機器を確認し、さらに二年後の二〇〇四年にその行方をたしかめたところ、おどろくことにそれらはほこりをかぶったままだった。あまりにも高価なので、現地担当者は壊れるのをおそれ、そのまま放置していたのである。医療支援は、外務省の役人によって現地の需要を無視し机上でかんがえられたものであった。
これまで武装集団の武装解除や医療支援などに莫大な資金がアフガニスタンに投入され、今後もくりかえされようとしている。レシャード医師は援助金の評価と用途の不透明さをするどく指摘する。

復興支援のお金がどこにつかわれたのか、利点があったのか、誰も検証していません。あふれるほどの援助資金が政府高官や軍閥の一部の食い物になり、貧富の差をますますひろげています。にもかかわらず、展望のないままふたたび援助金をみとめようとしています。

援助が受益者の生活改善にかならずしも直結するわけではない。援助は都市を中心になされるため、地方にゆきわたらず、逆に不公平さをうみだす元凶ともなる。さらに巨額な援助金の流入は物価の高騰をまねく。部屋の賃貸料はこれまでの数倍から一〇倍にはねあがり、国際団体にやとわれる専門家、たとえば医師の給料は四倍にも上昇する。高給をえようと地方から都会へと人がながれると、都市と地方の差、収入の差、そして貧富の差がいちじるしくなる。不均衡な援助および就職の機会や収入の不公平さは人々のあいだに対立をよびおこし、政治に対する不満へとつながり、暴力沙汰や誘拐など治安を悪化させる誘因となっている。以上がレシャード医師の見解である。

軍隊とNGOの二人三脚

アフガニスタンの人々の意見を無視した復興支援は、つまるところ人々の生活を破壊している。生活の破壊という点でアメリカ軍による空爆や多国籍軍の駐留にまさるものはない。多国籍軍は侵略者とみなされ、明確な攻撃対象となり、しかも軍隊を派遣する国の人々に対する反感もつよまる。NGOの安全を確保する〝人道〟を名目に、日本政府は自衛隊派遣をもくろんだことがあった。だが日本が自衛隊を派遣すれば、日本のNGOはむしろ危険にさらされ、逆効果をまねく。自衛隊派遣についてレシャード医師は危惧する。

治安の悪いところに戦闘部隊の後方支援とはいえ、自衛隊を派遣することは自殺行為です。アフガニスタン国民は日本に対して好意的な印象をもっています。日本は自分の利益のみをおしつけている国ではない、とおもっています。このようなよい印象と信頼が自衛隊の派遣や援助金のムダ遣いによってそこなわれないことを、心からねがっています。

戦後の日本が軍事介入のため軍隊を外国に派遣せず、アフガニスタンが親日的である点をあげながら、ペシャワール会の中村哲医師も断言する。

自衛隊の派遣は有害無益である。（二〇〇一年一〇月一三日、衆院テロ防止特別委員会での発言）

こうしたNGOの言動およびそれを支持する人々によって、日本の軍隊派遣はなんとかおしとどめられている。

ところが現地では軍隊とNGOが接近しつつある。NGOは活動を円滑にするため現地人をやとい、地元との軋轢をやわらげるクッションの役目をはたしている。軍関係者はそこに目をつけた。アフガニスタンにはＰＲＴ（Provincial Reconstruction Team＝地域復興チーム）というものがある。〝人道支援〟で人心を掌握しようと、ＮＧＯが地方の村々で活動し、後方で軍隊が支援するという仕組みである。軍隊と歩調をあわせるＮＧＯはもはや政府から独立した組織ではなく、軍隊の補完物になりはてている。

もちろんすべてのＮＧＯが軍隊と共同歩調をとっているわけではない。イヤ、単にＰＲＴに参加していないだけ、といいかえた方がよいであろう。アフガニスタンを民主的な国家とするには近代化しなければならないという大義名分をかかげ、ＮＧＯは積極的な教育支援にのりだしている。さらには近代西洋医療の導入をこころみようとしている。その活動には当然資金が必要である。そこでＮＧＯは先をあらそって復興支援金にむらがる。先進国の政府やＨＣＲから資金提供されると、その枠組みからはずれることなく、受注した仕事の範囲内でうごく。

人々の困窮した生活の背景に、治安の悪化や不安定な経済がよこたわっているのだが、この状況をさらに悪化させている原因に多国籍軍の駐留があげられる。一方で空爆や戦闘によって生活を破壊し命をうばいながら、他方でその軍隊を派遣する国のＮＧＯが復興支援する矛盾を誰もおかしいとおもわないのだろうか。しかも軍事も支援も先進国の税金でまかなわれている。中村哲医師は疑問をなげかけている。

「殺しながら助ける」支援というものがあり得るのか。（毎日新聞二〇〇七年八月三一日）

援助の政治化、そして援助と軍事の一心同体化が急速に進行しているなか、それを冷静に分析し批判するNGOはほとんどみあたらない。ちなみにカレーズの会やペシャワール会は日本政府からの資金をいっさいうけとっていない。

文明化への抵抗

ユーラシア大陸をながめると、たいていの国は多数の民族集団によって構成されている。とりわけ民族の宝庫といわれる国を西からひろうと、旧ユーゴスラビア、アフガニスタン、ビルマである。大陸をはなれた東端にはインドネシアがそれにくわわる。それらの国々は強固な軍事力によって統治をたもち、少数民族は力でおさえつけられてきた。力の支配がよわまれば、内部紛争が発生し、国が分裂する。社会主義の旗をおろした旧ユーゴスラビアはその運命をたどった。今では民族同士がはげしく争うアフガニスタンとビルマが次の出番であるかのようにまちうけている。民族の火種をかかえる両国はいつ分裂してもおかしくない。

歴史的にみると、ユーラシア大陸は黄河文明、インダス文明、地中海文明など高度な文明をはぐくみ、文明間の交流がなされてきた。シルクロードが文明の伝搬に一役かったのは周知の事実である。だが一三世紀のチンギスハーンが大陸を征服したように、文明地域は中央アジアの遊牧民による暴力にたえずなやまされ、高度文明は破壊と再生をくりかえしてきた。シルクロードは文明の十字路と同時に文明の破壊路でもあった。

アフガニスタンはユーラシア大陸の真ん中に位置し、地政学的に重要な位置をしめている。大国は地の利をえようともくろみ、アフガニスタンの内部紛争を利用しながらアフガニスタンの征服を幾度もこころみた。イギリスはアフガニスタンに戦争をしかけたが、三度とも負け戦であった。旧ソ連もアフガニスタンに侵攻し、泥沼にはまり、敗退を余儀なくさせられた。近代になっても、西欧からもたらされる文明の侵入は乾燥地帯の強烈な暴力によって阻止されている。最近ではアメリカ合州国が軍隊をおくり、西欧流の自由や民主主義を力でうえつけようとしている。過去をふりかえり将来をうらなえば、アメリカ合州国のもくろみは無惨な結末をむかえるだろう。アフガニスタンをおさめようとする強国は歴史の教訓をまなんでいない。

アジアの国々では西欧の植民地化により近代文明がもたらされたのだが、アフガニスタンの地では強力な抵抗にあい、西欧の近代文明は浸透しなかった。アフガニスタンは中世の時代といわれている。その中世時代の国に近代の制度や文物をいきなり導入しても、うまくゆくはずもない。中世には中世のやり方がある。それを尊重したうえで現地の人々の信頼をえないかぎり、いくら支援したところで、それはおしつけとなり、無駄におわる。近代的装いをこらし、うわっ面をきれいにぬろうとしても、すぐにはがれる。アフガニスタンの文明化は一筋縄ではいかない。

わたしはアフガニスタンの動向をたえず注視している。アフガニスタンは自分とは無関係とはおもえない国のひとつである。なぜなら日本の難民と収容問題にはじめて目をむかせてくれたのが、二〇〇一年のアフガンニスタン難民収容事件だったからである。

第二章

日本にくらす難民

（解説）

難民をおおまかにわければ、二つに分類される。広義と狭義の難民である。広義の難民とは、紛争・内戦・自然災害・旱魃・貧困・圧政などでのがれてきた人々で、避難民ともいわれる。隣の途上国や中進国でキャンプ生活をおくっている。第一章の難民はこれに相当する。他方、狭義の難民は条約難民といわれ、一九五一年に国連で採択された難民条約上の難民をさす。条約難民の定義には、本国で迫害される危険性があり、本国政府の保護をうけられず、国外にのがれている、とされている。そのほとんどは先進国をめざす。

日本での難民のほとんどは狭義の難民にあたる。難民というと、貧しい途上国の人という広義の難民のイメージがつよい。だから一般の人はまさか難民が日本にいるとは想像もしないだろう。彼・彼女らは出身国の教養ある中間層出身者で、場合によっては裕福層や特権階級の人々やその子弟もいる。かたる内容は論理的で、身なりはととのっている。日本で難民の存在が周知されないのは、欧米と比較し難民数が圧倒的にすくなく、政府があえて積極的に難民や移民をうけいれず、社会の関心をひいていないからである。

わたしも、難民が診療所にきて、はじめてその存在をしったほどである。彼らがわずらった心的外傷後ストレス障害（ＰＴＳＤ）や十二指腸潰瘍の原因をさぐるため、生活状況をたずねると、彼らは外国人収容所の実態をかたりはじめた。わたしは日本の難民の存在以上に、難民が長期収容され、そこでまともな医療がなされていないことに驚きを禁じえなかった。いずれ収容問題をあきらかにしなければならないとおもっていた矢先、二〇〇一年一〇月にアフガニスタン難民収容事件がおきた。この事件を契機に、法務省の入国管理局とのおつき合いがはじまり——相手はイヤであっただろうが——、わたしは国内の難民支援の第一歩をふんだ。事件の最中にアフガニスタン難民についての原稿を社会新報から依頼された。それが「傷つけられたアフガニスタン人」である。その後収容所での面会以外に、無料健診や医療相談をとおして、たくさんの難民にであうことになった。

活動で痛感したのは、難民や移民の現状をつたえる場がどこにもないことであった。そこで二〇〇七年から〇八年にかけて、アムネスティと日本キリスト教協議会合同の連続セミナー「日本にくらす外国人」を開催し、難民や移民をむかえ、生の声で参加者にかたってもらった。内容は文章化され、そのうち六回が月刊誌『部落解放』に掲載された。本章の「イラン人の警告」はそのひとつである。その内容に関連して前置にイランでの地震災害救援の体験を加筆している。「熱血漢！　ビルマ人」もまた、連続セミナーのビルマ人の話からとっている。トルコのクルド人もセミナーでとりあげた。本章ではクルド人の生い立ちをのべながら、トルコの歴史や日本との関係にふれる内容とした。

在日難民をかたるのであれば、インドシナ難民をわすれてはならない。受けいれてから三〇年がすぎているが、そのあいだ彼・彼女らがたどった道程はまことにきびしいものであった。ベトナム人神父をふくむ数人から聞き取りをして、それを「ベトナム人のたどった足跡」としてまとめた。

傷つけられたアフガニスタン人

アクリル板越しの面会

茨城県の牛久市にある東日本入国管理センター（外国人収容所）の待合室は、ことのほか寒かった。わたしがかつて診察していたアフガニスタン患者五人の面会を申しでたところ、一時間以上もまたされた後、面会がやっとゆるされた。面会室は三畳ほどのせまい部屋で、アクリル板越しに一人ずつあわなければならなかった。暮れもおしせまった二〇〇一年一二月二八日のことである。

意外にも彼らは元気な顔をみせた。ジャンさんは収容所内でひさしぶりに兄の顔をみることができてうれしそうだった。だがこんな事態になっても、よろこんでいる様子がわたしの胸をさす。ダウードさんはやつれた表情をしている。収容されてから一週間になろうとしているが、まだ何もたべていないという。理由をたずねると彼はこたえた。

ハンガーストライキです。

彼らはそろって口々にうったえる。開閉できないちいさな窓のついたせまい部屋に八人もがおしこまれているので、窮屈だ。部屋の暖房は完全でなく、夜はかなり冷えこむため、毛布を何枚もかさねて寒さをしのいでいる。体の痛みと頭痛になやまされ、眠れない日がつづく。食べ物はのどをとおらず、体重はへってきた。自分たちの今後はどうなるのだろうか。家族のことがとても心配でたまらない……。

収容される前とくらべ、彼らの病状はあきらかに悪化している。身体的・精神的な症状のうったえ以上に、何も悪いことをしていないのに、なぜ収容されなければならないのかという思いがつよく、悔しさと無念さがつたわってくる。いつ外国人収容所から解放されるともわからないまま、彼らは不安な毎日をすごさねばならない。

このまま収容がながびけば、ふたたび心の傷をおうのはまちがいない。彼らはなぜ収容されなければならなかったのか。どうして彼らは心の傷をつけられたのか。彼らがハンガーストライキをおこなう理由はなんなのか。その問いにこたえられず、なすすべもないまま、わたしは彼らとわかれた。

「わたしがかつて診察していたアフガニスタン患者五人」とは、タリバーンの迫害にあい、アフガニスタンからのがれてきた少数民族のハザラ四人とタジク一人である。「平和な日本に希望をいだいてやってきた」(本人たちの弁)難民申請者でもある。

早朝の突然の襲撃

面会三ヵ月前の一〇月三日にさかのぼる。彼ら五人をふくむアフガニスタン難民九人はその日のことを鮮明におぼえていた。

彼らは首都圏の別々の家にすんでいたが、そのうち二人の家は、防弾チョッキを身につけ銃で武装した私服警備官とおもわれる四〇数名によって、すでに包囲されていた。明け方ちかくドアをたたく音で彼らはおこされ、なにごとかとおもってドアをひらいた。その瞬間数十名の警備官が強引に部屋になだれこみ、二人がかりで彼らを一人ずつおさえ、身動きできないようにした。家のなかを徹底的に捜索され、パソコンや携帯電話の内容までもしらべられた。彼らは警備官数人でおさえつけられながらバスにのせられ、留置場とおもわれるところまでつれていかれた。突然のことで、なんら説明もなされなかったため、彼らが恐怖におびえたのはいうまでもない。

これではまるで凶悪犯罪者あつかいである。彼らはあくまで難民申請者であって、申請中は定期的に法務省の入国管理局（入管）に出頭し、みずからの住所をあきらかにしている。入管はその住所を他外にけっして漏らしてはならない。それにもかかわらず、「防弾チョッキを身につけ銃で武装した私服警備官」はおそらく公安関係者なのだろうが、なぜか居場所の情報をつかんでいた。

その後アフガニスタン難民弁護団が結成され、収容執行停止の申し立てを東京地方裁判所に提出した。アフガニスタン難民申請者九人のうち四人は申し立てを却下され、他の五人は収容執行停止をみとめられ、一ヵ月後の二〇〇一年一一月九日に五人は解放された。

はじめての診察

一一月一四日に五人は、わたしの勤務先である横浜の診療所をおとずれ、診察をうけた。はじめての診察だからなのか、それとも一ヵ月以上にわたり外国人収容所に拘束されていたためなのか、全員かたい表情である。これまでの経過をたずねると、一人をのぞき四人はアフガニスタンでタリバーンによる暴行をうけていた。そのうち一人は金属性の棍棒で全身を何度も殴打され、その後遺症が今でものこっている。妹が目の前でころされた患者は、その光景が今も目に焼きついてはなれないという。

収容中は頭痛・不眠・からだの痛み・食欲不振・体重減少などがあらわれ、夜中にうなされることもしばしばであった。ときに入管職員から「不法入国だから帰国しろ」と罵倒されたりもした。また自分だけが比較的安全な場所——たとえそれが外国人収容所であったとしても——にいることを負い目とかんじ、アフガニスタンにのこされている家族のことをとりわけ心配していた。
五人以外の難民申請者も外国人収容所に強制的に拘束され、そのこと自体が彼・彼女らにかなりの動揺をあたえていた。しかも収容所内での特異な環境のもと、非人間的な扱いをうけ、恐怖をかんじている。収容体験者のほとんどは次のようにかたっている。

わたしは難民として申請しただけなのに、どうして犯罪者のようにあつかわれなければならないのでしょうか。

その結果、彼・彼女らは不安・困惑・不信・怒り・恐怖などをいだき、精神状態はきわめて不安定となる。彼・彼女らをとりまく状況が悪くなればなるほど、病状は悪化の一途をたどる。
解放された五人は精神科の専門医によって急性心的外傷性ストレス障害と診断された。タリバーンの迫害体験がもととなり、今回の外国人収容所での拘束体験が引き金となってひきおこされたのである。

回復のきざし

その後アフガニスタン難民申請者が寝泊まりしていた施設へ週に一回わたしは往診にでかけた。何度か診察をくりかえしながら、彼らの訴えに耳をかたむけた。根本的な治療はなによりも精神的なささえである。心身ともに安心できる住居を確保し、信頼できる人々の心理的な支援によって治療がおこなわれた。次第に彼らは自身のことを笑顔でかたりはじめ、わずかながら回復のきざしがみられるようになった。同時に、それぞれの個性の違いもはっきりしてきた。

ダウードさんは人に対する扱いがうまい。将来アフガニスタンが平和になり、わたしがアフガニスタンをおとずれれば、彼は案内役をひきうけてくれるという。ヤスナさんは、わたしが行くたびにお茶をさしだし、客人として丁寧にもてなしてくれる。ジャンさんはかなりのきれい好きで、しかも相当なハニカミ屋である。他の人が同席しているとおとなしいが、一対一になると堰をきったようにしゃべりはじめる。ソフラビさんは三〇歳代後半の医師で、非常におちついた雰囲気をかもしだしているが、アフガニスタンにいる家族が強盗の襲撃にあったのをしった時はさすがにとりみだした。おちこんでいるタジク人のソフラビさんをハザラ人のダウードさんがいたわっていた。一八歳のリザ君は年齢のわりに言動の幼さがのこる。十分に教育をうけていないリザ君の将来を年長者のソフラビさんは心配している。

みずしらずの者同士が共同生活をいとなみ、おたがい気づかう様子がみられるようになった。これも回復の兆候である。ひょうきんで人をよく笑わせるリザ君が気まぐれで頭を丸坊主にして、わたしたちの前に突然あらわれた。彼の坊主頭をみるなり、担当の弁護士はおもわずふきだした。

わたしの中学校時代の同級生にソックリだ!

よくみると、彼らハザラ人はわたしたち日本人の顔つきに似ている。それもそのはず、彼らは一三世紀のユーラシア大陸を支配したジンギスカンの末裔で、モンゴロイド系の民族である。しかし東洋系の顔立ちゆえに、二一世紀の今日にいたるまでアフガニスタンでの迫害と差別にさらされてきた。

行政に追随する裁判所

解放されたアフガニスタン難民申請者五人に対し、高等裁判所のくだした決定は収容執行停止の取り消しであった。つまり再収容である。外国人収容所は「十分な医療体制が整えられている」、難民申請者は拘束されても「回復困難な障害を被る可能性は乏しく」と高等裁判長は決定文のなかでのべている。しかし外国人収容所は「十分な医療体制が整えられている」のだろうか。「回復困難な障害を被る」ことになり、場合によって自殺してしまったら、入管や高等裁判長の責任はどのように問われるだろうか。難民申請しているにもかかわらず、さだめられた手続きを無視し、難民不認定、強制収容、そして不可解な高等裁判所の決定がつづいている。しかも結果はあまりにも早すぎる。本来であれば、申請者の認定作業にはかなりの時間を要するはずだ。

難民とテロとのあいだに何の証拠もなく、難民申請者を犯罪者とみなし、過剰な対応がみられることを懸念する、と国連難民高等弁務官事務所（ＨＣＲ）は声明をだしている。ＨＣＲの懸念は、日本でそのまま現実となった。入管はアフガニスタン人というだけであまりにも過敏な反応をしめし、難民申請者（ハザラ人やタジク人）を、タリバーン（パシュトゥーン人）と関係のあるテロリストとまちがえ、入管は公安と協力し、早朝の突然の襲撃で身柄を拘束してしまった可能性がある。そして高等裁判所はそれに追随した。裁判所に提出する意見書のなかで、高等裁判長の決定内容にわたしは次のように反論した。

入管収容所での医療体制ができていたとしても、収容所の環境と医療の質、そして病気の原因となった収容所での待遇を問題としなければなりません。収容経験のある外国人は、収容所の対応がいかにひどく、非人間的な扱いをうけていたかを具体的にかたっていました。収容所では患者の治療の保障はまったく期待できず、治療のためにもっとも大切な信頼関係をきずくことも無理です。注意深く患者の言動を観察しながら、患者の身体的・精神的状態を的確に把握し、治療にあたらなければなりません。

強制送還の恐怖

アフガニスタンの地方では治安がまだ回復せず、小規模な戦闘はまだつづいている。カルザイ新政権にしても、かつての敵が政権内部にくわわっているため、帰国すれば殺されるのではないかという不安はきえていない。難民申請者をアフガニスタンに送還すれば、迫害される恐れは十分ある。わたしはバングラデシュで難民の救援活動をおこなったことがある。バングラデシュ政府が難民を強制送還しようとしたところ、キャンプで難民の必死の抵抗にあい、バングラデシュ軍隊と難民のあいだで衝突がくりかえされ、発砲事件にまで発展し、多数の死傷者がでた。

外国人収容所でアフガニスタン難民申請者はハンガーストライキを決行し、そのなかから自殺未遂する人もでてきた。それは不当な収容や裁判所の決定に対する抗議の意思表示である以上に、アフガニスタンへの送還はときに死を意味し、彼らは必死の抵抗をこころみているのである。それでも法務省や裁判所は、法の暴力でもって難民を強制送還しようとする。強制送還の恐怖は体験した者でないかぎり理解できないのだろう。

海外への軍隊派遣と足元の難民救援

この一連の出来事の最中に日本政府は、難民救援を名目に食料などの物資をはこぶ自衛隊（軍隊）をアフガニスタンにむかわせていた。これからもアフガニスタンに軍隊の派遣をこころみるだろう。

しかしかんがえてみよう。そもそも軍隊が難民救援できるのだろうか。アフガニスタンにすさまじい爆弾の雨をふらせたアメリカ空軍は、他方では難民救援と称して食料も投下していた。それがどのような結末を地上にもたらしているのかを、アメリカ空軍はかえりみようともしない。投下された食料をとりにいく子どもたちがあやまって地雷や不発弾をふんでしまう恐ろしい事態が発生していたのである。一方で罪のない人々を殺傷しながら、他方で〝救援〟する無神経さ。その根底には相手を人間としてみていない蔑視や差別が根底にひそんでいる。アメリカ合州国の軍隊とは方法がことなるだけで、日本の軍隊も実質的に同じあやまちをおかそうとしている。

救援活動をおこなっていく上でもっとも大切なことは、おたがいの信頼関係をきずくことである。個人の自発的な意志で活動するNGOでさえ、援助される側から信頼をえるのはむつかしい。わたしは途上国で難民や被災民の医療活動に従事した経験がある。そこでは底辺の人々、とくに社会的弱者や少数民族が偏見にさらされながら差別され、それゆえまともに医療をうけることのできない現実をまのあたりにした。彼・彼女らは外国人であるわたしに不信感をいだき、治療をうければ治癒するにもかかわらず、キャンプ内に設営された診療所をなかなかおとずれようとしなかった。日本でおこなってきた医療は途上国の底辺で生きる人々にとってはるかとおい存在であったことを、そこではじめて思いしらされた。みずから相手のふところにはいっていかないかぎり、おたがいの信頼関係をきずくのはとうてい無理で、治療も不可能であった。

国家権力からたえず迫害をうけ差別される人々は、自分たちを抑圧する軍隊の本質を体験的につかんでいる。しかも軍隊の隊員はあたえられた仕事を任務としておこなっているにすぎず、みずからの意志ではけっしてない。援助される側の難民はそこを敏感にかぎとる。とおい国まででかけ、しかも多額の税金をつかい、難民救援したところで、内容の質はたかがしれている。つかわれる金額と信頼性はけっして比例しない。

それよりも足元の日本でできることがある。それは難民申請中のアフガニスタン人三〇数人を難民として日本政府がみとめることだ。ほんの三〇数人である。お金もかかりはしない。それだけでない。外国人収容所に拘束された外国人がその人間性をふみにじられ心の傷をおわないように、出入国管理及び難民認定法の改正と外国人収容所の待遇を改善していくことも大切である。具体的な行動をしめし、そこではじめて日本の国際的な信頼性がたかまる。

ジャラランバードのふきさらしのテントで寒さをしのび病気の恐怖にさらされ飢えにたえる難民も、牛久のとざされた狭い部屋で寒さにたえ強制送還の恐怖におびえる難民もなんら変わりない。わたしたちがしなければならないのは、身近にいるアフガニスタン人を客人としてあたたかくむかえることではないだろうか。わたしが診察のため彼らの宿泊所をおとずれると、彼らは「サラーム（こんにちは）」と笑顔であいさつし、お茶をふるまい、わたしを大切な客人としてもてなしてくれたように。

高等裁判所の再収容の決定を担当弁護士からつたえられたとき、彼らはどのような気持ちでそれをきいたのだろうか。一二月二一日、アフガニスタン難民申請者五人はみずから入管の収容所にむかった。外国人収容所の入り口前で目に涙をうかべた一人がかたった言葉は、印象的であった。

もしわたしたちが入管への出頭を拒否すれば、他の難民や弁護団や支援団体の関係者に迷惑がかかる。

わたしはそれをきいた瞬間、彼らは支援者を信頼し、同時におもいやりをもつ人間であるのを実感した。そして確信した。彼らが収容をとかれ、ふたたび診療所をおとずれ、アクリル板越しでない診察をうけられる日がくれば、彼らの心の傷はきっと回復にむかうにちがいないと。

日本のアフガニスタン難民申請者のその後

二〇〇一年当時、難民申請中のアフガニスタン人約一〇〇名のほぼ半数が外国人収容所に収容されていた。その後彼らは解放されたが、難民不認定となり、行政訴訟でも敗訴がつづき、地裁で勝訴した人はわずかにいるものの、最終的に難民としてみとめられた人は皆無であった。このようなきびしい状況では、身をかくして生活するか、パキスタン・アラブ首長国連邦・イランなど他国へ出国するか、どちらかを選択する以外に道はなかった。

二〇〇四年に突然診療所にやってきたハザラ青年がいた。彼は二〇〇一年の収容中に自殺をはかった一人である。皮膚の症状を心配して診療所を受診した。地裁の判決では敗訴し、超過滞在となってしまったため、身をかくしてひっそりとくらしていた。警官に職務質問されないように工員の服を身にまとい、その制服には会社のロゴマークがついていた。顔つきがモンゴロイド系なので、日本人にそっくりである。うまく変装しているのでつかまる心配はない、と笑顔で胸をはっていた。

四〇歳代のハザラ人は収容によるストレスが原因で血圧が上昇し、脳虚血発作を頻繁におこし、失神をくりかえしていた。彼もまた裁判で敗訴したため、二〇〇五年にアラブ首長国連邦のドバイにむかった。四年間血圧はコントロールされず、動脈硬化が進行し、顔面神経麻痺となってしまい、今ではドバイの病院に通院している。

二〇〇一年に難民申請したハザラ人のうち現在日本にのこっているのは、わずか数名にとどまる。アフガニスタン難民申請者のその後はけっしてあかるくない。

少数民族ハザラ人はタリバーンから恒常的に迫害をうけている。それにもかかわらずテロリストという理由で彼らを逮捕したのは、アフガニスタンの政情にうとい公安や警察が間違えたのではないか、と当時わたしはおもった。しかしその後の入管や警察の対応をみると、最初から確信犯的な逮捕ではないか、という考えにかわった。アフガニスタンの〝テロリスト逮捕〟という扇情的な情報をながせば、マスメディアがとびつき、大々的に報道することをねらったのである。入管の思惑どおり、報道は効果的に作用し、その後のきびしい取り締まりと強制収容が正当化されるようになった。

だが入管の強権的行動はおもいがけない反作用もうんだ。たくさんの人々がアフガニスタン難民収容事件に疑問をもち、収容の不当性につよく抗議したのである。この事件をきっかけに、各地域で外国人収容所での面会活動や難民支援への取り組みがはじまり、支援者同士が連携し、現在にいたっている。

熱血漢！　ビルマ人

家族のきずな

ある日の午後ビルマ人女性が診療所にやってきた。彼女は七八歳とかなりの高齢である。もちろん息子のティンウィンさんがつきそってきた。東南アジアの人々は親をたいへんうやまう。ティンウィンさんもそれにたがわず、ビルマから母親を三ヵ月ビザでよびよせた。ただ心配なことがある。母親は高齢のうえ心臓をわずらい、高血圧の持病をもっている。日本にいるあいだいつ病状が悪くなってもおかしくない。ティンウィンさんの住む群馬県の病院では言葉の不安があり、そこで気心のしれたわたしのもとに、母親をわざわざ群馬県から横浜までつれてきた。

母親の診察中にティンウィンさんは通訳するが、彼の態度には親をたいへんいたわる様子がみてとれる。診察と検査をすませ、「今のところお母さんの病状は安定し、心配いりません。親子水いらずの滞在をたのしんでください」とつたえた。

ビルマ人のほとんどは故郷をあとにして以来、両親に一度もあっていない。ビルマにもどれないという不安のなかで、ながい年月をすごしている。おたがい無事でいるのを電話でたしかめあうだけで、親への想いはつのるばかりだ。外国人収容所にいれられれば、よけいに家族への心配はふくらむ。親の顔を二度とみないまま異国の地ではてしまうのではないか、と不安にさいなまれる。精神的にも、身体的にも、そうとうに傷ついている。それでも日本ではたらかなくては生活していけない。傷だらけでも、不安がいっぱいでも、生きていかねばならない。

そんな状況のなか難民認定され、妻と三人の子どもを呼びよせ、母親に再会できたティンウィンさんは幸運である。成田空港で母をみた時にはたまらなくうれしかった。ティンウィンさんの娘ヘイマーさんはおばあちゃん子だったので、無事あえた喜びいっぱいで涙をながしていたという。

ティンウィンさんは子どもたちにもたくさんの愛情をそそいでいる。子どもたちは、来日後日本語がまったく話せないまま、年齢にあわせて小学校や中学校に自動的に編入された。授業の内容がわからないのは当然である。そこで難民事業本部（ＲＨＱ）が運営する国際救援センターの日本語教室で日本語の特訓をうけた。期間は四ヵ月間とみじかかったが、それでも以前よりはずいぶんとわかるようになった。子どもたちは日本の環境になじむようになり、家庭内でも日本語をつかいはじめた。ティンウィンさんは、ビルマ語をわすれないようにと、月ごとに日本語とビルマ語を交互に話すことを提案した。子どもたちにビルマ語をおしえるのは文化的な〝国語愛〟からではない。ティンウィンさんは母語をまなぶ大切さを十分認識しているのである。[12]

ティンウィンさんは、日本社会のみならずビルマ社会、ひいては国際社会で生きていくための知恵を子どもたちにさずけている。ティンウィンさんの教育方針が功を奏し、子どもたちは学校で優秀な成績をおさめ、それぞれ希望する大学に進学している。ティンウィンさんにはもうひとつ確固たる方針がある。民主主義と対話を大切にし、妻や子どもたちの意見にも耳をかたむけている。話し合いをもちながら、おたがいの意見を尊重しあい、家族内でも徹底した民主主義がつらぬかれている。とはいうものの、親子であっても納得ゆくまで議論するのは疲れる、と妻ティンヌェウーさんや子どもたちは頑固オヤジに不平をこぼしている。

お布施のこころ

さて、ティンウィンさんは、母親を診療した感謝のしるしにわたしを自宅にまねき、家庭料理をふるまってくれた。モンゴロイド系のビルマ民族の容貌とことなり、ティンウィンさんはインド系の顔立ちである。しかも宗教はビルマでは少数派のイスラム教で、文化的にも一般のビルマ人とちがう。自宅でだされた料理はカレー味で、わたしはナンやチャパティと一緒にそれらをたいらげた。日本にいながらして、異国の家庭料理を楽しめるのは支援者の役得であろう。

客人をこころよくむかえるのはどの国にも共通するが、感謝の気持ちを相手につたえる点において、ビルマ人はじつにうまい。外国人収容所に収容されたビルマ人難民申請者が解放され、日本人支援者のために謝恩会をひらいたりする。解放後にお礼の手紙をおくるのもビルマ人である。あるビルマ人は、息子が一〇歳になった誕生日祝いに献血したい、とわたしに申しでた。日本赤十字センターを紹介したところ、彼はお礼にケーキや飲み物をもってきた。仏教の教えからきているのだろうか、感謝の気持ちや人に対するおもいやりを感じさせる。徳をつむのが、ビルマ人にとって人生の一大事なのだろう。こうしてビルマ人の心のこもったお布施が日本人の情をいたく刺激し、ビルメロへとみちびいてゆく。

12　ある言語学者によれば、子どもが母語と母文化に対して肯定的な価値観をもって、はじめて第二言語をものにできるそうだ。子どもの母語や母文化がおとしめられると、母語の能力がうしなわれると同時に、第二言語の能力にも支障をきたす、と指摘されている。

◇ひとやすみ◇　われがビルメロ民族

ビルマは多民族国家である。その数は数百とかぞえられているが、ビルマ政府が公認している民族は一三五である。そのうち二つだけ公認にもれた民族がある。ひとつがロヒンギャ民族で、ビルマ東部アラカン州にくらすイスラム系の住民である。市民権はなく、たえず迫害をうけている。もうひとつがビルメロ民族である。ビルメロとはビルマというだけでメロメロになってしまう日本の住民をさす。

まとまりのある集団としていくつか組織化され、その筆頭にビルマ市民フォーラムがあげられる。民主化運動のリーダーのアウンサンスーチーさんを支持し、ビルマの軍事政権に民主化を要求し、さらに日本政府の難民政策やODAをするどく批判している。情熱的で正義感あふれる人々で構成されている。ビルメロ民族の族長はもちろんウーシュエバ（ジャーナリスト田辺寿夫さん）をおいてほかにない。なにしろ彼のオヤジさんもまたビルマにほれこんでしまい、その遺伝子が息子へとうけつがれている。由緒ある血統にだれもかなわない。

ウーシュエバの号令一下、それぞれの担当大臣がわりふられる。

弁護士の渡邉彰悟さんは法務大臣に任命されている。他民族を排除するなんてことはいっさいしない。収容も言語道断、ビルメロ民族に加入したければ誰でも歓迎し、きわめて寛大な措置をとっている。

財務大臣には宮沢清香さんが抜擢されている。財政はいつも火の車だが、なんとかきりぬけている手腕はすごい。そのおおきな理由は、日本国憲法の第九条をみならい、平和志向で軍隊をもっていないからである。ビルマ本国とちがい、暴力的な軍隊が不要な分だけ経費がおさえられている。いくら財政がくるしくとも、〝大和民族〟からのおいしいエサODAの申し出があっても、断固ことわりスジをとおす。

文部大臣には元教員の岩田すみえさんが適任だろう。あくまで他民族の文化を尊重する政策をかかげ、「ビルメロ文化は一等」なんて傲慢な姿勢ではない。ビルメロ語を他民族におしつけるようなバカなまねもしない。

外務大臣にはたくみな話術をこなす温和な大学教授の根本敬さんが最適である。彼のビルマに関する情報分析はすぐれている。外交官だったオヤジさんのDNAをうけつぎ、ひとあたりもよく外交官にもってこいだ。アメリカ合州国に追随する奴隷外交をとることはなく、力や金で相手をねじふせるようなことはもちろんしない。あくまで対話で平和を追求する外交方針である。

情報大臣には永井浩さんが適任であろう。かつては新聞記者であったが、現在は大学教授である。ジャーナリストの立場をつらぬき、記者クラブの弊害を熟知しているので、情報の独占なんてことはありえず、すべて情報公開している。

日本ビルマ救援センターの中尾恵子さんは人権大臣として活躍している。毎年タイのビルマ難民キャンプに援助物資をはこんだり、スタディーツアーを組んだりして、難民を支援している。

保健大臣にはわたしが適切かもしれないが、他のビルメロ人ほどの情熱をもちあわせていない。それにクルド・イラン・フィリピンなど他民族に浮気しているのだから、ビルメロ民族としては失格である。

どの国の歴史をみても、多数民族の強権的支配によって少数民族は存亡の危機にたたされてきた。ビルメロ民族は不屈の抵抗精神をつらぬくので、単一民族思考の〝大和民族〟からほろぼされることはまずない。もっか悩みの種は、後継者がみつからないことである。宮沢さんをのぞけば、悲しいかな、ほとんどが中高年で、少子高齢化が進行している。ビルマの諸民族はしっかりと子どもを生みそだて、なかには四人の子だくさんもいて、うらやましいかぎりだ。ビルメロ民族の後継者探しがこれからの課題であろう。

だが心配無用。正真正銘のビルマ諸民族とのパイプがふとい。これがビルメロ民族の強みだ。かならず日本のビルマ人がビルメロ人をいっぱいそだててくれる。

難民認定されたけれど

ティンウィンさんの来日は一九九六年である。当初難民認定制度についてまったくしらず、そこで同胞のビルマ人を介してビルマ弁護団を紹介され、難民申請した。国民民主連盟（ＮＬＤ）の活動経歴やアウンサンスーチーさんと一緒にいる写真を提示しても、難民認定は遅々としてすすまなかった。すでにビザの期限はきれ、非正規滞在者、いわゆる〝不法〟滞在となっていた。そのあいだパチンコ店勤務や清掃などの職を転々としていた。二年がすぎ、一九九八年にまちにまった難民認定がようやく決定された。とてもうれしかった。あたらしい未来がひらかれると期待した。認定した法務省の入国管理局（入管）にでむき、認定後の待遇を入管の職員にたずねた。すると意外な返事がかえってきた。

「認定後の対応は、わたしたちの仕事ではありません」――。

入管の難民認定室は、あくまで難民を認定する行政機関であり、難民の生活を支援するところではない。それではどこが認定された難民の生活を支援する行政機関なのかというと、どこにもない。外務省の外郭団体ＲＨＱは当時インドシナ難民のみを対象とし、条約難民認定者はかやの外におかれていた。難民認定されたところで、生活はなにひとつ変わらなかった。ティンウィンさんはおおいに落胆した。

日本のつめたい態度はさらにつづく。ティンウィンさんは妻と子ども三人をよびよせた。ここでも日本の制度の壁にぶちあたる。子どもたちの日本語教育と学校教育である。ＲＨＱに子どもたちの日本語教育について相談するが、ＲＨＱは前例がないことを理由に、運営している国際救援センターでの受けいれをしぶった。その時ティンウィンさんがＲＨＱにかんじたのは、入管と同じ役所的な冷淡さであった。それでもなんとかたのみこんだところ、例外的処置として条約難民の家族ではじめて、国際救援センターに入所することができた。そこでもまた彼は衝撃をうけた。インドシナ難民と条約難民の待遇に差がありすぎるのだった。インドシナ難民の場合にはセンターに入所すると、自動的に日本語授業・一五万円支給・職業訓練などがなされる。しかし認定された条約難民には、なにひとつ援助はなかった。

それでも四ヵ月の日本語特訓は、先にしるしたように一家にとってたいへん有益であった。ティンウィンさんはビルマ語・英語・ヒンズー語など五言語をあやつり、さらに日本語がくわわった。彼は政治活動できたえられた批判精神に富み、国際情勢にも精通している。ところが優秀な能力を発揮しようにも、日本にその場はない。

国際救援センターを出所するにあたり、一家はＲＨＱからひとつだけ職場を紹介された。それは都心から電車で二時間以上かかる群馬県の工場で、ちかくには友人や親戚はいない。それ以外の仕事はみつからず、やむをえず不利な条件の職をのむしかなかった。ティンウィンさんは国際救援センター入所中はたらいていなかったので、貯金は一銭もない。しかも妻と三人の子どもをかかえている。交通費や引越し代などの負担がかさみ、友人や親戚から借金しなければならなかった。インドシナ難民は一五万円の手当ての一部を引っ越し費用にあてることができたが、彼にはそれすらあたえられなかった。

ティンウィンさんの体験から日本の難民制度の欠陥が指摘できる。あきらかな難民性の証拠があっても、二年以上も認定されなかったのは論外としても、難民認定制度はその名のとおり難民申請者を認定するのみであって、認定後のことはいっさい関知しない。これは他国と比較すると、よくわかる。「認定」という文字がつかない難民法では、法律を運用する行政機関が設置され、難民認定後には就職斡旋・語学教育・職業訓練・子どもの教育・生活費支給などの生活の世話をする。つまり難民を地域の住民として受けいれるのを前提に、定住の準備がすすめられる。

条約難民とインドシナ難民との待遇差は二〇〇一年に国連人種差別撤廃委員会でとりあげられ、日本政府は是正の勧告をうけた。二〇〇三年になって条約難民認定者は、政府から事業委託されているRHQの支援をようやくうけられるようになった。そこにいたるまで難民条約加入時から二二年ものながい歳月を要している。しかも国連人種差別撤廃委員会によって指摘され、そこではじめて開始されたのであり、日本政府みずからのぞんでいたわけではない。

労働組合旗揚げ

ティンウィンさんは妻ティンヌェウーさんとともに斡旋された群馬県の工場で二〇〇〇年からはたらきはじめた。仕事内容は溶接やプレスなど、いわゆる汚い・きつい・危険の３Ｋ労働である。周囲にも工場があり、日本人の職員は二〜三人いるだけで、あとはインドネシア人・ネパール人・バングラデシュ人などの外国人である。時給九〇〇円以下と低い賃金で、ボーナスも有給休暇もない。研修制度でやってきた外国人はその日からはたらかされ、他の人と同じ仕事なのに、正社員なら月に二〇万円の給料が研修生・技能実習生ではわずか五〜六万円にしかならない。外国人は簡単に解雇させられ、きわめてよわい立場である。しだいにティンウィンさんは労働者の権利や待遇改善をかんがえはじめるようになった。そんな矢先ある事件がおきた。

プレスの工程をしているとき、バングラデシュ人があやまってちがう鉄材をいれてしまい、機械がとまってしまった。すぐに工場長がかけつけて、「何やってんだ！」と彼の頭をバッツーンとなぐった。

彼の頭から血がでていた。ティンウィンさんは怒りにふるえ、バングラデシュ人をなぐった工場長に抗議しようとした。すると他の同僚が「まて、まて」と彼を制止した。「もしおまえが社長と工場長につっかかっていったら、オレたち外国人労働者はみんなクビをきられて仕事をうしない、明日から飯が食えなくなってしまう。だから抗議しないでくれ」と懇願した。ティンウィンさんは難民としてみとめられていたので、定住ビザをもっていた。だがケガをしたバングラデシュ人をふくめ外国人労働者の一部にはビザがなかった。彼らの気持ちもよくわかり、抗議するのをやめたが、ティンウィンさんはとてもくやしい思いであった。

日本の工場ではたらいている外国人は非正規滞在者や研修生・技能実習生もいて、正式に労働契約をかわしている人はマレで、口約束だけで労働条件のよくない仕事についている。突然解雇されても抗議できず、病気になっても高い治療費をはらわなければならず、労働災害でケガをしても正式な手続きはなされず、かならずしも保障されるわけではない。労働者としての権利がふみにじられ、ドレイ的な状態におかれている。暴行事件を契機に外国人労働者の権利を保護するため、ティンウィンさんは労働組合を結成することを心にちかった。

ティンウィンさんの持ち前のひとあたりの良さ、なにごとにも前むきな姿勢、楽観的な性格、冷静で正確な判断をする頭脳の明晰さ、そして誠実さが日本の労働組合関係者や支援者に好感をもたれた。紆余曲折があったものの、機械・金属関係の産業別労働組合ＪＡＭ（Japanese Association of Metal, Machinery and Manufacturing Workers）の支援をうけ、ビルマ市民労働組合が二〇〇二年四月に誕生した。定住・就労資格をもつ組合員はわずか数名で、他は定住資格のない非正規滞在者・難民申請者が圧倒的多数をしめる。それでも東京都の労働委員会からみとめられ、法律で保障された正式な労働組合である。

最初は数十名からはじまったが、労働組合に加入する人はしだいにふえ、現在は二〇〇名にちかい。他の労働組合とくらべ、ビルマ市民労働組合は一風変わった活動方針をかかげている。労働者の権利について日本の労働組合からまなび、ビルマが民主化されたあかつきには、ビルマに労働組合を根づかせるという志なのである。

根っからの活動家

ビルマ市民労働組合をつくったのは、なんといってもビルマでの激烈な民主化闘争を戦いぬいてきたティンウィンさんの強靭な精神とゆたかな知恵である。活動をとおしての経験がここにきて役だったのである。ビルマでは父からゆずりうけた服装店をいとなむ経営者の立場だったので、日本で労働組合を結成するなんて夢にもおもわなかった、と彼は苦笑する。

ティンウィンさんは一九五四年ビルマの古都マンダレーで裕福な商家にうまれた。すこやかにそだち、なにごともなく平穏な家庭環境ですごし、一九七四年ヤンゴンの大学に進学した。ちょうどそのときウ・タント元国連事務総長の死去にともない、ビルマで葬儀がおこなわれようとしていた。当時のネ・ウィン独裁政権は葬儀を拒否したため、学生たちはそれに反発し、抗議活動をくりひろげた。運動はまもなく独裁政権打倒へと発展し、ティンウィンさんはその運動に参加した。これが彼にとって政治的覚醒となり、人生の一大転機となった。大学卒業後マンダレーにもどり、父の商売をうけつぐものの、さわぐ血はおさまらない。本や新聞記事などの情報をあつめながら、仲間とともに人権や民主主義の学習をつづけ、地下組織の活動に専念するようになった。

そして民主化闘争のもっとも高揚した一九八八年がやってきた。この時、マンダレーで市民が結集してつくられた委員会のリーダーの一人にティンウィンさんはえらばれた。またイスラム同盟の事務局長として精力的に活動していた。こうして彼は民主化闘争の渦中の人物としてうごきはじめた。同年に長男が誕生する。民主化運動へのあまりの熱のいれようが高じて、ついには息子にデモクラシーと命名しようとした。あたりまえのことだが、妻ティンヌェウーさんの強力な反対にあい、そこで最初の部分だけをとってディモという名で妥協した。独裁政権はちっとも怖くないが、妻にはどうしても頭があがらないようだ。

一九九〇年の総選挙でＮＬＤは大勝するが、軍事政権は選挙結果を無視した。ティンウィンさんの熱烈なデモクラシーの想いはとどかず、大勢の仲間が弾圧されはじめた。それでもＮＬＤの政策研究委員会の役員として活動し、一九九六年にはアウンサンスーチーさんとともに憲法起草委員会の一員としてくわわった。彼は当局に目をつけられるようになり、警察に取り調べられ、拷問にあった。保釈された後シャン州の村に潜伏し、地下活動をつづけていたが、官憲の取り締まりがいっそうきびしくなり、しだいにおいつめられていった。これ以上ビルマにのこっても、身の安全が確保できないと判断し、本国をはなれる準備をすすめていく。

間一髪のビルマ脱出

ティンウィンさんが国外に脱出した日のことを、当時一一歳の娘ヘイマーさんは今でもわすれられない。父がビルマにいてはふたたびつかまるのは確実、つかまったら二度とあえない、と彼女はいつも心配していた。だから、アウンサンスーチーさんの自宅に行かないでと懇願し、ＮＬＤロゴ入りのカバンで外出しようとする父を必死にとめていた。父がビルマをはなれる一週間前には、官憲が父をさがしている情報がながれ、ヘイマーさんはあまりの不安で毎日泣いていた。

ビルマ脱出当日、父の搭乗予定の夕方便が出発するまで出国の無事を家族全員でいのった。その日の夜役人と軍人が家にやってきて、家のなかを勝手に捜索した。ヘイマーさんが寝ていた部屋に軍人が突然はいってきた時には本当におどろき、そして怖くなった。数週間後に父が国外に無事でいるのがわかったが、ほんのわずかの差で、父ティンウィンさんは無事国外への脱出に成功したのである。家族にとって、父がいない寂しさよりも、安全な場所に移動したという安堵のほうがおおきかった。

だが、のこされた家族に執拗ないやがらせがはじめられた。マンダレーで経営していた服装店や実家に警官などが頻繁にやってきて、尋問がくりかえされた。母ティンヌェウーさんは過度のストレスでくるしみ、一年もたたずして一家はヤンゴンに引っ越した。

父はタイにいるとしかヘイマーさんにはしらされなかった。その後日本に住んでいることがわかり、日本とビルマを往復する知人が父の声を吹き込んだテープや手紙をとどけてくれた。電話では盗聴されるおそれがあり、父の名前で手紙がくれば、検閲されるので、慎重に家族と連絡をとっていた。ヘイマーさんは録音された父の声を聞くのをいつも楽しみにしていた。その後インドのカルカッタ空港で一家は劇的な再会をはたす。父ティンウィンさんがビルマをはなれて、すでに三年の月日がながれていた。

将来の希望

家族とはなれているあいだ、ティンウィンさんは異国でのきびしい労働条件のなかではたらき、定住資格のない不安な毎日をすごしてきた。ようやく難民認定され、家族と一緒にくらせるようになったが、なんの支援もえられないまま工場ではたらくことになった。四二歳で日本にのがれてきた彼はすでに五〇歳をこえている。日本人の五〇歳代とビルマ人の五〇歳代とではずいぶんとちがい、精神的にも身体的にもつかれはてている。この一〇年間に工場では手を切断するという事故がすでに三件発生した。いつか自分にもその番がまわってくるかもしれないという不安をかかえ、工場で身をけずりながら、彼ははたらいている。

くるしい労働環境であっても、ティンウィンさんは労働者の権利を擁護し、日本の難民の地位向上のため積極的に発言をしている。自分の生きているうちにビルマの民主化は達成できない、と彼は冷静に分析している。だが、けっして悲観はしていない。どんな困難に遭遇しようとも、彼自身がそれを克服してきたように、次の世代に希望をたくす前むきな姿勢を彼はつらぬいている。

わたしはティンウィンさんとおなじ世代に属する。うまれた国も生い立ちも経歴もまったくちがう。危険な綱渡りの人生をかいくぐってきた彼とくらべれば、わたしは随分と平坦でのんきな人生をおくってきた。おたがいあゆんだ道はことなるが、不正義に対する彼のつよい憤りには共感をおぼえる。本国ビルマへのあつい想いも感じとれる。かたくむすばれた家族のきずなは、親不孝をくりかえしてきた者にとってまぶしくうつる。彼のような人物が他国にうつらず日本にとどまってくれたことに、わたしはたいへん感謝している。だから、お布施ではなく、心からのお礼として同時代に生きた一人のビルマ人の証《あかし》をここに書きのこしておきたかった。

ビルマ人のあらたな動き

ティンウィンさんが来日した一九九〇年代中頃から、ビルマ難民申請者は増加していた。だが難民認定されたのはごく一部の人だけだった。いつ日本から追放されるのかという不安におびえながら生活するビルマ難民は、より希望のもてるアメリカ合州国にわたった。

ティンチーさんはその一人である。彼は日本で難民申請したが、あたえられたのは在留特別許可であった。在留特別許可をえたところで、難民認定との差はおおきい（第三章「解説」参照）。ビルマの大学生時代に民主化活動にくわわり、卒業してからはジャーナリストの道を志していたが、夢はかなえられなかった。日本にきてからすでに一〇数年がたち、そのあいだの職は居酒屋やレストランでのアルバイト生活であった。将来の不安をいだくのも当然であろう。彼は日本の生活に見切りをつけ、アメリカ合州国にむかった。おどろくことに到着した次の日に彼は難民認定され、職業訓練・コンピューター指導・英語教育がただちに開始された。あらかじめ彼の難民性を証明する書類が日本の弁護士からアメリカ合州国の担当者にとどいていたからなのだが、それにしても迅速で適切なアメリカ合州国の対応は、日本と雲泥の差である。

ティンウィンさんが把握しているだけで、ビルマ難民認定者および在留特別許可取得者の三六名がアメリカ合州国に移住している。彼・彼女らは誠実で頭脳明晰で優秀な人々である。日本社会は難民を受けいれず、支援もほとんどない。しかも仕事を自分でみつけなければならない。認定されるまでの膨大な時間と労力を無駄にすごすことになり、彼・彼女らは来日したことを後悔している。

アメリカ合州国にわたる人がいる一方、日本にのこる人もたくさんいる。そのなかで目立ってふえてきたのは、カチンやカレンなどの少数民族出身者である。数がふえれば、群れるのが人のならわしだ。一ヵ所にあつまった方がおたがいに助けあいながら情報交換しやすくなる。難民認定者や在留特別許可取得者が活動の中心となってうごき、異国の地であっても民族としての誇りをもち、文化と伝統をまもろうとしている。キリスト教関係者などの日本人支援者がそれをささえ、民族活動がより活発化している。ビルマの少数民族は教会や職場の日本人とのつながりをつよめながら、信頼関係をつくろうと積極的にうごいている。

少数民族は各団体同士で情報共有するものの、主流のビルマ民族の団体とは一定の距離をおいている。本国でのビルマ人の少数民族に対する意識が、そのまま日本のビルマ人社会にも色濃く反映している。それがもっとも顕著にあらわれているのが、ロヒンギャ民族への対応である。

飛び地のロヒンギャ

わたしは一九九二年にバングラデシュでロヒンギャ民族やジュマ民族の状況をしりえたのだが、おどろくことに今では彼・彼女らは日本に難民としてのがれている。支援者の日本人とともにわたしが勤めている診療所にもやってくる。

ロヒンギャは群馬県館林市に在日ビルマロヒンギャ協会を設立し、ときに感謝会などをひらき、日頃お世話になった日本人を招待している。もちろん感謝の気持ちのあらわれなのだろうが、そこではたらく行動原理は、イスラムのまもるべき五行のひとつ喜捨なのであろう。感謝会の会場ではロヒンギャの特徴があらわれていた。次から次へとはこばれる料理は、ビルマとことなり、隣国バングラデシュやインドとおなじカレー味である。ロヒンギャ女性や子どもがたくさん参加したのは意外だったが、当然といえば当然である。イスラムの習慣をかたくなにまもり、ふだん人目につかないよう女性は外出するのをひかえているのである。

ビルマ人の大半は東京とその近郊にくらし、飲食業に従事しているのだが、ロヒンギャは飛び地のように群馬県館林市に集住し、職種も工場勤務がほとんどである。なぜ東京でないかは想像がつく。ビルマ民族との接触をさけるためである。ロヒンギャ民族は特異な存在としてあつかわれ、日本のビルマ少数民族の連合団体にさえ参加できない。

ある時わたしはこんな体験した。バングラデシュにのがれたロヒンギャ難民のビデオ映像が、わたしの手元にある。それをロヒンギャの人に貸そうとしたが、手ちがいで知人のビルマ民族の人にわたってしまった。それをしったロヒンギャ人は、なんてことだと絶句し、驚きと失望と困惑の表情をした。その時ロヒンギャのビルマ民族に対する根強い不信感があるのをよみとることができた。

ロヒンギャに対する反感が大騒動に発展した出来事もあった。ビルマ市民フォーラムの例会でロヒンギャの歴史がとりあげられた際、ビルマ民族や他民族の反応はすさまじいものであった。例会当日五〇人以上が大挙しておしよせ、例会開始前に気勢をあげ、声高にロヒンギャ擁護に反対していた。その中心となったのは、ロヒンギャと同じ州に住む仏教徒アラカン民族である。他の少数民族やビルマ民族の顔もチラホラみられた。この騒動では、ロヒンギャ民族に対する他民族の差別意識がはっきりとあらわれていた。

軍事政権打倒や民主化をかかげても、多数民族のビルマ人はロヒンギャと手をつなぐことをかたくなにこばんでいる。きく耳をもたず、対話を拒否し、有無をいわさずロヒンギャを排除する姿勢は、偏狭なビルマ民族中心主義にこだわるビルマ軍事政権となんらかわりない。

わたし自身はどちらにも肩入れするつもりはなく、対等につきあうだけだ。ただ思う。声を大にして平等が原則である民主化をとなえるのであれば、民族問題や少数派に敏感でなければならない。それがビルマの将来をおおきく左右する重要な要素だからである。ロヒンギャを擁護するビルマ人はいるが、きわめて少数である。ティンウィンさんは数すくないうちの一人である。少数民族や社会の弱者を大切にする人こそ、ビルマ民主化運動の次のリーダーにふさわしい。

地域に生きるクルド人

日本のネブロス

ながく暗い冬をこせば、春のいぶきを肌でかんじる。雪がとけ、花がさき、木々の芽がふきだす。それを待ちわびるかのように、トルコの南東部ではクルド民族伝統の新年祭ネブロスがはじまり、一斉に歌と踊りがこだまする。クルドをかたるには欠かすことのできないネブロスは、春のおとずれを祝福する祭りである。[13]

埼玉県蕨市の公園でも毎年三月中旬にひらかれる。ひろい公園の敷地で、クルド音楽の軽快な拍子にあわせて男も女も小指をつなぎ、おどりにおどり、うたいにうたう。女は色あざやかなスカーフや衣装を身にまとい、男はシャワルという横幅のひろいズボンをはいている。民族衣装を身にまとう舞踏は手のこんだ工夫はなく、素朴そのものである。庶民的なクルド人は人なつっこい笑顔をうかべ、気軽に人々を踊りの輪のなかへとさそう。「スパス（ありがとう）」とこたえながら輪のなかにはいると、太古からつたわるおおらかさと心あたたまる豊かさをかんじる。素朴な山の民の踊りの輪に身をおくことで、日本のクルド人社会をわたしはしることになる。

埼玉県川口市や蕨市にトルコからのクルド人がふえはじめたのは一九九〇年代中頃からである。最初はイラン人を仲介にして、中小の建設会社で職をえるようになり、現在ではクルド人の九割以上が建築関係に従事しているという。トルコのクルディスタン（クルド人の国）が南東部に位置するように、〝ワラビスタン〟とクルド人が名づけた蕨市は、埼玉県の南東に所在をかまえる。[14]

一九九六年に二〇数名がはじめて難民申請し、翌年にはクルド弁護団が結成された。クルド人の数は以前には四〇〇人といわれたが、現在では一五〇人ほどにとどまる。数が減少したのは、二〇〇三年秋から開始された〝不法〟滞在外国人への取り締まりが強化されたからである。きびしい取り締まりは〝ワラビスタン〟のクルド社会に負の影響をおよぼした。バス五台と警察犬をともなって、大勢の警官が職場に突然やってきて、その場にいた外国人全員を警察署まで強制的に連行する、という手荒い方法である。建築現場などで何度も摘発をうけると、会社側はクルド人などの外国人を敬遠するようになり、クルド人は職につけず、生活するのがむつかしくなってきている。

埼玉県蕨市の公園でひらかれたネブロスの祭りで、おどりに没頭するクルドの若い男女。三月中旬ですこし肌寒くかんじるが、輪の中にはいれば、心と体があたたまる。

13　クルド人はトルコ・イラク・イラン・シリアにまたがって住んでいる国をもたない民族として世界最大といわれ、その数は二五〇〇万から四〇〇〇万人と推定されている。アラブ人やペルシャ人とことなり、独自の言語と文化をもつ。もともと集団単位で遊牧をしながら移動していたが、オスマン帝国時代に中央政府の定住化政策によって生活形態をかえることを余儀なくされた。現在は農業や牧畜業をいとなみ、なかには都市生活者の人もいる。古くは自然崇拝やゾロアスター教を信仰していたが、現在ではイスラム教の人が大半である。トルコでクルド人は〝山岳トルコ人〟あるいは〝言葉を忘れたトルコ人〟とさげすまされ、固有の民族としてみとめられていない。

14　パキスタン・カザフスタン・タジキスタンなど語尾のスタンは国を意味する。それにしても蕨市民にとって、勝手に〝国〟にされてはたまらないだろう。

墓穴をほる法務省

二〇〇四年は特記すべき二つの事件がおこり、クルド受難の年として記憶される。ひとつは国連ハウス前でのクルド人二家族の抗議行動である（第四章「国連難民高等弁務官事務所の裏顔」参照）。もうひとつは法務省の入国管理局（入管）の失態としてふかくきざみこまれる出来事である。

当時東京の地方裁判所でクルド人に難民不認定処分を取り消す判決が連続してだされ、クルド側の勝訴がつづいていた。法務省は裁判の決定によほどあせったのか、とんでもない行動にうってでた。二〇〇四年六月に入官職員二名がトルコのクルド地域まででかけ、目的や身分をあきらかにせず、日本で難民申請中のクルド人のトルコでの自宅を治安部隊や警察官とともにおとずれ、家族に質問や無断撮影などをおこなった。[15] トルコ治安当局と協力しながら、日本の難民認定機関がクルド人迫害の手助けをするという常軌を逸した行動である。それにしても、なぜトルコ治安当局に難民の情報をわたしてしまったのだろうか。国際条約について入管はあまりにも無知であった、と解釈するしかない。難民認定制度の崩壊をみずから証明したようなものだ。これが日本の難民認定機関の実情なのだからおそろしい。

おそろしいことはなおもつづく。二〇一〇年現在までトルコ国籍（クルド人）の難民申請者は累計して八〇〇人以上にたっするが、日本政府はクルド難民申請者をまだひとりも認定していない。UNHCR Stational Yearbook のデータをもとに計算すると、二〇〇四年から〇八年までの五年間に世界各国で難民申請したトルコ国籍八万四六七八人——すべてクルド人とはかぎらないが——のうち、一万四〇四五人が認定されている。年間平均二八〇〇人が難民認定をうけている。世界と対比するだけでも、日本のクルド難民申請者の認定率〇%はきわだっている。それどころか、成田空港で申請しても即時不認定とし、一〇代の若年者さえも長期間外国人収容所に収容している。

入管のクルド人迫害はとどまるところをしらず、マスメディアも利用しはじめる。自民党政権時代に政府の広報にいそしんだ読売新聞がそれにこたえた。在日クルド人が武装組織クルド労働者党（ＰＫＫ）と関連したテロリストというイメージを意図的にうえつけ、わずか百数十人にすぎないクルド人に対する悪質な記事をときに報道していた。[16] 同じマスメディアでも、東京新聞や埼玉新聞はクルド側の言い分を掲載している。それが本来の報道機関のあるべき姿であろう。読売新聞は権力の監視機関としての役目をとうの昔に放棄し、権力の旗を威勢よくふっている。入管のクルド人集中攻撃は異常をとおりこして、病的な域にはいっているかのようだ。

クルディスタン日本友好協会

日本で取り締まりや強制収容があっても、クルド人は負けていない。長年トルコの山々でつちかわれてきた抵抗精神がやどっているからだ。トルコの官憲においつめられても、合い言葉「山にこもり、抵抗をつづける」のが山の民クルド人である。

15　現地調査はトルコのほか、二〇〇〇年にはエチオピア・イラン・カメルーンの各一件、二〇〇一年にはアフガニスタン二件とイラク一件、二〇〇二年にはアフガニスタン四件・トルコ三件・エチオピア一件・チュニジア一件・スーダン四件について、法務省が外務省を介して現地政府に照会をおこなっていた。
16　二〇〇七年六月二七日の読売新聞には、複数のクルド人とＰＫＫとの関係をほのめかす記事が掲載された。クルド人の自宅にＰＫＫ党首の写真などがあったものの、たんに思想信条に共感しているだけで、具体的なＰＫＫとの関係を証明するものはなかった。

クルド人は念願であったクルディスタン日本友好協会を二〇〇三年に設立した。月に何度かの定例会をひらき、土曜日の午前には無料奉仕で道路を清掃し、ネブロスをもよおしながら地域にとけこんできた。友好協会をささえているのは、日本人支援団体のクルドを知る会である。

友好協会は日本人との友好をめざしているのだが、トルコと日本の両政府は友好関係にたびたび横やりをいれている。トルコ大使館は友好協会の存在をいちはやく察知し、本国政府につたえた。トルコ首相や政府要人は友好協会をPKK日本支部ときめつけ、トルコをおとずれた自民党の国会議員に閉鎖を要求した。蕨市の公園でネブロスがひらかれるたびに、マスクと黒メガネをつけカメラをもちあるく奇怪な日本人をみかけるが、おそらく公安関係者であろう。難民条約加入二五周年記念企画の小冊子『難民認定行政　二五年間の軌跡』（法務省入国管理局、二〇〇六年）には、「A協会」がテロ組織のPKKと関連性があると記載されている。テロ行為というのは極秘にすすめられるのだが、友好協会の事務所を公に開放し、ネブロスの祭りを開催しているというのに、いったいどのようにしてテロ行為がはたらけるというのだろう。むしろ逆にクルド人が友好協会にかかわることで、トルコ政府から迫害をうけることもありうる。

友好協会の情報は、逐一トルコ大使館をとおしてトルコ政府にもれているらしい。こんな例があった。二〇〇八年一一月クルド人（難民申請していない）が日本人妻とともにトルコに里帰りした際、空港でとりおさえられ、身柄を拘束された。その理由は七年間友好協会に所属していたからだという。となると、友好協会の一員になるだけで迫害の危険性がたかまる。[17] トルコでそのような噂がひろまれば、トルコの家族に危害がおよぶかもしれない。それを心配し、友好協会からはなれる人もでてきた。内部分裂もあいまって、活動は停滞し、友好協会は閉鎖においこまれてしまった。

日本トルコ〝友好〟協会

それにしてもなぜ日本政府はかたくなにクルド人を拒否するのだろうか。一言でいえば、おたがいの経済的な利益、それに関連して政治的利害関係がふかくむすびついているからである。

『日本・トルコ協会史　追捕』（日本トルコ協会、二〇〇八年）には経済界の本音が正直にのべられている。トルコは日本と友好かつ緊密な関係にあり、中東地域における重要国で、積極的に経済協力を実施してきた、というのである。

トルコは中東一の人口をもち、世界の主要農業国のひとつで、豊富な鉱物資源も有している。西アジアの石油・ガス生産国とヨーロッパの消費国との交叉路に位置し、輸出基地として発展の可能性を秘め、エネルギー供給によって莫大な利益をえられる。金銭嗅覚にするどい日本の経済動物がそれに即座に反応した。おいしい分け前を日本も頂戴するというわけである。日本の名だたる大企業がトルコに進出し、日本製品が大量にでまわった。

トルコへの企業投資が拡大するにつれ、物流をささえるインフラ整備が不可欠となる。そこにODAの経済協力がはいりこんでいく。日本政府の資金協力と日本企業によって第二ボスポラス大橋が完成した。つづくボスポラス海峡横断地下鉄整備計画も日本企業とODAがかかわっている。一九九一年の湾岸戦争ではトルコは経済的大損害をうけたが、日本政府は総額七億ドルの経済援助をおこない、

17　ビルマ市民労働組合にも同じことがおきている。非正規滞在者のビルマ人が本国に帰国した際、労働組合の一員だったことが発覚して、ヤンゴン空港で官憲による長時間の尋問にあったという。

援助額ではトップにおどりでた。二〇〇〇年には第一位の、二〇〇六年には第二位の援助額をトルコに提供している。

経済的関係の親密さがませば、並行して政治的関係もふかまってゆく。一九五二年トルコは北大西洋条約機構（NATO）に加盟し、東西冷戦の最前線にたつ。西側の一員である日本は反共戦略の共同歩調をとり、トルコを中東地域の支援重要国に指定している。冷戦下で政治的安定をのぞむ西側は、トルコの強圧的な軍事政権であっても、これをささえつづけた。冷戦が終結しても、西アジア支配をねらうアメリカ合州国とその同盟国にとって、トルコは地政学的に重要な位置をしめる。アメリカ軍はトルコの空軍基地の駐留をみとめられ、湾岸戦争やイラク戦争に勝利し、今や西アジアやロシアににらみをきかしている。

日本政府のODA援助によるインフラ整備などは非軍事であるとしても、本来であればトルコの国家予算からひきださなければならない。それを日本が肩代わりし、その分をトルコは軍事費にまわすことができる。ビルマへのODA援助とまるでおなじ構造である。

トルコでクルド人が秩序をみだせば、政情が不安定となり、せっかく軌道にのった企業の投資や多額を要した開発援助が無駄になる、そんなクルド人が日本にやってきても迷惑千万である、と日本側はかんがえる。政・官・業の鉄の三角形を形成し、その一角をしめる法務官僚がトルコの治安当局とともにクルド人排除の挙にでるのも不思議ではない。庶民同士のクルディスタン日本友好協会のむこうをはって、あたかも官憲同士の日本トルコ〝友好〟協会が存在しているかのようだ。

◇ひとやすみ◇　映画でクルドをしる

ＰＫＫとトルコ軍の内戦がはげしかった頃の話である。クルド地方のある村にトルコ軍が駐屯していた。

クルド人ロニーさん（仮名）は一兵士として村をみまわっていると、クルドの少女をみかけた。彼女が一人でいたのが気になり、声をかけた。ロニーさんが軍服姿だったので、彼女はおどろき泣いてしまった。汚い人、悪い人がきた、とおもったらしい。両親がどこにいるのかわからず、少女は途方にくれていた。それをしったロニーさんは、両親をかならずみつけてあげるよ、と彼女に約束した。すると彼女は彼をみあげ、ニコリと微笑んだ。彼女の名はベルフィン、年齢は六歳である。

本部隊にもどり、ロニーさんが記録簿でしらべると、軍の特殊部隊が数日前その村を襲撃したのがわかった。一三人が村からつれさられ、その消息は不明となっていた。不明欄にはベルフィンの両親の名が記入され、ロニーさんは衝撃をうけた。彼はベルフィンにその事実をどうしてもつたえられなかった。軍隊の非道さに怒りをおぼえ、彼は軍隊をやめる決心をした。

しばらくしてロニーさんは来日した。難民申請したが、みとめられなかった。ながく外国人収容所にもいれられた。それでもベルフィンのことは頭の片隅からはなれなかった。今なら一六歳になるベルフィンはどうしているだろうか、無事生きているだろうか、友達がいるだろうか、ロニーさんは今でも彼女の境遇を心配している。両親をみつけられず、ベルフィンに何もしてやれなかった、という自責の念にかられていた。

けれど日本で彼女との約束をはたそう、彼はそう決意した。ベルフィンとの出会いを演劇で表現しようとしたのである。それは二〇〇七年に上演され、観客にふかい感動をあたえた。

わたしはこれまでたくさんの難民に接してきた。あたりまえだが、たいていは自身や家族のことをはなす。民族・民主主義・政治を熱くかたる。ところがロニーさんはちがった。両親を軍隊に殺されたひとりの少女のことを心配していたのである。

彼から話をきいた時、わたしはトルコ映画「少女へジャル」が頭にうかんだ。六歳になるヘジャルも両親をトルコの警察に殺され、ひとりぼっちとなった。その後彼女は親戚にあずけられ、トルコ人の引退した元裁判官とであう。映画はクルド少女とトルコ老人との交流をえがいている。映画はクルド寄りと批判され、トルコで上映禁止となったが、映画を制作したのはトルコ人である。クルド人のあまりにも理不尽な境遇に心をいため、良心にしたがうトルコ人もいる。

すぐれたクルド映画がこれまでも日本で上映されてきた。それらの作品にであうたびに、登場人物が知人のクルド人にどうしてもかさなってしまう。イラン出身のクルド人メフメットさん（仮名）はいつも笑顔とユーモアをたやさず、「酔っぱらった馬の時間」、「わが故郷の歌」の主人公や映画を監督したバフマン・ゴバディ氏にそっくりだ。「ハッカリの季節」では、素朴で誠実な人柄のエルダル・ドーガンさんをおもいうかべる。

スイス映画「ジャーニー・オブ・ホープ」もわすれがたい。スイスに〝不法〟入国しようとしたクルド一家の物語である。経済的な理由で南東部マラシュでの生活をすて、幼子ひとりをつれ、親子三人で海をわたり、イタリアからスイスへと「希望の旅」にでる。

旅の道すがらスイス人のトラック運転手とであい、したしくなる。トラック野郎は子ども好きで、人のよい気さくな人物だ。一家はトラック野郎とわかれ、厳冬のアルプスの山をこえながら過酷な旅をつづける。ところが、あまりのきびしさに子どもは命をおとす。一家の父親は〝不法〟入国のため警察につかまり、留置場にいれられる。それをしったトラック野郎が心配し、父親の面会におとずれる。面会室ではアクリル板越しにおたがいの沈黙がしばらくつづく。トラック野郎は、自分に何かできることがあるだろうか、と父親にたずねた。憔悴しきった表情の父親は、一瞬間をおいてこたえた。

友達になりたかった……

映画はあくまでスイス人の視点でえがかれている。クルド民族がおかれている過酷な状況にふれられていない。それが映画の限界にちがいないが、クルド人がはなった言葉はスイス人にむけられている。たとえ〝不法〟入国した外国人であっても、スイス人の人をおもいやる気持ちが映画からにじみでて、それが鑑賞する者の心をとらえた。映画は一九九〇年アカデミー賞外国部門を受賞している。

スイスはせまい国土に七五〇万人がくらす。日本とくらべると、国土は九分の一、人口は一六分の一である。それでも毎年難民を数千人うけいれている。かたや日本は六〇〇人にもみたない。この数字は年間ではなく、二八年間の合計である。

映画でクルド人が発した言葉にこたえようとするトラック野郎を日本でもみかける。アムネスティ日本・牛久収容所問題を考える会・大村入管被収容者を支える会・キリスト教系団体・クルドを知る会・西日本入管センターを考える会・難民弁護団・ラフィック・トライの面々をわたしは連想する。〝不法〟滞在であっても、収容所に長期間拘束するのは不当であると、わざわざ遠方の外国人収容所の面会におとずれる気さくで庶民的なトラック野郎が日本各地にあらわれている。難民や被収容者にとって、たいへん心強いささえでありつづけている。

トルコ民族による革命

世界の耳目がクルドにあつまった最初のきっかけは、一九九一年の湾岸戦争である。イラクのクルド人が難民としてのがれる姿が映像にながれ、クルド人の存在がはじめて注目された。それまではイラクのハジャブラで毒ガスによるクルド人虐殺事件があったものの、ほとんど話題にのぼらなかった。クルド民族は古くから存在していたのだが、トルコ共和国の成立によって民族意識が顕著化されてきたという側面がある。その時代までさかのぼり、トルコの歴史をおいながら、並行して一人のクルド人の生い立ちをしるしてみよう。

トルコが近代化へとつきすすむきっかけとなったのは、第一次世界大戦である。トルコの前身オスマン帝国は「瀕死の病人」とよばれ、第一次世界大戦でドイツにくみしたことが致命傷となり、一九二〇年の戦後処理で西欧の格好のエジキとなった。オスマン帝国解体をもくろんだセーブル条約をおしつけられ、国土はアンカラを中心とした高原地帯をのこすのみとなり、崩壊の瀬戸際にたたされた。それでもギリシャとの戦争に勝利し、一九二三年のローザンヌ条約で小アジア全部と東部トラキアをうばいかえし、トルコは新生国家として再出発した。

長年にわたりロシアの南下政策になやまされ、巧妙に罠をしかける西欧に対抗するには近代国家にうまれかわらなければならなかった。国の命運をかけ、おもいきった改革がやつぎばやに断行された。近代憲法の制定・宗教教育の廃止・女性参政権などが採用された。文化革命もおしすすめられ、アラビア文字の廃止と同時にアルファベットを導入し、名だけしかもたなかった国民に姓をもつように義務づけた。なによりもオスマン帝国時代のイスラム色を排除し、政教分離を強行した。宗教よりも民族による統合を重視し、人々をトルコ民族の配下におくのが緊急の課題であった。

国家の統一をなしとげるには、武力以外に道はない。軍事力の成否がそのカギをにぎっていた。その中心となってうごいた人物が、ケマル・アタチュルクである。独立の英雄ケマルが軍人出身であることが、その後のトルコの運命を暗示している。軍事力というのは、まず国内の異民族や反対勢力を制圧し、次に国境をこえて外へとむかい、他民族や他国を征服し、近隣諸国に多大な迷惑をかけてゆく。日本をふくむ先進国がこの方向へとつきすすんだ。後進国トルコは軍事力のベクトルをおもに内部にむけた。政治的かつ経済的基盤があまりにも脆弱だったため、軍事力で国家の安定化をはかろうとしたのである。外にむかう余力などとてもなかった。こうして近世の神権国家オスマン帝国から近代の国民国家トルコ共和国へと変身した。トルコのクルド民族は、このトルコ民族の軍事的支配によって悲劇の運命を背負わせられることになった。

ちょうどそのころクルド人フセインさん（仮名）のお父さんがトルコ南東部の村にうまれた。父は学校にかよったことがなく、母も正式な教育をうけていなかった。当時トルコには義務教育はなかった。家族は畑をたがやし、放牧で生計をたて、現金収入がなくても生活にこまらず、もめごとのない平和で静かな毎日をおくっていた。両親はトルコ国民という意識はまったくなく、クルド語を話してもクルド人という自覚は希薄であった。

だが近代化の波がすこしずつ村にもおしよせ、村の生活にも変化がでてくる。中央政府の主導する教育・徴兵・納税・生活様式・トルコ語がクルド南東部にもおよんできた。トルコの近代化路線が開始されてから、すでに数十年がたっていた。

標的にされたクルド語

フセインさんは一九七〇年にアディアマン町近くのエセンジャ村に八人兄弟の長男としてうまれた。その年に軍事クーデターがおき、軍部と警察による逮捕や拷問などがあいつぎ、たくさんの知識人や左翼運動家が弾圧された。中央では政治の嵐がふきあれていたが、それでもクルドの村々は平穏であった。

一九七六年にフセインさんは小学校にあがった。義務教育の小学校では、授業がトルコ語でなされた。国家主義や民族主義の意識をたかめるうえでもっとも効果的な手段は、学校教育と徴兵である。学校教育の場で〝国語〟を強要し、軍隊の場で国をまもる意識をうえつけ、愛国者としてそだてあげる。教育と徴兵は対となって国民の義務とされた。これは世界共通にみられる近代の国民国家おきまりのコースである。だが〝国語〟をいくら強制されても、子どもたちは教師のいないところで母語のクルド語をしゃべっていた。

フセインさんはアディアマン町の中学校に進学し、親戚の家から学校にかよった。ここでもトルコ語での授業がおこなわれていた。トルコ語の発音をまちがえると教師からたたかれ、文字を筆記できなければ両耳を教師の手でひっぱられ、ことあるごとに教師から体罰をうけた。

小学校とちがって、中学では同級生とあそぶ時にはトルコ語だったので、クルド人であってもおたがいの出自をあかさず、誰がクルド人なのかさっぱりわからなかった。ある時フセインさんの友達のお母さんが病院でクルド語をしゃべったところ、病院ではトルコ語をはなせ、と注意されたという。この頃からクルド地域であっても、クルド語の使用は学校・役所・メディアなどあらゆる公の場で禁止された。街頭でクルド語で会話すれば、罰金を科せられたほど言語弾圧がつよまっていった。

軍隊の駐留と破壊

小村にも不穏な動きがはじまったのは一九八〇年からである。当時内戦状態といっていいほど、政党の対立や左派右派によるテロ活動などがはげしくなっていた。その年に国家の安定をはかるため、軍部が三度目のクーデターを敢行した。この内政混乱のすきをつき、クルド民族運動が活発化し、そのなかからクルド労働者党（ＰＫＫ）が誕生し、指導者オジャランが登場する。

オジャランはクルド民族の意識を高揚させながら、力で対抗する軍事組織をつくった。ケマル・アタチュルクがトルコ国家建設でとりいれた手法をそのまま踏襲したのである。一九七八年ＰＫＫのゲリラ活動が開始され、一九八四年からさらにはげしい武装闘争へと発展する。ここぞとばかり、アタチュルク路線をひきつぐ軍事政権は、ゲリラ討伐を名目に、クルドの村々に軍隊を駐留させた。

一九八六年フセインさんが一六歳になった時のことである。ある日の朝、兵士が家に突然やってきて、いきなり部屋に土足ではいってきた。村長をしていた父が抗議すると、兵士は手で父の顔をひっぱたき、銃剣で足腰をなぐり、ながい顎ヒゲをきりおとした。父はＰＫＫを支援している、とうたがわれていたのである。さらに村人に銃をあたえ、クルド人同士をたたかわせようとしたが、村人は当然それを拒否した。トルコ側の民兵になれば、裏切り者としてＰＫＫのゲリラにねらわれるからである。協力をことわると、軍隊は徹底的に弾圧をくわえた。

軍隊は村々を移動しながら、家具などに火をつけ、建物をこわし、毎日のように破壊のかぎりをつくし、村人を土地からおいだした。クルド人の村々を解体し、強制移住させ、あらたにトルコの行政上の名称に変更した。フセインさんのエセンジャ村もトルコ名にかえられた。一九八六年にフセインさん一家は農作業だけでは食っていけず、畑を手ばなし、故郷をあとにアディアマン町へうつった。

トルコのネブロス

三月二一日は新年をいわう祭りネブロスの日である。アディアマン町の広場ではネブロスがひらかれようとしていた。一七歳になったフセインさんははじめての祭りをみようと、広場にでかけた。男女あわせて三〇〇人が広場で踊りや歌をくりひろげていた。

本来祭りというのは喜びにあふれる楽しいものである。しかしその場の雰囲気はものものしかった。クルド人群集のまわりには楯と棍棒をもった武装警官がびっしりと包囲し、ちかくには装甲車やパトカーがたくさん待機していた。フセインさんにとって異様な光景にうつった。緊張があたり一面を支配し、一触即発の状態であった。クルドの若者が「PKK、バンザイ」、「オジャラン党首、バンザイ」と気勢をあげると、まちかまえていた警官が棍棒で若者たちになぐりかかり、血にまみれたクルド人はトラックにのせられ、留置所に連行されていった。「クルド人はなにも悪いことをしていないのに」。くやしいおもいでフセインさんは異様な光景をながめていた。騒動ははげしさをまし、フセインさんはみるにしのびず、その場をたちさった。クルド語と同様、ネブロスもトルコでは禁止されている。[18]

高校を卒業したフセインさんはレストランやペンキ屋の職を点々とする。仕事をさがす際には自分の出自をかくさなければならない。クルド人ではなかなか雇用されないからである。だが身分証明書には出生地が記入されているため、クルド人であることがすぐにわかってしまう。かりに職についても、差別的な対応はなくならない。トルコ民族一色にそまっているなか、少数民族出身者が社会的な地位をきずくのはむつかしい。

同胞の分断

トルコでは二〇歳になると兵役があり、拒否すれば懲役刑がまっている。フセインさんは二〇歳で軍隊に入隊し、訓練をうけた。射撃の名手で、スポーツも得意な優等生であった。PKKの拠点となるシリアと国境を接するハタイ町に彼は配属された。トルコ軍兵士二〇人のうち三人がクルド人である。トルコ人は二時間交代で監視にあたっていたが、クルド人は同朋のクルド人を監視するようにしむけられ、四時間交代にさせられた。勤務中でもクルド語は禁じられ、トルコ語しかはなせなかった。クルド人同士がクルド語をはなせば、上官から注意をうけ、アタチュルク思想の不足を理由にこっぴどくなぐられた。

二年間のきびしい軍隊生活が終了し、フセインさんは仕事をさがしたが、あいかわらずどこもやとってくれなかった。そんな時トルコ当局から魔の手がしのびよる。高給の民兵やスパイになることを執拗にせまるのである。それをことわると、今度はPKKとのつながりをうたがわれる。なかにはしつこい勧誘に抵抗しきれず、トルコ側の民兵やスパイになる人もいる。そうなるとクルド人同士が疑心暗鬼にとらわれ、誰も信用しなくなる。

クルド地域は山岳地帯にあり、居住地域がはなれ、閉鎖的な社会を形成している。気質がはげしく、

18　現在ネブロスは一時的に解禁されているが、治安当局の厳重な監視のもとでおこなわれている。BBCが二〇〇〇年に放映したネブロスの映像では、軍隊が発砲し、戦車で威嚇し、民族衣装を身につけたクルド人のにげまどう姿がうつしだされていた。その時の死傷者はかなりの数にのぼった。

おたがいの対立はおこりやすい。そこにトルコ当局のつけいる隙をあたえ、クルド人同士が分裂させられる。

南東部の開発と無人化

一九九六年フセインさんは、アディアマン町から六〇キロはなれたダム建設中の村々をペンキ塗りの仕事でおとずれた。ダム建設は順調にすすんでいた。山々に点在する村はかつて一六ヵ所あったが、今ではひとつしかのこってない。その村の住民に理由をたずねると、三年前にヘリコプターなどで爆撃され、ダムで水没する地区の人々が無理やり土地をおいだされたという。破壊された建物が無残な姿をさらしていた。

トルコは過去の経済失策を教訓に、一九八〇年代になると開放経済へと転換をはかり、債務非履行の汚名返上として、大規模国家プロジェクトのトルコ南東部アナトリア開発計画（ＧＡＰ）をうちたてた。ダムによる水資源と豊かな土地を利用したエネルギー開発、灌漑施設整備計画、農業生産を核とした経済戦略の要となっていく。トルコ政府と企業は土地を買い占め、クルド人をおいだし、あらたにトルコ人の入植をすすめていった。開発はバラ色の夢を人々にふりまくが、たいていは強者にとってうまみのある事業でしかない。ＧＡＰにはＯＤＡがふかくからみ、日本のコンサルタント会社や西欧の大手企業がむらがった。

ＧＡＰは他国にとっても死活問題であった。ダムが建設されると、ティグリス河やユーフラテス河の源流はせき止められ、両河がながれるシリアやイラクにしてみれば、水資源をトルコにうばわれる形となる。シリアにはＰＫＫの拠点がある。トルコは水資源をちらつかせながら、シリアにＰＫＫを援助しない条件をのませた。それがＰＫＫのオジャラン逮捕につながった。

一九九〇年代にはいると、開発の波がクルド地域に一気におしよせた。それにともなってトルコ軍の攻撃が一段とはげしさをました。村や町は空爆され、戦車で家や畑は破壊され、家畜はころされ、牧草地は焼きつくされた。山々を立ち入り禁止とし、村々を無人化させ、ＰＫＫのゲリラ活動を封じこめようとした。この無人化政策は一九九五年から九六年にかけてピークをむかえた。三〇〇〇以上の村々が破壊され、国内外に避難したクルド人は数百万人をくだらないといわれている。この時期日本からトルコへのＯＤＡは、ビルマ軍事政権への援助と同様、多額な金額にのぼっている。

希望の国日本へ

トルコ軍による攻撃や強制移住でクルド人は故郷をはなれ、一部は先進国へ難民としてのがれた。そのなかから行き先のひとつに日本をえらぶ人もあらわれた。川口市や蕨市でクルド人をみかけはじめるのも、一九九〇年代中頃からである。

一九九五年にフセインさんは結婚し、翌年長女が誕生した。両親や家族をやしなうには、ペンキ屋の仕事だけではとても生計がたてられない。弟や妹はまだ学校にかよっている。一家をささえるのは長男の義務である。そこで一九九七年に来日した。日本とトルコはビザ免除協定があり、トルコのパスポートさえあれば、三ヵ月間の滞在が許可される。日本で身を粉にしてはたらき、送金で両親や家族をささえた。

翌年トルコに帰国するが、イスタンブール空港で拘束され、警察署に連行された。パスポートに記載されている住所をみれば、クルド地域出身であるのは一目瞭然である。二四時間拘束され、尋問された。日本になんのために行ったのか、かせいだお金はどこにおくったのか、ＰＫＫと関係あるのか、ときびしく問いつめられた。

警察から解放されてからも、警察署に何度かよびだされた。数時間にわたり警官から執拗に尋問をくりかえされ、暴行もうけた。家を引越しする際にも取り調べがあった。仕事につく時も身分証明書の提示をもとめられ、クルド人であることがわかるやいなや、仕事をことわられた。これではとてもトルコで生活できず、一九九九年家族とともにふたたび来日した。

それから一〇年以上たった。難民申請しても、不認定であった。その間トルコの家族のもとに警察が来て、親や兄弟が取り調べられたりもした。三人の子どもたちは日本で成長し、日本の文化に慣れしたしんでいる。長女は中学で勉強やスポーツにはげみ、高校受験の準備もしている。かりにトルコにもどれば、長女は一からはじめなければならない。難民としてみとめられなくても、せめて在留特別許可をフセインさんはのぞんでいる。トルコでも、日本でも、希望のみえなかった自分の人生はもうこれでたくさんだ、せめて子どもたちだけでも、自由で平和な社会で幸せにさせたい。それが、父親フセインさんの切なる願いである。

トルコの近代化

トルコは国の統合原理に国家や民族の概念をもちい、政治的統一や人々の連帯感を達成しようとした。トルコ民族とは文化的にことなる少数民族クルド人は、徴兵制や義務教育をとおして、国家観や民族意識を強制的にうえつけられた。トルコ南東部は、いわば国内植民地化されたのである。明治以降富国強兵を国是とした日本で、北海道や沖縄が国内植民地化され、アイヌや琉球民族が圧殺されたように、トルコのクルド人も悲劇の運命をたどった。国民国家の成立過程で、少数民族が犠牲をしいられるのは世の東西を問わない。

今ここに少数民族としるしたが、トルコにくらすクルド人はおよそ一〇〇〇万人といわれ、東京の人口に匹敵するほどの大規模な少数民族である。そこにトルコの大誤算があった。数がすくなければ、アイヌや琉球民族のように力で屈服できた。トルコの国家主義や民族主義が強調されればされるほど、クルド人は脇においやられ迫害されるが、それに対する反発は当然生じる。クルド側も民族主義をかかげ、武装闘争もいとわなくなる。やっかいなことに、国家主義や民族主義というのは人間を感情的に刺激する。それは時にとりかえしのつかない事態へと発展する。

トルコはクルド人の迫害以前にとんでもない前科があった。中央集権化をおしすすめたオスマン帝国が崩壊の瀬戸際にたたされた際、西欧にそそのかされたアルメニア人が民族の自治をかかげ、反乱をおこした。それに対しオスマン帝国は容赦ない徹底的な弾圧をくわえ、アルメニア人大虐殺をひきおこした。現在ではマスメディアが発達し、世界の惨状が瞬時につたわるが、当時の大虐殺は世界の目にはとどかなかった。ベールにつつまれた史実は最近になってようやく日の目をみるようになった。それでもトルコはアルメニア人大虐殺を否定している。

一九九九年PKKのオジャラン党首は逮捕され、獄中の身となり、刑に服している。クルド人は力による限界をさとり、武装闘争から政治闘争へときりかえた。クルド人の権利を合法的に主張し、一九九一年の国政選挙でクルド人の合法政党の女性議員レイラ・ザーナ氏などを当選させたのである。ところが政府とマスメディアは反クルド政党のキャンペーンをはり、それが奏功し、クルド政党は閉鎖を余儀なくされた。レイラ氏などのクルド議員は逮捕され、懲役刑が確定した。その後、獄中のレイラ氏たちは欧州人権法廷に裁判審理の違法性と判決の不当性をうったえたところ、二〇〇三年に再審理が開始され、翌年クルド議員たちは釈放された。彼・彼女らは一〇年間を獄中でおくったことになる。力による制圧は内部の矛盾や不満を一時的におさえられても、いずれ破たんする。クルド側はPKKの武装闘争の失敗を教訓に、民主的な手段で権利を主張する方向に転換しようとしている。

一方トルコ側は、クルド人の同化政策はあきらかな失敗であるにもかかわらず、その愚をさとることはない。トルコはクルド問題となると、民族感情が先にたってしまう。隣国イラクのクルド人自治区でさえ心配でたまらず、いつ自分の身にふりかかるのか、安心していられない。そこでイラクに越境してまでクルド人を制圧しようとする。NATO加盟にもかかわらず、二〇〇三年にアメリカ合州国からのイラク戦争の参加要請を拒否したのも、イラクのクルド自治区を間接的に支援することになり、しかも過去の湾岸戦争での経済的な大損害やクルド難民大量発生の悪夢が再現されるのを恐れたからである。軍事同盟よりも自国の統制と保護を本能的に優先した。

クルドにまつわる問題はトルコのアキレス腱である。それが西欧につけこむすきをあたえる。一九世紀以来トルコは西欧に翻弄されてきた。現在の西欧はEU加盟という甘いケーキをちらつかせつつ、ときおりクルドやキプロスをもちだし、激辛トウガラシをふりかける。クルド問題は西欧にとって外交上のコマにしかすぎない。〝人権〟をふりかざしながらトルコにゆさぶりをかけているだけで、クルド人の権利を保護する姿勢ではけっしてない。クルド側はそれを十分承知の上で西欧にはたらきかけている。どうやらクルド人は過去のにがい経験から学習し、知恵としたたかさを身につけたようだ。

日本のクルド人もまた、日本政府の迫害があっても、日本社会や世界に現状をうったえながら抵抗をつらぬいてゆく。そしてクルディスタン日本友好協会はいずれ息をふきかえすだろう。

イラン人の警告

革命記念日の夜

二月一一日は日本の建国記念日にあたる。同じ日に国をあげて祝福するところが世界にもうひとつある。それがイランである。日本の建国記念日は非科学的で、荒唐無稽な神話から強引にさだめられたのだが、イランの革命記念日は由緒ただしい日である。両国は地震大国という共通項もみられる。わたしはイランの革命記念日にその地にいた。それも地震に関連して――。

二〇〇三年一二月二六日イランのバローチスタン地方のバム市でマグニチュード六・三の地震がおきた。一二万人以上が被災し、死者は四万人以上にものぼった。アジア人権基金の要請でわたしは地震発生後のバム市にはいり、被災民キャンプでイランの地元NGOリンゴの会の救援活動に参加した。日中の活動を終了し、夜になるとリンゴの会のイラン人たちは広場にあつまり、たき火をかこみはじめた。彼・彼女らは火をみると、心がおちつくという。土着宗教のゾロアスター教（拝火教）の火が神聖なものとしてあがめられる意味を、わたしはこの時はじめてしった。

イランではイスラム教を国教としているが、七世紀にアラブに侵略された時のおしつけられた宗教という意識が根づよい。イラン人の心奥底には、古代信仰から発展した世界最古の一神教ゾロアスター教の影響が色濃くのこっている。それは、ゾロアスター教に由来する新年祭ノールーズを祝福し、イラン特有のイスラム教シーア派がゾロアスター教の救世主願望をとりいれている点からもうかがわれる。

たき火をかこんだリンゴの会のイラン人たちはギターをひきながら、国際連帯の労働歌、そしてホーチミンやゲバラにちなんだ歌を口ずさんだ。イスラムのお祈りをする人はだれひとりいない。彼・彼女らは、一九七九年のイスラム革命時に政権を奪取したイスラム指導者によって虐殺された共産主義者や民主主義者の人々を哀悼していた。ちょうどその日、二月一一日はイランの革命記念日にあたっていた。広場のまわりには被災者や軍人がたくさんいる。幸いにも広場にあつまったのはわたしたちだけで、周囲に声がとどくことはなかった。夜どおしイランの若者たちは火をかこみ、ギターをかなで、歌をうたい、お坊さんの支配するイラン政権の批判を声高にかたった

きゅうくつな国のもてなし

救援活動に参加したイラン女性たちはテントのなかにはいると、頭にはおっていたスカーフをはずし、イランで女性として生きるつらさをわたしに訴えはじめた。

スカーフは学校や公の場で強制される。民兵組織バシジがいつも監視し、スカーフがわずかに後ろにずれただけで、なぐられたり、道路につきだされ車にひかれそうになったり、怖いおもいをする。男性と一緒にあるくと、人々のするどい視線が女性につきささる。それが夫であっても、二人の関係をしつこくきかれ、反抗しようものなら夫とともに暴行をくわえられる。友人の女性が口紅をつけ薄い靴下をはいて外出したところ、ながい丈の服の下から靴下がみえたという理由で、バシジに矯正センターまで連行され、ゴキブリのはいった袋に足をいれさせられた。彼女は泣きさけび、中止するように懇願したのだが、拷問は一〇分以上つづいたという。そのようなことがあっても、誰にもうったえられず、一生我慢を強いられる。

イランは中国についで二番目に死刑執行数のおおい死刑大国である。その数は年間三〇〇人以上で、麻薬売買の名目で処刑されるのだが、非合法政治組織や少数民族などの政治犯の処刑もあるといわれている。反体制派活動家および知識人の殺害は頻繁にみられ、バハイ教・ユダヤ教・キリスト教など他宗教の信者は身柄拘束・行動妨害・脅迫などをうけつづけている。改宗する権利はみとめられず、イスラム教からの改宗は死をもって罰せられることもある。警察が新聞社に強制捜査にはいり、バシジが出版社や書店を襲撃する。拘留されたジャーナリスト・編集者・作家は数しれず、危険にさらされている。

じつはわたしにリンゴの会を紹介したのは、反体制派経済学者ファルボルス・ライスダナ氏であった。彼は、ノーベル平和賞を受賞した人権派弁護士シリン・エバディ氏とも親交をむすんでいる人物である。それゆえイラン当局から目をつけられ、すでに六回も投獄されている。

表現の自由や平等の権利をもとめる人々にとって窮屈な国にちがいない。その一方、イラン人は遠来の客をあたたかくむかえてくれる。軍隊が被災民キャンプを厳重に管理していたが、わたしがキャンプをまわっていると、兵士や被災民はわたしをテントにまねき、満面の笑顔でむかえ、昼食や紅茶をおごってくれた。地震被害の悲惨な状況下であっても、イラン人はもてなしの心をうしなっていなかった。

古代と近代の交叉

イラン人には三〇〇〇年の間にはぐくまれた歴史や文化にたいする自負がある。文化的にすぐれた人材を輩出し、芸術性の高い作品を創作している。アッバス・キアロスタミやマジッド・マジディなどの映画監督はその好例であろう。映画「桜桃の味」や「運動靴と赤い金魚」などの名作を世におくりだしている。ジャファール・パナヒ監督の「チャドルと生きる」（原題名はThe Circle）には、イラン版「女の一生」がえがかれている。その映画はまさに、テントのなかでイラン人女性たちがわたしにかたった現実を投影している。詩人は尊敬の対象とされ、子どもの頃から一〇〇〇年前の詩を朗読しているほど詩を愛好するお国柄である。また現代科学の基礎は最古の帝国アケメネス朝の時代でつくられ、たくさんの発明がうまれた。栄光あるペルシャ文明と文化をもつ末裔の誇りは気高い。

だがそれと裏腹に他民族の支配をうけ、半植民地時代を経験した劣等意識が垣間みられる。そこから民族意識がめばえ、宗教よりもむしろ民族でうごめいている。ペルシャ民族を核とする国家樹立をうちたて、イスラム革命がおきても、王様が坊さんにすりかわっただけで、古くからつづいている王朝形式の支配が継続しているとみていい。

古い歴史をもつ国であっても、おしよせる近代化の波にはあらがえない。一九〇五年の立憲革命、一九五〇年の国王時代の白色革命、一九七九年のイスラム革命がおき、中産階級や裕福層は信仰の自由・人権・男女平等・政教分離をもとめてきた。三つの革命は近代化への道すじである。西アジアのなかでイランは、西欧流の民主化がすすんでいる国である。先に遠来の客をもてなすとのべたが、パキスタンとシリアについで世界で三番目の難民受けいれ大国でもある。

わたしはさまざまな顔をもつイランという国が気になり、外国人収容所の面会や診療所の診療をとおして、日本のイラン人に接触しはじめた。

◇ひとやすみ◇　演歌大好きイラン人

意外とおもわれるかもしれないが、日本にくらすイラン人がこのむ音楽に演歌がある。美空ひばりや都はるみは言うにおよばず、次から次へと演歌歌手の名前を彼らはあげていく。イランへのおみやげに演歌のテープがなによりも喜ばれる。おそらく曲調がイランの大衆音楽に似ているからだろう。それにイランは詩人の国である。人生の哀愁をあらわす歌詞がイラン人の心をとらえている。

それともうひとつ、イラン人は義理人情にあつい。一度恩をうけると、義理がたいのか、その相手をとことん信じきってしまう。だから麻薬や偽造テレフォンカードでヤクザとのつきあいが親密になるという珍説も登場する。湿り気たっぷりのテレビドラマ「おしん」が、かわいた風土のイランに大好評だったのも不思議である。気候とは無関係にイラン人の繊細な神経が演歌や「おしん」にマッチしたのかもしれない。

日本人にしか演歌の心を表現できないとおもわれがちだが、そんなことはない。演歌は国際的なひろがりをもっている。美空ひばりや都はるみにしても朝鮮半島の血がながれているし、テレサ・テンは台湾出身ではないか。あまりしられていないが、かつて国民的行事とよばれた紅白歌合戦は、在日コリアンなどの外国人あってこそ盛んなのである。同胞が何人出場するのか、大晦日に在日コリアンはそれをいつも楽しみにしているという。今ではラップ調の帽子と服のいでたちの黒人演歌歌手が堂々と紅白歌合戦をめざすのだから、チャドルを身にまとうイランの歌姫がこぶしのきいた「涙の連絡船」を熱唱する姿を、テレビで目にする日はちかい。

しられざるイラン人

シルクロードはなぜか日本人の憧憬をかりたてる。シルクロードをとおって海をわたった正倉院におさめられている西域の文物は、はるかなる異国の地をおもいえがかせる。それらが日本にもちこまれたのは八世紀のことである。

それから一二世紀の時がながれ、一九九〇年代前半にシルクロード商人の末裔であるイラン人が、万単位の規模で日本におしよせた。彼らは大柄の体格をかわれ、建築現場での力仕事につき、近代的なビルを次々とたてた。ちょうどその頃口コミで噂をききつけ、診療所にたくさんのイラン人がやってきた。

イラン人に接すると、その素顔をしるようになる。イスラムのイメージがつよいが、モスクでお祈りする姿をみかけることはない。トンカツが大好物という、イスラム教指導者からみればトンデモナイ人物もいる。義理人情にあつい性格なのか、演歌・おしん・クロサワ映画が大好きである。その一方で合理的な思考をめぐらせ、理にかなっていれば、すんなりとうけいれる。意外と繊細な神経の持ち主で、異国の地でおもいなやみ、ストレス性の十二指腸潰瘍をわずらう。彼らのアパートをたずねると、最上級のもてなしで客人をむかえる。世話好きにちがいないが、度がすぎることがあり、ときに余計なおせっかいと日本人にはうつる。長野の冬季オリンピックの会場がまにあったのもイラン人のはたらきがあったおかげ、と胸をはる。社交的で、ユーモアに富み、自尊心のたかい人々である。日本人の組織的集団性にひっかけ、個性的であるがゆえに、まとまりに欠けるイラン人の性向をうまくいいあてる言葉がある。

イラン人一人は日本人三人よりもまさる。けれどイラン人三人になると、日本人一人よりもおとる。

それを反映してか、イラン人は押しがつよく、徒党をくむことはない。他の国籍の難民申請者とくらべて、申請理由がじつに多種多彩である。[19]

難民条約を破棄せよ

自己主張のつよいイラン人のなかでも、とりわけ個性的な難民申請者にバハマンさん（仮名）がいる。難民申請中の彼は法務省の入国管理局（入管）の外国人収容所に収容されていた。強制送還執行停止の申し立てを裁判所が受理したにもかかわらず、入管は裁判をうける権利を無視し、強制送還にふみきった。送還当日入管職員二〇人にとりかこまれ、手錠をかけられ、身うごきできないようにされ、部屋から無理につれだされた。それでも彼は必死に抵抗した。その際、窓枠のかどに頭や手足をぶつけ、血だらけになった。そんな状態でも成田空港の飛行機の前までつれていかれた。入管職員は彼を強引に搭乗させようとしたところ、血だらけの姿のバハマンさんをみた飛行機の機長がみかねて言った。「彼を飛行機にのせません」——。バハマンさんはこれで助かった。イラン航空の機長の判断で搭乗が拒否され、彼は強制送還をあやうくまぬがれ、外国人収容所につれもどされた。

19　武装組織のムジャヒディーンハルク・共産主義者・クルド系少数民族・キリスト教改宗者・同性愛者・前政権の政府関係者・知識人・作家・ジャーナリスト・バハイ教徒などである。これでは集団としてまとまるはずもない。

弁護士からの依頼でわたしが彼に面会したのは、強制送還未遂事件の二日後である。面会では額や手足の傷が生々しくのこり、血痕はまだ付着していた。体全体がふるえ、心臓がドキドキし、一睡もできない、と彼はかたい表情でうったえていた。恐怖感・絶望感・怒りがないまぜとなり、心の傷をおっているのはあきらかであった。幸いにも三ヵ月後に彼は解放された。

バハマンさん以外に、これまでも難民申請者の強制送還はくりかえしおこなわれていた。イランへ強制送還された難民申請者が刑務所に収容されたことが実際におきている。それでも入管は難民条約に明記されているノン・ルフールマン（非送還）の原則をやぶり、しかも裁判をうける権利をも無視している。あやうく強制送還されそうになったバハマンさんは国際社会ではたす日本の役割に疑問をなげかけている。

日本は先進国で民主的な法治国家といわれているけど、他の国とくらべると、ほんとうにそうなのかうたがわしい。日本が国際社会に貢献するためにこの法案（注——新テロ対策特別措置法）を通さなきゃならないとか、そういうことを朝から晩まで話している。それじゃあ日本にとって国際社会ってなんなのか、私はそれをしりたい。国際社会に貢献するためにこれをもし通したかったら、一九八一年にサインした難民条約をとりあえず先にまもりなさいって言いたい。でも難民条約を完全に無視している。それだったら、日本は難民条約なんて賛成できない、と最初からはっきり言えばいいのに。都合のいいときだけ国際社会と言っているんです。

不正の色に染まるな

バハマンさんは一〇代の頃から政治運動に参加している。

高校生のときに先生がおしえてくれました。世の中にはみえない壁があって、その壁をのりこえる人とそうでない人の二種類がいる。壁をのりこえるには、そのぶん損をしなくちゃならないけど、壁のあっちにはすばらしい世界があるから、のりこえようとする。もう一種類の人間は、壁のこちら側にとどまり、日常の生活だけなんとかできればいいと、不正でもなんでもいいからそのままにして、それで終わる。若いお前たちはこれから選択の自由がある。壁のあちら側にいきたいのか、こっち側にとどまりたいのか、自分でえらびなさいと。先生が強調したのは、なにがあっても不正の色に染まるなということでした。私は不正をゆるすべきではないとおもい、腐敗した現政権とたたかわなければならないと決意し、政治活動をはじめたのです。

ところが彼はイラン当局からおわれたため、当時ビザを簡単にとれた日本をめざし、一九九〇年代に来日した。一〇数年以上くらすと、日本社会を熟知するようになる。日本では官僚がもっとも腐敗した権力者と彼にはうつった。厚生労働省のC型肝炎薬害や年金問題、防衛省の不正支給など官僚の不祥事や腐敗を引き合いにだしながら次のように指摘する。

入管の官僚は、立場のよわい外国人を自由自在で好き勝手にやりたい放題している。考えてみてください。日本人でさえ不正官僚にあまり抗議できないのに、私たちがどうやって、不正官僚に対して立ちあがることができるんですか。私は巨大な敵を前にしてたたかわなくてはならないんです。

巨大官僚組織の欺瞞

ところでバハマンさんはなぜ難民認定されなかったのだろうか。

難民調査官がわたしのインタビューで、あなたの思想は何ですか、ときくんです。私はしょっぱなにマルクス・レーニン主義者ですと言うと、そこでインタビューは終わり。あとはもうダメなんです。インタビューしなきゃならないからつづけるだけ。日本政府はマルクス・レーニン主義者はみんな出ていけと言っている。こうした思想は日本では罪ですよ。私は悪いことをしているわけじゃない。平和な社会をめざしているだけです。

彼の批判は日本の官僚だけにとどまらない。国連難民高等弁務官事務所（ＨＣＲ）駐日事務所にもその矛先をむける。

ＨＣＲ駐日事務所は日本政府に追随している。日本政府からタダであたえられた土地にビルをたて、資金をどうやって日本政府からもらうのかが仕事なんです。だからＨＣＲ駐日事務所は日本政府の言いなりになって、日本の難民のために何もうごかない。

難民を保護する国際機関として日本人が好意的にうけとめているのとは対照的に、ほとんどの難民はＨＣＲ駐日事務所に批判的である。それは、日本政府による強制収容と強制送還などの難民条約違反になんら具体的な行動をとっていないからである。日本政府とＨＣＲの関係をみると、日本政府は毎年約一億ドルの資金をＨＣＲ本部に提供し、駐日事務所の代表は元法務官僚、副代表は元外務官僚がつとめたことがあり、金と人とで密接につながっている。また効率のわるい巨大官僚組織という点でも似た者同士である。これでは難民条約加入後三〇年ちかくたっても、いまだに条約を遵守しない日本政府に対してＨＣＲが黙認しつづけるのも不思議ではない。またマルクス・レーニン主義は排除されるという彼の発言は、ＨＣＲや日本政府の対応の本質をするどくつく。

一九五一年に難民条約が成立した背景に当時の米ソ冷戦構造があった。東では中華人民共和国が成立し、朝鮮戦争が勃発し、西では鉄のカーテンがはりめぐらされ、ベルリンが封鎖され、ソ連が水爆実験を成功させた頃である。西側諸国はソ連や東欧諸国からのがれる人々を受けいれるため、難民条約を成立させた。それは、共産主義陣営の負の面と資本主義陣営の正当性を強調する目的があった。難民条約は表むき難民保護がうたわれているが、実質的に反共産主義（反共）政策が根幹にある。ＨＣＲは反共という明確な意図をもつ実施機関であったため、最高意思決定をくだすＨＣＲ執行委員会に東欧諸国やソ連がくわわるはずもない。ＨＣＲは設立当初から政治的に中立ではなかったのである。

難民条約成立と同じ年に出入国管理令（後の出入国管理及び難民認定法＝入管法）が日本で制定されたが、それもまたアメリカ占領軍の指導のもと、反共政策の一環として練られたものだった。[20] 一九八〇年前後にアメリカ合州国のつよい圧力でインドシナ難民を受けいれたのも、入管法を追加したのも、反共

20　テッサ・モーリス・スズキ「冷戦と戦後入管体制の形成」（『前夜　第Ⅰ期三号』影書房、二〇〇五年）に入管法の成立過程がくわしくのべられている。

政策のながれをくむ。現在すでに冷戦は終結したのだが、その残影をまだ恐れているようだ。反共主義者を擁護したとしても、バハマンさんのようなマルクス・レーニン主義者が難民保護の対象であったためしはない。

バハマンさんの語りは、権力や巨大官僚組織への批判のみに終始したわけではない。社会の変革に命をささげたキューバ革命の英雄エルネスト・チェ・ゲバラ[21]の精神が彼の心をとらえ、彼はその意志をつごうとしている。

ゲバラがボリビアへ発つとき、自分の子どもに最後の手紙をかいた。世界のどこかでだれかが不正な目にあっている時に痛みを感じるようになりなさい、それが革命家としていちばんすばらしい、と。ふつうの平凡な暮らしをしたい人もいるでしょう。でも、ひとりでもおおく、白は白、黒は黒とはっきりしてほしいです。そう言ってたちあがったら、私たちの希望もわいてきます。もしこのままで不正とつきあうようになったら、たぶんこのまま地球も破壊されるし、平和や幸せはだれにも訪れてくれそうにない。巨悪に対する抵抗の精神がどれだけ大切なのか、ゲバラは手紙で、自分の子どもだけでなく私たちにもメッセージをおくった、とおもいます。

さらにベルトルト・ブレヒト[22]やオリアナ・ファラチ[23]、そしてサルバドール・アジェンデ[24]までも話の俎上にのるのだが、気骨あるこれらの知識人をどれだけの日本人がしっているだろうか。イラン人の知的レベルをあなどってはいけない。先にしるしたようにシルクロードの時代から西域の文物をとりいれ、一九九〇年代には労働者としてイラン人をむかえいれた。それにもかかわらず、深遠な知識や思想はついぞはいらなかった。それは日本が危険とおもわれる思想の導入を意識的にさけてきたからなのだろう。

三〇〇〇年前からの教え

イラン人はイスラム教にあまり熱心ではない。むしろ土着宗教ゾロアスター教の影響がつよいようだ。ゾロアスター教は、人間は善か悪かどちらかにたつという二元論を特徴とし、両者の争いで最終的に勝利するのは善であると説く。神は預言者を世に定期的におくりだすという救世主信仰、そして善による救済思想をとなえている。それは宗教というよりも一種の哲学であり、思想である。ババマンさんの不正に対するつよい怒りと正義感、ゲバラを救世主のように信奉している点は、ゾロアスター教のおしえそのものを表現しているようだ。そうした古くからの教えにもとづく主張に共感できる点はすくなくないが、それはどうしてなのだろうか。

ゾロアスターが教えを説いたのは三〇〇〇年ほど前といわれている。その教えはユダヤ教・キリス

21　カストロ首相とともにキューバ革命を成功にみちびいた。その後コンゴとボリビアでゲリラ部隊をひきいて戦うが、一九六七年アメリカ合州国のCIAに支援されたボリビア政府軍にとらえられ、射殺された。

22　ドイツの劇作家。『第三帝国の恐怖と悲惨』や『ガリレイの生涯』などの著作がある。ナチス時代に欧米で亡命生活をおくったが、共産主義者の烙印をおされ、アメリカ合州国からおわれた。

23　イタリアの女性ジャーナリスト。第二次世界大戦時には反ファシズム活動を展開した。ホメイニ師へのインタビュー本はイランで発禁処分にあった。

24　チリの元大統領。民衆の支持によって社会主義政権を樹立したが、一九七三年アメリカ合州国の後ろ盾をえたピノチェト陸軍司令官の軍事クーデターによって殺害された。

ト教・イスラム教へとつながり、大乗仏教にも影響をあたえている。時代はくだり、人間の真理や社会の平和を追究していく教義は形をかえながら、ギリシャ哲学の正義、カントの平和思想、マルクスの平等主義に発展し、さらには反戦や平和運動、そして現代では人権擁護や環境保護へとつらなる。

ゾロアスターがユーラシア大陸の西方で宗教を確立する一方、その数百年後に南方では仏陀が悟りをひらき、東方では孔子が儒教をとなえた。それら宗教のおしえは現在も世界のどこかで息づいている。これらに共通してながれているのは、人間の内面にひそむ善悪をどうとらえるかである。とすると、三〇〇〇年の時間と空間をこえても、人間の倫理観はなんらかわらないことになる。

おそらくとおい昔から人間にやどっている善なる魂の表出方法を、聖職者・哲学者・思想家などがそれぞれの時代に体系化していったのだろう。現実におきている不正・不平等・差別・戦争・人権侵害・環境破壊に触発され、人間の善なる魂が社会の表面にときどき姿をあらわし、時代の制約により表現方法がことなるものの、暴走する人間社会に一定の抑制機能をはたらかせている。

現代の日本社会でおきているおおきな動きのひとつに、外国人の流入がある。国家は暴力的に外国人をしめだそうとし、そこに人権侵害が発生する。バハマンさんが遭遇した強制送還未遂事件はその一典型例である。身をもって悲痛な体験をした彼がゲバラの言葉を引用しながらうったえた警告は、日本社会にむけられている。わたしたちはそれに対し正面からむきあわざるをえない。その時、国家の横暴に歯止めをかける善なる魂がはたしてよびおこされるだろうか。

ベトナム人のたどった足跡

いちょうの下で

小田急江ノ島線の高座渋谷駅を下車し、まがりくねる小道をあるき、雑木林をとおりすぎると、一五分ほどで神奈川県営いちょう団地に到着する。団地のまわりには、名前とは裏腹に桜の木々がたくさんうえられている。三月下旬には満開の桜のもとで、花見がたっぷりとたのしめるだろう。

いちょう団地では、二二〇〇世帯のうちベトナム人・中国人・日系ブラジル人などの外国人が二割をしめている。看板には生活していくための注意書きが、日本語のほかに英語・中国語・ベトナム語・スペイン語・タイ語などで説明されている。一九八〇年代神奈川県大和市にインドシナ難民定住促進センターが設立された関係上、団地にはインドシナからきた人々、とりわけベトナム人がたくさんくらしている。ちかくにはベトナム人や中国人の経営する小売店が数件ひらかれ、店内には現地生産の食材が所せましと陳列されている。

わたしが勤務する診療所は、いちょう団地で無料の健康診断を何度か実施している。健康診断におとずれたベトナム人のお年寄りは健康保険をもち、病気をかかえても病院に通院していた。なかには生活保護をうけている人もいた。ほとんど問題ないと判断したのだが、事情に精通するベトナム人から、それがまちがいであることを指摘された。定住しはじめた最初の頃は住まいや仕事や健康の問題が大半をしめていたが、最近では別の問題が発生しているという。

三〇歳代で日本にやってきた人は六〇歳以上となり、すでに現役を引退している。ベトナム難民は来日して以来、仕事や子育てにおわれてきたため、日本語を系統的に学習する機会はなかった。大人はベトナム語、子どもは日本語しかはなせず、両言語をあやつれる人はわずかで、言葉の壁はのこったままである。定年となり、老後の不安がでてきても、年金をうけとれる人はわずかである。かりに受給できたとしても、金額は月に五〜六万円しかなく、とても生活できない。だから高い健康保険料を支払わず、病気になっても病院にいかない人もでてくる。

ベトナム人は信仰心にあつく、仏教徒やキリスト教徒がおおい。かつての政治体制の違いから北出身者と南出身者とでは反発しあい、さらにベトナム民族もいれば華僑系もいる。宗教・政治・民族でおたがい対立し、まとまったコミュニティを形成できずにいる。いちょう団地には、自分の居場所がみつからない孤独なベトナム中高年者がたくさんいるという。

日本は一九八〇年前後からインドシナ難民を受けいれはじめ、最終的にその数は一万人にたっした。一定数の外国人受けいれは戦後はじめてのことで、当時かなり熱い話題であった。それでも時間の経過とともに、過去の出来事として忘却のかなたにおいやられてしまった。それをもう一度ふりかえり、過去から現在までをとらえなおすことで、今後の日本の難民や移民のゆく末をうらなえるのではないだろうか。

インドシナ難民と条約難民

インドシナ難民と条約難民は難民という言葉でひとくくりにされるため、はじめて耳にする人は混乱をきたすにちがいない。そこで両者について若干説明しよう。その前に注意しなければならないのは、ベトナム・ラオス・カンボジアをひとくくりにしてインドシナとよんでいる点である。フランスの統治時代にそのような概念がつくりだされたにすぎず、たしかな実態として存在しているわけではない。それぞれの国の文化や歴史はずいぶんことなる。ここではインドシナ難民の大部分をしめるベトナム難民を中心にとりあげる。

フランスの植民地支配のくびきから脱却し、抗米救国戦争をへて、ながきにわたりつづいたベトナム戦争は一九七五年に終結した。悲願の民族独立はしかし、あたらしい政治体制からのがれる人々をうみだした。いわゆるベトナム難民である。アメリカ合州国を盟主とする西側陣営はその兆候をみのがさなかった。共産主義体制からの人々をかくまうことは、西側陣営にとって格好のデモンストレーションとなり、東側への圧力ともなる。くわえてベトナム難民の受けいれは、東南アジア地域の共産化をふせぐねらいもあった。国連はインドシナからのがれる人々をインドシナ難民と規定し、国連難民高等弁務官事務所（ＨＣＲ）が各国と協力しながら難民を保護し、援助することになった。難民政策にはつねに政治的思惑がはたらく。インドシナ難民の受けいれは、難民条約の成立理由と同様に、反共政策の一環としてすすめられた。

一九七八年日本ではインドシナ難民の定住はわずか三人であった。それが一転して、翌年総理府の閣議了解で受けいれの方針がだされた。難民認定法などの法律ではなく、行政の裁量によってである。定住許可の枠を最初は五〇〇人に設定し、その後徐々に定住枠をひろげ、最終的に一九八五年に一万人の受けいれを政府は表明した。ただし日本政府が独自に決定したものではなく、アメリカ合州国の圧力により不本意ながら受けいれたにすぎない。たとえしぶしぶでも受けいれるからには、体制をととのえなければならない。まず各個人の定住の可否は、法務省の入国管理局（入管）の判断にゆだねられた。日本に入国したインドシナ難民は、難民性の有無にかかわらず定住許可をあたえられ、日本語の授業をうけられ、住居や健康保険を提供され、仕事を斡旋された。この点が条約難民と決定的にちがう。

条約難民の場合、入管が出入国管理及び難民認定法（入管法）にもとづき難民性を判断する。しかし難民申請者のほとんどは認定されず、おいだされる。かりに認定されても、ビルマ難民のティンウィンさんが経験したように、支援はいっさいなかった。インドシナ難民と条約難民との不公平な待遇をあらためるように、人種差別撤廃条約委員会が二〇〇一年に是正勧告したほどである。条約難民への支援がようやく開始されたのは、勧告二年後の二〇〇三年からである。日本が難民条約に加入してからすでに二三年がすぎ、その間ずっと放置されていた。外からの批判にさらされ、日本政府はようやくおもい腰をあげたのである（表2a）。

インドシナ難民を優遇しているといっても、本音は難民受けいれ拒否であり、消極姿勢にかわりない。それは尾をひき、インドシナ難民のその後の運命を決定した。現在の難民や外国人が直面している問題をベトナム難民はすでにたくさん経験している。ベトナム難民のファム・ディン・ソンさんの足跡をたどることで、その問題点があきらかとなる。

はじめての日本

一九八一年、一七歳のソンさんはベトナムからのがれ、最初はフィリピンでキャンプ生活をおくった。他のベトナム難民がそうであったように、アメリカ合州国が第一希望で、日本はあくまで通過地点としかかんがえていなかった。しかし手続きがすすめられるにつれ、日本以外の選択肢はあたえられなかった。不本意であったものの、あたらしい土地で人生をきりひらこうと決心し、一九八二年に

表2a　インドシナ難民と条約難民の相違

	インドシナ難民	条約難民認定者
一定枠の受けいれ	あり	なし
開始期間	1978～2005年	1982年～現在
認定率	―注1	7%注2
受けいれ根拠	法によるものではなく、総理府の閣議了解	出入国管理及び難民認定法にもとづく
個別の決定機関	法務省の入国管理局	法務省の入国管理局
支援実施機関	外務省などの省庁が難民事業本部に事業委託し、2005年に終了	2002年まで支援はなかった。2003年から外務省などの省庁が難民事業本部に事業委託
支援内容	日本語学習、就職斡旋、職業訓練、生活費支給など	日本語学習、就職斡旋、職業訓練、生活費支給など
在留資格	定住者	難民認定は定住者 不認定者は“不法”滞在者扱い
海外渡航	再入国許可書が必要	難民旅行証明書で可能
出身国籍	ベトナム、ラオス、カンボジア	ビルマ、ベトナム、カンボジア、イランなど
受けいれ数	約10000人	2009年までの認定者の累計は538人（なお申請者の累計は8685人）

注1：難民性の有無にかかわらず、定住資格をあたえられたインドシナ難民の中には条約上の難民認定をもとめる人もいた。

注2：1982年から2009年までの認定数は538人である。そのうち一次審査での認定数465人（異議申し立てで認定された73人をのぞく）を一次審査での認定数および不認定数をあわせた合計6657人で割ったのを平均認定率とした。2009年では、一次審査での認定数と不認定数の合計1725人のうち22人が認定されたので、認定率は1%となる。ちなみにインドシナ難民の難民認定がおおかった時期をのぞくと、1986年から2009年までの平均認定率は5%となる。

日本にやってきた。到着後まもなく長崎県の大村センターに入所したが、彼の希望はすぐにうちくだかれた。センターの生活をまるで刑務所のようだった、とソンさんは当時をふりかえる。

三ヵ月間何もしていなかった。日本語学習もなく、仕事もない。外出もゆるされず、あたかも犯罪者かのような扱いをされ、精神的に生きる望みをうしないかけた。この屈辱の体験は今でもわすれられない。

センターは背丈の二倍以上の金網の柵でかこわれていた。その上には警報用の導線がとおり、それにふれると、警備員がかけつけてくるほどの厳重な監視体制であった。敷地内で散歩しているソンさんに一人の日本人が柵越しに声をかけてきた。つめたい態度をとるセンター職員に親しみをもてなかったので、センター以外の日本人が笑顔で話してきたのがたまらなくうれしかった。だが外部の人間と話したことがばれると、センター職員からこっぴどく怒られた。集団で外国人が入国してくることに特別な警戒心をいだき、なかには共産党のスパイがいるのではないかと疑心暗鬼となり、センター職員は相当神経をつかいながら監視にあたっていた。

この大村センターは大村収容所と目と鼻の先にあった。大村収容所は、一九五〇年代に在日朝鮮人や朝鮮戦争でのがれてきた人々——今では難民であろう——を収容する施設として悪名をとどろかせ、在日朝鮮人のあいだでは恐怖の代名詞でもあった。現在は非正規滞在者や難民申請者を収容している。センターと収容所が隣同士であったことからして、インドシナ難民は最初から保護ではなく、管理対象の外国人としてあつかわれていたのがよくわかる。

その後ソンさんは姫路の定住促進センターにうつり、ようやく三ヵ月間の研修プログラムをうけた。

だが、みじかい研修は日本で生活するにはまったく不充分で、これが後にソンさんをふくめインドシナ難民の人生をおおきく左右することになる。ソンさんは同胞二人とともに仕事を斡旋してもらい、山梨県の工場に勤務するが、期待どおりの職場ではなく、不満がのこった。

仕事をしていてもソンさんはたくさんまなびたい、日本社会にもっととけこみたい、その思いがつのった。短期間の研修では片言の日本語しかはなせなかったので、近所に住むカトリックの神父さんの助けをかりて、本格的に日本語をまなびはじめた。その甲斐あって夜間高校に合格し、昼間はたらきながら高校にかよった。不幸にも勤務中に交通事故にあい入院するはめになった。労災申請するが、難航した。

ながい時間がかかり、神父さんの尽力でなんとか解決までこぎつけた。そこまではよかったが、労災治療中に解雇されてしまい、ソンさんは行き場をうしなってしまった。日本語をおしえてもらい、労災の時も助けてくれ、親身になって生活の面倒をみてくれた神父さんの恩がどうしてもわすれられない。そこで自分も人をささえる神父をめざそうと決心し、一九八七年に上智大学神学部に入学した。

ソンさんが大学で勉学にはげんでいる頃、インドシナ難民の対応に変化があらわれはじめた。一九九一年に冷戦構造が崩壊し、反共政策としてのインドシナ難民保護の意味はうしなわれた。それまで先進国はほぼ無条件に定住許可をあたえていたが、それが一変し、経済難民という言葉をつかいはじめ、一九九四年のインドシナ難民国際会議でインドシナ難民問題を終了させ、インドシナ難民をひきうけなくなった。〝国際社会〟というのはまことに正直な態度をとるものだ。

ところが、その流れに逆行する奇妙な国があった。それが日本である。いったん決定したことは、必要ないにもかかわらず、最後まで固執するのが官僚の習性である。しかも数合わせしなければ心がおちつかないという、やっかいな性質を官僚はもっている。インドシナ難民の数は一九八九年当時六二〇〇人であり、日本にイヤケがさし、他国に移住する人もあらわれ、定住枠一万人に到達するにはほどとおかった。そこで難民の家族の呼び寄せという形で、定住者をふやそうとした。それでも受けいれは遅々としてすすまなかった。やはり外からの圧力がなければ、すぐにおもい腰はうごかないようだ。もともと受けいれの理念のないまま、アメリカ合州国のいいなりになっただけで、それが一転して受けいれ中止の方向となり、圧力がない分どうしたらよいのかわからず、独自の判断ができぬまま、ずるずるとひきのばしてきた、というのが真相であろう。インドシナ難民受けいれを終了するのは、国際会議の終結宣言から一一年後の二〇〇五年であった。

神父として再出発

インドシナ難民国際会議で終結宣言がだされた一九九四年にソンさんは大学を卒業し、それまでの人生を清算し、神父として横浜と静岡のカトリック教会であたらしい道をあゆみはじめた。その矢先、一大転機となる大事件がおきた。一九九五年の阪神大震災である。被災したベトナム人の心のささえとなるべく、一年間神戸市長田区のカトリック教会で被災者支援に従事した。そこで彼はベトナム人のおかれている状況をあらためて認識した。

ベトナム人はおなじ地域にながく住んでいるにもかかわらず、日本語をはなせないまま地域の日本人と交流せず、地元にまったくとけこんでいなかった。しかも親子の世代間の意識の差がひろがり、言葉や食事など文化のちがいもあらわれていた。さらにソンさんは重要な点に気づく。

神戸大地震で、在日コリアンの人々と親しくなりました。彼・彼女らの過去から現在までの境遇が、日本のベトナム難民にかさなってみえました。

在日コリアンの苦難の道を、インドシナ難民もそのままたどっているのである。

名をヒロヒトに

ソンさんはかねてから念願であったアメリカ合州国行きをのぞんでいた。本国ベトナムに惨禍をもたらしたアメリカ合州国をぜひとも自分の目でたしかめたかった。もともと定住先の第一希望がアメリカ合州国であり、自分をむかわせようとした魅力が何であるかもさぐりたかった。

一九九六年にソンさんがアメリカ合州国行きの手続きをすすめていくと、おもわぬ壁につきあたった。法務省の担当者から「あなたは条約難民ではなく〝自動〟難民なので、海外にでかける際には再入国許可証をとらなければならない」と言われ、ソンさんはたいへんおどろいた。

難民性の有無にかかわらず、インドシナ難民は自動的に定住許可のみあたえられた。条約難民認定者用の難民旅行証明書は発行されず、そこで海外渡航には日本への再入国許可書が必要となる。それと、難民認定されれば、認定書がパスポート代わりとなるが、〝自動〟難民に身分を証明するものはなにもない。出身国の大使館にパスポートをもとめるわけにはいかず、本人のみならず、子どもまでも無国籍の状態におかれてしまう。これでは、日本社会で生きていくにはきわめて不利である。そこでインドシナ難民は帰化申請しようとするが、出生証明書や国籍喪失証明書をはじめ、職場や近所の人々との交遊関係証明などたくさんの書類を法務省に提出しなければならず、しかも担当者から名前を日本名にかえることを強要され、きわめて不愉快なおもいをする。お上にお願いするような卑屈な態度をしてまで日本国籍を取得しようとはおもわなくなり、途中で帰化をあきらめてしまう。

ソンさんもまた日本国籍取得の際、日本名にするようにと言われた。担当者の態度があまりにも横柄だったので、ソンさんは「それならヒロヒトにしてください」と返答したところ、担当者は「ふざけるな！」と怒りをあらわにして机をたたいたという。ふざけているのは、むしろ法務省であろう。親につけてもらった大事な名前を永遠にほうむりさろうとしているのだから。

日本国籍を取得したソンさんは、アメリカ合州国での留学中日本とのあまりの落差に衝撃をうける。アメリカ合州国では国籍がアメリカであっても、ベトナム出身としての誇りをもち、ベトナム語で堂々とかたる。国籍も簡単に取得でき、それが安定した生活や心の平安にむすびつく。アメリカ合州国は異文化をみとめあう社会である、とソンさんは実感した。

それにくらべると、日本社会は外国人に門戸をとざし、本名をかえさせようとしてまで、外国人の存在をけしさろうとする。すみにくい日本社会に絶望し、海をわたり、アメリカ合州国に移住したインドシナ難民やビルマ難民はすくなくない。マスメディアによく登場する言葉に〝偽装〟難民があるが、希望をいだき来日した難民からすれば、日本の難民受けいれは偽装そのものである。

官主導の難民事業

偽装といってもインドシナ難民の受け皿がまったくないわけではなかった。難民事業本部（ＲＨＱ）が実施している業務がそれにあたる。

一九七九年に政府系のアジア福祉教育財団の内部に難民事業本部が設置され、インドシナ難民定住援助事業の業務を省庁から委託され、日本語教育・職業紹介・職業訓練などを開始した。予算は外務省・文部省・労働省などからの委託費である。ＯＤＡに類似した構造で、実際に外務省が予算の権限をにぎり、ＲＨＱの本部長には外務省から出向する役人が数年ごとに交代でついている。完全に外務官僚の論理にくみこまれた難民事業である。

アメリカ合州国から帰国したソンさんは一九九九年から川崎市の鹿島田教会の神父となった。ある時ＲＨＱにであう。精神障害をわずらっているベトナム難民八名が群馬県のあかつきの村の施設でリハビリ訓練をしていた。施設を見学したＲＨＱの本部長（外務省の役人）が「難民事業本部として、日本で生活するにあたり十分な教育をしてあげたのに、精神病になるのは本人の心がけが悪いからです」と感想をもらした。その場に居あわせたソンさんはその言葉におどろき、そして憤慨した。「たった三ヵ月の日本語教育でなにが十分なのか。その後わたしたちがどれだけ苦労して日本語を勉強したのか、あなたにはわからないのでしょうか」と反論した。

インドシナ難民のおもな仕事は工場勤務である。単純作業で給与もひくい。本国での職務経験を活かせる職業ではない。しかも日本語教育や職業訓練があまりにも短期間ですませられ、日本語の能力や技術力がたりず、会社につとめても馬鹿にされ、どなられ、なぐられ、おびえながらの生活であった。職場をやめていく人は多数にのぼり、離転職率は五割にちかかったという。アパートの家賃滞納などで生活はきびしくなり、彼・彼女らは精神的にくるしみ、次第にアルコールにおぼれていった。社会適応の不十分なまま社会にほうりだされ、精神的においつめられてしまうまでのいきさつを、ＲＨＱの本部長はあまりにも無知であった。神戸の震災時にもベトナム人のネットワーク会議にＲＨＱの本部長が突然やってきて、「これからわたしが陣頭指揮をとる」と言いはじめた。ベトナム人自身の力で復興しようとする意気込みを無視した、あまりにも無礼な言動であった。会議に出席していたソンさんがこの時も抗議したのはいうまでもない。

診療所や医療相談をとおして、おおくの難民申請者をわたしは診察している。そんなとき、RHQがたまに話題にのぼる。たいていはRHQへの不満と不信である。RHQの職員が頻繁に家を訪問し、車所有の有無や給料の金額、はては冷蔵庫の中身までしらべ、まるで監視されているようだ、とうったえる。不景気で仕事がなくなり、職業安定所に相談しようにも言葉の問題があり、相手にされない。そこでRHQに電話でたずねると、往復の交通費がかかるというのに、事務所のある東京の広尾まできてください、とこたえる。広尾のRHQの相談窓口にいっても、なんら解決策をしめされるのでもなく、「自立しなさい」と何度もきかされ、ただただうんざりするだけである。RHQ職員との会話は日本語でおこなわれ、いつも一方通行で情報は十分につたわっていない。かなりの不満が鬱積しているのだろうか、よい評価はひとつもない。

不評のきわめつきは毎年約八〇〇万円かけて開催する「日本定住難民のつどい」という催し物だろう。RHQが一方的に指示するだけで、インドシナ難民がいくらアイデアを提案しても採用してくれない、「日本定住難民のつどい」は難民見世物化している、と酷評していた。

外務省から伝染したのだろうか、無粋な名称の〝難民事業〟の仕事を忠実にこなし、かりに問題が発生しても、それを解決する意欲にとぼしく、施しをあたえてやるといったお上的発想からぬけだせずにいる。どうやらインドシナ難民の支援ではなく、管理統制する目的でRHQはつくられたかのようだ。これではインドシナ難民のあいだで、自主的な団体はうまれるはずもない。難民を統制していくうえでかかせない施設がかつてあった。それが国際救援センターである。

名前まけする国際救援センター

品川ふ頭ちかくには一二階建ての東京入国管理局がいかめしくそびえたつ。わたしは時々そこの被収容者に面会にいくのだが、ある時面会終了後に南の方向にむかってあるくことにした。ほどなくして国際救援センターに到着した。門には「関係者以外立ち入り禁止」と張り紙がされているので、周囲をまわってみる。広大な土地は高さ三メートルの金網の柵でかこまれている。柵をとおして中をのぞくと、一〇棟ほどの一大アパート群がたちならぶ。収容人数は七二〇名と規模はおおきい。

国際救援センターは一九八二年インドシナ難民をむかえいれるために設置された。四ヵ月（当初は三ヵ月）の日本語教育と一ヵ月の社会適応教育をほどこし、必要に応じて職業を斡旋していた。その業務はＲＨＱにまかされ、二〇〇五年までつづいた。条約難民認定者であっても、国際救援センターで日本語教育や職業訓練を拒否されたのは、ビルマ難民ティンウィンさんの経験で証明されている。

名だけの国際救援なのだが、国際とつけると、予算も大幅にふえるようだ。一九八四年から九五年にかけてインドシナ難民関連の予算額は年間平均一七億円以上にのぼり、最後の二〇〇五年には一二億円あまりで、そのうち国際救援センターの借地料として約三億円が支払われていた。二〇〇四年には一六〇名を国際救援センターで受けいれていたのだが、換算すると一人につき六〇〇万円もの税金を投入したことになる。しかも受けいれたのは難民ではなく、呼び寄せ家族であった。難民申請者を収容する東京入国管理局からわずか三キロ南にくだった場所の国際救援センターで毎年一〇数億の費用をかけてインドシナ難民の呼び寄せ家族一六〇名をむかえいれる風景は、日本の難民無策や国際感覚の欠如という点で象徴的である。

今では閉鎖されている国際救援センターの存在をわたしがしりえたのは、国際保健医療学会でわたしが外国人収容所問題を提起した際、会場から発言した医師によってであった。彼は一九九〇年代、国際救援センターに臨時勤務していた。学会後わたしとの手紙のやりとりで、RHQが自己の組織維持に躍起になっていた点を私信でおくってきた。

国際救援センターの職員は、センターが廃止にならないよう、職員がこれ以上すくなくならないようずいぶん努力しているようでした。呼び寄せ事業についても、うまく時期が重ならないようにしながら、必要以上に入所者を勧誘しているような気がしました。（原文どおり）

RHQに勤務した別の医療関係者は、RHQは外務省の天下り団体で、その上層であるアジア福祉教育財団[25]にも問題があり、上層部と現場との意識の差で嫌気がさして辞職する人もすくなくない、入所するベトナム人のなかには勉強熱心な人もいれば、車やバイクの盗みをはたらく人や麻薬に手をそめる人もいた、と内部事情をかたった。RHQの言い分もあろうが、かつての職員でさえ難民事業の内容に手きびしい批判をしている。むしろ問題なのは、うしろにひかえ、RHQをあやつる外務省であろう。そもそも外交問題をあつかう外務省が国内で対応すべき難民の生活をなぜ担当するのか、よくわからない。不思議な〝国際救援〟感覚を外務省はもっている。

完全なる失敗策

横浜市のいちょう団地では、部屋のなかで親戚をふくめ何人ものベトナム人が所せましとひしめきあって生活している。客としてわたしがベトナム一家の部屋にお邪魔すると、子どもは外にでていってしまった。ソンさんによれば、ベトナムでは子どもたちは親のまわりにすわり、お客さんに礼儀ただしく挨拶するという。ソンさんは親子の文化的なへだたりをかんじとっていた。

親子間の溝以上に彼が心配するのは、子どもの権利がないがしろにされていることである。日本で生まれそだった子どもは、学校の修学旅行などで海外にいく時にパスポートをとらなければならない。子どもたちは、そこではじめて自分が日本人でないこと、さらに無国籍となっていることをしり、衝撃をうける。無国籍のままでは将来の就職や結婚の障壁となる。望むと望まざるとにかかわらず、子どもは日本国籍を取得する以外に道はない。ところがソンさんが経験したように、本名を日本名にかえることを強要され、不愉快な目にあう。しかもたくさんの書類をそろえなければならない。

そうすると、子どもの社会的上昇をのぞめない日本をあきらめ、アメリカ合州国にわたるベトナム人がおおくなる。それをこころよくおもわない日本人支援者がいる。せっかくむかえいれたのに、日本をはなれるのは恩しらずとでもおもっているようだ。その根底には援助する側の傲慢さがひそんで

25　自民党の元国会議員奥野誠亮氏が理事長をつとめていた。彼は過去に「従軍慰安婦は商行為であった」と失言し、非難をあびている。一九八八年には日中戦争について「日本は侵略する意図はなかった」とも発言し、国土庁長官を辞任させられている。侵略され、強制的に慰安婦にされた人々の心のいたみを理解できない人物がインドシナ難民の支援団体の理事長を三〇年以上もつとめていた。HCRはその奥野氏に難民支援の功績をたたえ表彰した。茶番劇以外なにものでもない。むしろ彼の右翼的な言動から推察すれば、アメリカ合州国がそうであったように、難民支援を反共政策の宣伝に利用し、共産圏からのがれてきたインドシナ難民の統制をはかろうとした意図があったのだろう。

いる。そのような態度では、なぜ日本をはなれるのか、どうして無国籍のままでいるのか、という疑問すらでてこない。インドシナ難民定住を再検討し、謙虚に反省点をみいだし、今後の難民政策に活かす発想すらうかばない。

日本にのこっているインドシナ難民は、生活できればそれでいい、みじめな過去にふれたくない、日本でのイヤな思い出を早くわすれたいとおもっている。社会的に成功した人はおおくをかたろうとしない。日本の定住政策に否定的な発言をすれば、管理統制するＲＨＱから厳重な注意をうけるからである。

インドシナ難民定住は完全な失敗に終わった、とインドシナ難民や支援関係者のあいだでは常識となっている。インドシナ難民定住は、社会の一員としてむかえる設計図と土台のない、現場監督不在の、主体性と統一性を欠いた無策そのものであった。急ごしらえでくみたてられ、用がすめば跡形もなく解体されるプレハブ住宅のようであった。もともと自発的な難民保護や移民政策はこれまで一度たりともなされていない。日本政府のホンネは、外国人はできるだけ定着してほしくないのである。むしろ力点をおいているのは、外国人の管理と排除である。

安らぎの場をもとめて

定住支援政策がなければ、法的地位・教育・労働・医療などの問題は山積みとなり、次世代にもそのしわ寄せがいく。ベトナム難民は身体的にも精神的にもつらくなり、場合によっては生きる気力さえうしなう。

ある時ソンさんは元国連難民高等弁務官の緒方貞子氏にあう機会をえた。ベトナム人の窮状を彼女に直訴したところ、おどろくべき返事がかえってきた。「日本は単一民族の国ですから」と彼女はこたえたのである。なぜそのような発言したのか、しるよしもないが、あたかも単一民族思考にそまっているかのようだ。どのような意味にせよ、緒方氏の発言はソンさんにふかい失望感をあたえた。[26] 単一民族思考というのは民族差別の裏返しで、外国人の受けいれをはばむ要因なのである。

ベトナム人が日本社会で安心してくらすためにも、身分が保証されない無国籍の子どものためにも、老人が孤独にならないためにも、母語でかたれるいこいの場が必要である。ソンさんはそのように考え、ベトナム人すべてが参加できる在日ベトナム人連絡協議会を設立した。和解し（相互扶助）、隣人をしり（地域に根ざす）、自己を確立する（民族の自立）ことをめざしている。年に一度の集会を開催し、ベトナムについての情報を満載した雑誌『故郷の響き声』を隔月に発行し、歴史や文化を次世代につたえようと奔走している。また法律・教育・労働・実習生などのさまざまな相談にも応じている。在日ベトナム人連絡協議会は全国組織のカトリック団体の支援をうけているのが心強い。官によるインドシナ難民定住の大失敗を民の力で再生しようとしている。

26 緒方氏のいくつかの著作を読んでみた。一九九四年のルワンダ難民救援に日本の軍隊をおくることに緒方氏は積極的で、「十分に装備した兵士を派遣して貢献を果たすべきである」（『紛争と難民』集英社、二〇〇六年）と主張している。体制（官僚）そのものの発言である。ちなみにHCRとNATO軍の共同歩調は彼女の代からはじまっている。彼女の著作は研究者出身らしく資料集的である。あたかも広告塔かのごとく、HCRの活動がたくさんかかれてあっても、難民は抽象的な概念でしか登場せず、難民の顔がまったくみえてこない。難民の声が彼女の耳にはたしてとどいているだろうか、という疑問がわく。そして、彼女の〝資料集的広告集〟には、難民の政治利用や難民発生の背後にひそむ先進国の思惑はいっさいふれられていない。

ベトナムの抵抗と平和の精神

中高年の世代にとって、ベトナムはおもいいれのつよい国である。一九六〇年代から七〇年代にかけてベトナム戦争は東西冷戦の象徴であった。ベトナムをめぐってアメリカ合州国を中心とする西側とソ連を中心とする東側に世界は二分されていた。西側は共産主義の浸透をおそれたが、ベトナムがかかげていたのは、イデオロギーではなく、民族の独立であり、平和であった。

現在でも当時のベトナム戦争のつめ跡をわたしたちは体験できる。ホーチミン市には戦争犯罪博物館がある。博物館というのは知と教養の体系がたくさんつめこまれているが、戦争犯罪博物館はそれとは趣を異にする。質素な建物のなかにはいると、ベトナム戦争当時の貴重な写真や映像が目にとびこんでくる。ボール爆弾でつぶされた死体、ナパーム弾で全身の皮膚がただれた人、枯れ葉剤の影響でうまれた手足のない子どもや脳のない子どもなどの写真が展示され、おびただしい数のベトナム人がどのように犠牲になったのかが一目でわかる。博物館の名がしめすとおり、アメリカ合州国による陰惨な戦争犯罪が圧倒的な迫力で、写真や映像をみる者の胸にせまってくる。一日かけて館内をまわっても、時間がたりないくらいだ。

戦争が終結しても、一九七〇年代後半から八〇年代にかけてボートピープルという名でベトナムからのがれてきた人々がマスメディアで大々的に報道された。冷戦が終結すると、ベトナム戦争もインドシナ難民も昔日の出来事として風化してしまった。しかし現在でもアフガニスタンやイラクなどの西アジアで、おびただしい数の人々がアメリカ軍によるクラスター爆弾や劣化ウラン弾——ヒロシマ・ナガサキにつづく第三の原爆投下にあたる——の犠牲となり、ベトナムと同様の戦争犯罪がくりかえされている。さらにたくさんの難民が戦禍からのがれている。それは人類の悲劇として記憶にとどめなければならない。

フランスに植民地化され、アメリカ合州国の軍事介入によって南北が分断されたベトナムを独立統一へとみちびいたのは、ホーおじさんとしたわれたホーチミンである。サンダル履きと質素な服をこのみ、けっして英雄ぶらず、庶民的で親しみのある人柄が世界から信頼をえた。彼の有名な言葉に「独立と自由ほど尊いものはない」というのがある。民族の独立に命をささげたホーおじさんの不屈の抵抗精神は、ベトナムの地に平和をもたらした。それは人類の希望として記憶されてよい。きっとソンさんにもベトナム人の抵抗と平和の精神がひきつがれているのだろう。

第三章

在日難民にたちはだかる壁

〔解説〕

日本で外国人が増加しはじめるのは一九八〇年代中頃からである。円高が急速にすすみ、バブル経済へとつながり、サービス業などを中心に労働力が不足し、それをおぎなうべくアジアの途上国からの外国人、そして南米からの日系人が流入しはじめた。そのなかにはビザが超過したまま3K職場ではたらく非正規滞在者がふくまれ、その数は一九九二年のピーク時には約三〇万人にもたっした。政府はもちろん非正規滞在者をみとめなかったが、日本経済をささえるための必要不可欠な労働力だったため、黙認していた。一九九〇年代後半には日本経済の悪化とともに非正規滞在者は帰国したり、他国へと移動したりして、その数は減少していった。おいうちをかけるように二〇〇三年秋以降取り締まりがきびしくなり、非正規滞在者はおいつめられ、減少の一途をたどった。

難民申請者の増加はこの流れと無関係でない。一九九〇年代、ビザを超過したまま滞在をつづけていた人々は難民認定制度を来日当初からしっていたわけではない。仮にその情報をえたとしても、あまりにも低い認定率、一ヵ月に一度の法務省の入国管理局（入管）への出頭、不認定後の収容と強制送還など負の要素がたくさんあり、それだけ身を危険にさらすため、彼・彼女らは申請をためらっていた。しかも申請者の多数をしめるビルマ人は、本国での民主化がすぐにでも達成され、ただちに帰国できるとおもい、非正規滞在者のままでいた。だが二〇〇四年、アウンサンスーチーさん暗殺未遂事件がおこり、本国の政治状況が悪化し、彼・彼女らは帰国を断念せざるをえなくなった。そこに同年入管法が改定され、難民認定制度がしれわたるようになり、人々は難民認定におおきな期待をいだいた。同時期に先にのべた二〇〇三年秋からの取り締まり強化によって、警察や入管につかまってはじめて難民申請する人がふえてきた。こうして非正規滞在者のなかから難民申請者が次々にあらわれはじめた。

非正規滞在者だからといって難民性がないわけではない。彼・彼女らは来日後に団体を形成し、本国政府に対する批判をつづけている。それが難民申請理由のひとつにもなっている。実際にビルマ人やクルド人の団体は本国政府から目をつけられている。なお外国人のなかの非正規滞在者と難民の位置関係を図にあらわす（図3a）。

それでは、非正規滞在者と難民申請者のあいだにどのような相違があるのだろうか。わたしの調査にもとづいた結果を表にしめす（表3a）。両者のおおきな違いは、難民申請者は帰国すれば、危害がくわえられる可能性はたかく、非正規滞在者は難なく本国にかえれる点であろう。だが、その人の難民性についての判断はきわめてむつかしく、非正規滞在者と難民申請者との境界はきわめてあいまいである。

どちらにしたところで、生活していくなかで難民がかかえる問題点は非正規滞在者とほぼ共通する。在留資格がなく、取り締まり・入管収容・強制送還の対象となり、生活面でも職業・住居・医療・教育などが保障されていない。文化面の問題はみすごされやすく、親子間の溝がふかくなっていることに注意をはらわなくてはならない。そして団体形成や組織運営はあまり得意でない（表3b）。

そもそも入管は難民というよりも最初から非正規滞在者としてあつかっているため、おかれている状況に

図3a　外国人の中の難民と非正規滞在者の位置関係

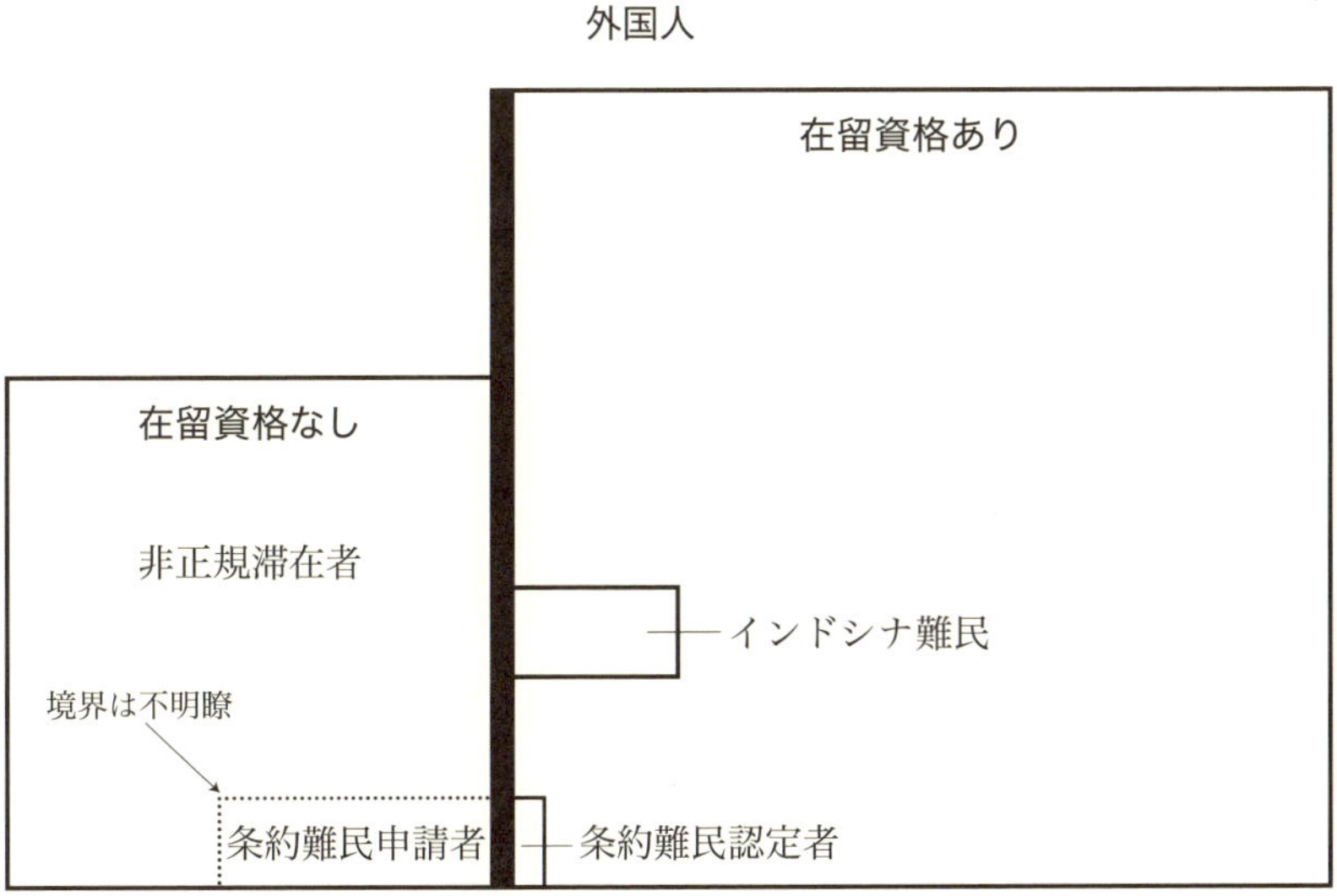

表3a　条約難民(申請者)と非正規滞在者との属性

	条約難民[注1] n=121	非正規滞在者[注2] n=10,865
男女比	5：1	4：1
年齢	平均年齢37歳	平均年齢34歳
国籍	ビルマ、トルコ(クルド人)、イラン、パキスタン、コンゴ、スリランカ	フィリピン、韓国、イラン、パキスタン、バングラデシュ、ガーナ、ペルー、ネパール
在日年数	平均7.2年	平均3.4年
居住地	ビルマは東京の池袋や中野区、ロヒンギャは群馬県の館林市、クルドは蕨市周辺	神奈川県・東京都・埼玉県・千葉県など首都圏にまたがる
職業	ビルマは飲食業、ロヒンギャは工場勤務、クルドやイランは建設現場	工場勤務が45%、建設現場が25%、他はレストランと清掃など
難民	認定者は6名、 在留特別許可取得者は13名	上記国籍に難民申請者はわずか
健康保険の保有率	15%	1.6%
団体の組織化	ビルマは民主化運動および民族別に団体を組織化し、労働組合も設立 クルドも団体を形成 イランやパキスタンはまとまりに欠ける	フィリピンはカトリック教会、中国人は華僑、南米は日系を中心に団体形成
本国での教育	国籍にもよるが、高等教育をうけた人がおおい	国籍にもよるが、高等教育をうけた人がおおい
帰国	本国に送還されれば、危害がくわえられる可能性はたかい	帰国可能であるが、生活や子どもの将来を考慮し、日本にのこる人もいる

注1：2007年10月筆者が実施した難民実態調査にもとづく。

注2：2003年4月の港町診療所の統計。在留資格を持つ患者もふくまれるが、健康保険の保有率から推定して、ほとんどが非正規滞在者とみていい。

表3b　条約難民(申請者)および非正規滞在者のかかえている問題

		内容
法的面	難民申請	低い認定率、在留資格のない不安定状態、申請手続き情報不足、弁護士不足
	入管収容	長期収容、暴力的なあつかい、医療体制の不備、強制送還、未成年者や子どもの収容
生活面	就労	就労禁止、解雇、給料未払い、労働災害
	住居	住居さがし、保証人不足
	医療	高額医療費、言葉の問題による意思疎通困難、医療情報不足
	社会保障	年金未受給、児童手当の未支給
	日本語	日本語学習の機会不足、日本語教室の情報不足
	出産・育児	出産・育児・保育園入園手続きなどの情報不足
	子どもの教育	教育制度や進学に関する情報不足、民族文化の伝承困難、日本語能力不足よる未就学と進学断念
	将来	老後の生活および健康の不安、子どもの無国籍状態
文化面	言語	母語による情報不足、母語能力低下
	生活習慣	生活習慣および世代間の差による親子の溝、日本人との文化的な隔たり
	コミュニティ	団体形成と組織運営の不得手

おいても、難民申請者と非正規滞在者との区別はない。それに生活面や文化面についていえば、外国人すべてにほぼ共通する問題である。そうならば難民と同時に非正規滞在者にも目をむけ、さらには日本の外国人の状況をも視野にいれ、全体を理解したほうがよい。難民のみをとりあげたところで事象の一面でしかとらえられず、外国人がくらすうえでの根本的な問題、ひいては日本社会全体の問題の解決へとみちびけない。その人の難民性をかたるよりも、日本の外国人および移民政策のあり方を問わなければならないだろう。

この章でとりあげる問題点のうちもっとも深刻なのは、強制収容である。わたしは外国人収容所の実態を公にするため、『壁の涙』(現代企画室、二〇〇七年)を発表した。刊行のいきさつを解放出版社から原稿依頼された。それが「法務省に破壊された人生」(『部落解放』二〇〇七年八月号)である。

収容所を訪問しているうちに難民キャンプとの類似性に気づき、難民保護の意味についてかんがえさせられた。それを文章化し、西日本入管収容所問題を考える会の会報に「難民キャンプたる外国人収容所」としてのせた。

二〇〇七年、アムネスティと日本キリスト教協議会合同の連続セミナーで、外国人労働者の問題点がとりあげられた。その内容は「最貧国からきた外国人の〝国際貢献〟」として月刊誌(『部落解放』二〇〇八年六月号)にのった。本章では「万国の労働者」と改題し、文章の一部を変更した。

本著では医療に関する記述はすくない。そこで、著者は本当に医者なのかしら、と疑問におもう人もいるであろう。一応これでも医者である。イヤかろうじて医者らしきことをやっている、といった方がふさわしいかもしれない。とりあえず医者(らしき)のしるしとして、「なにが外国人医療を貧しくさせるのか」を本章にいれることにする。

支援をとおして、わたしはたくさんの人や団体とつきあうようになり、それまでほとんど関心をよせなかった教育や子どもの将来についても思いをめぐらせるようになった。それを「ちいさな願い」としてあらわした。

他の先進国では、合法化(アムネスティ=恩赦)によって非正規滞在者に定住資格をあたえている。ところが、日本では非正規滞在者や難民申請者の地位を法的に保障する道は、今のところ難民認定と在留特別許可（在特）しかない。在特は申請でなく、あくまで非正規滞在者の退去強制手続きの一環である。最終過程で法務大臣あるいは入管局長が決定をくだす、いわばお上が恩恵としてあたえている定住資格である。密室ですべてがきめられ、いったいなにが根拠になるのかはわからず、判断の不透明さがのこされたまま、在特は運用されている。

難民申請者に在特があたえられるのは、たしかによろこばしい。だが、それは難民性を否定されたうえでの〝恩恵〟である。それに在特の継続の保障はなく、支援はいっさいない、きわめて不安定な法的地位である（表3c）。

難民関連で在留特別許可は〝人道配慮〟という言葉にすりかえられている。また外務省には難民を支援する緊急・人道支援課がある。官僚は〝人道〟によほど愛着があるようだ。しかし言葉と裏腹に、人の道をふみはずした言動がめだつ。難民や非正規滞在者は、他の外国人と同様に、法による保護ではなく、官僚の「法による迫害」にさらされているのである。

表3c　在留特別許可と難民認定の相違

	在留特別許可	難民認定
開始年	1951年	1982年
手続き	申請してえられるものではない。非正規滞在者としてあつかわれ、退去強制手続きの流れのなかで法務大臣によって最終決定される。	出入国管理及び難民認定法にもとづき、難民認定制度の流れのなかで認定あるいは不認定される。
効力	日本のみの在留資格であり、継続される保障はない。	難民認定されれば、他の条約国でも有効となる。
在留資格	定住者	定住者
在留期間	3年または1年ごとの更新	3年ごとの更新
行政関連機関の支援	なし注	2002年まで支援はなかった。2003年から外務省の外郭団体の難民事業本部が開始。
支援内容	なし	日本語学習、就職斡旋、職業訓練、一定の生活費支給など。
海外渡航	再入国許可書が必要	難民旅行証明書で可能
国籍	東アジアおよび東南アジアなど	ビルマ、ベトナム、カンボジア、イランなど
人数	2000年から毎年約6000～13000人にあたえられている。	2009年までの認定数の累計は538人。なお申請数は8685人である。

注：難民性を否定されたうえで、非正規滞在者として在留資格があたえられている。したがって、他の取得者と同様に日本政府の支援対象とはならない。

法務省に破壊された人生

難民の医療相談で

勤務先の診療所には、健康保険に加入することのできない外国人の患者がたくさんやってくる。そのなかには非正規滞在者ゆえに法務省の入国管理局(入管)によって強制収容されたり、いっこうに進展しない難民認定などで不安定な地位におかれたりする難民申請者もいる。そのような複雑な社会的背景とともに、医療費や言葉の問題などで治療にむすびつかない事態が生じている。診療時間内で適切に対応しようとしても、物理的に不可能である。そこで、診療所での診察とは別の時間枠をもうけた。それが、カトリック東京国際センターで実施している無料医療相談である。

はじめてから二年目のある日、沈痛な面持ちで相談の部屋にはいってきたのは、ビルマ人ムナさんであった。おだやかでおとなしい性格なのだが、あびるようにお酒をのみ、それで体をこわしてしまった。外にでかけるときも、仮放免の更新手続きのため月に一度の入管出頭のときも、お酒の力をかりねばならなかった。義兄さんにつきそわれ、医療相談にやってきたときでさえ、アルコール臭をただよわせていた。アルコール依存症なのはあきらかである。体をふるわせおびえている様子だったので、生活や家族のことなどの一般的な話をしながら、彼の緊張をほぐそうとした。それでも彼の反応はにぶく、表情にとぼしく、口数はすくなかった。診察した後、アルコールを断つ意志があるかどうか、わたしはたしかめた。すでに彼は決心した様子で、声をだすのがやっとだった。

このままでは本当に駄目になってしまう。なんとかアルコールを断ちたい。ビルマにのこした息子はもう一三歳になる。息子と一緒に日本でくらせるようにがんばりたい。

わたしは、精神科病院のアルコール依存症の専門外来への紹介状を彼にわたした。義兄にかかえられ、体をふるわせながらちいさくなったムナさんのうしろ姿を、悲しみをもってみおくった。ビルマの少数民族カレン人としての誇りをもち、民族衣装をまとい、希望ある未来をかたっていた元気な頃の面影は、まったくない。なぜこんなことになってしまったのだろうか。

わたしはムナさんにそれまで何度かあっている。最初は茨城県牛久市の外国人収容所であった。難民申請しているにもかかわらず、彼はそこに収容されていた。その期間は二〇〇二年八月から〇五年三月までの三一ヵ月間にもおよんでいた。ながい期間の収容生活が彼の精神状態をむしばんでいた。アルコール依存症になったのも収容と無関係ではない。外国人収容所とは、いったいどんなところなのだろうか。

外国人収容所で

法務省の入管の役割に、日本人および外国人の出入国管理・外国人の在留管理・外国人登録・難民の認定などがある。もうひとつあげられるのは、非正規滞在者、いわゆる〝不法〟滞在外国人の退去強制である。その退去強制の過程で非正規滞在者は外国人収容所にいれられる。犯罪や強盗など人としての過ちをおかしているわけではなく、単にビザがきれただけの非正規滞在者を収容している。

行政上の入管法に違反したすべての人を収容するため、本国にもどれない人々、すなわち難民申請者・日本人の配偶者・日本に生活基盤をもつ外国人までもがその対象とされる。さらに収容に適さない人、たとえば通院中の患者・子ども・妊婦・授乳婦さえも収容している。両親が収容され、子どもは児童相談所に保護されるという親子分離もおきている。しかも収容期間は無期限で、一年、二年、三年とつづく。

ムナさんは難民認定されず、非正規滞在者あつかいとなり、外国人収容所にいれられてしまった。トイレ一つと洗面台二つがそなえつけられている、開閉窓のない一二畳の部屋で一〇～一三人の外国人と一緒にすごさなければならなかった。シャワーは一週間に二回しかゆるされず、それも一回につき一〇分程度に制限されていた。手紙は検閲され、電話の使用は制限され、面会なども時間制限され、外部との接触はほとんど断たれていた。密閉された空間で、入管職員による言葉の暴力や暴行が何度となくくりかえされていた。ムナさんは収容所のおそろしい雰囲気をかんじとっていた。

収容中は、常に軽蔑されているようでした。入管職員を〝センセイ〟とよぶように指示されます。バカにするような態度なので、職員とはこれ以上かかわりたくないとおもうようになりました。イラン人やブラジル人が入管職員とケンカすると、職員から暴力をふるわれたりすることもありました。

劣悪な収容環境であっても、ムナさんはうたったり、ビルマの雑誌をよんだり、手紙をかいたりしながら気分をまぎらわせていた。それでも入管職員の横柄な態度にがまんできなくなり、感情が爆発しそうになると、キリスト教徒のムナさんは聖書を朗読したり、お祈りをささげたりして、なんとか自分で気持ちをおちつかせていた。

あるとき彼は病気になってしまった。息するのもくるしく、体がむくみはじめた。それを入管医師にうったえたが、無視された。三ヵ月後にようやく外部の病院につれていかれた。肺に水がたまっていることがわかり、結核と診断され、治療がなされた。

彼以外の被収容者も同様に、病状が悪化しても、放置されることはしばしばおきている。しかも入管職員に抵抗できないように、向精神薬などが過剰に投薬されたりもする。被収容者は、体の健康の心配と同時に、収容所からいつ解放されるのかわからない不安な毎日をすごさなければならない。こうした状況での精神的苦痛ははかりしれない。ある被収容者は、それを「精神の拷問」と表現していた。

ムナさんは「精神の拷問」に耐えつづけてきた甲斐があり、収容されてから三一ヵ月目にようやく解放された。

ムナさんのみじかい人生

ビルマでは軍事政権がカレンなどの少数民族を迫害し、現在もはてしない内戦がつづいている。少数民族として生きる手立てが制限されているなか、カレン出身のムナさんは家族と一緒にくらしていた。妻を胃ガンで亡くしてしまったため、一人息子を親戚にあずけ、希望のみえないビルマをはなれ、難民認定された義兄をたよって日本にやってきた。

将来は日本でおさない息子と一緒にくらす夢をいだきながら、工場でまじめに仕事をこなしていた。ある時、はたらきすぎでストレス性の十二指腸潰瘍をわずらい、手術をうけなければならなかった。健康保険はなく、ビルマへの仕送りで貯金もなかったが、工場の社長が保証人になってくれ、無事に手術は成功した。生活がくるしいときに社長や日本人が相談にのってくれ、日本人との信頼関係は良好であった。ところが外国人収容所にいれられてから、ムナさんの日本に対する印象は一変する。

収容される前は、日本人の仕事仲間にわるい印象はもっていませんでした。でも収容所をでてからは、隣にいる日本人がなんとなく怖くかんじられます。一般の日本人も入管職員や警察官とおなじではないか、とうたがったりします。

解放後すべてに消極的となり、仕事をみつけてもすぐにやめてしまった。アパートはみつからず、生活のめどがまったくたたなかった。おいうちをかけるように収容所でわずらった抑うつ状態が悪化し、彼はアルコールに手をだすようになり、しだいに心と体がむしばまれていった。そんなムナさんを義兄が心配し、冒頭でのべたように、彼を無料医療相談につれてきたのである。

ムナさんは精神科病院をおとずれ、外来に何度かかよいはじめた。それはしかし、ながくつづかなかった。わたしに相談して二ヵ月後、彼はアパートの一室で変死体となって発見されたのである。四四歳のみじかい生涯であった。原因はあきらかでないが、自殺の可能性は否定できない。彼は抑うつ状態がひどかったのである。それでも解放直後には生への意志がみられた。次の言葉を彼はのこしている。

収容中に自殺したいとおもったことはありません。そこまで、かんがえないようにしています。私にはまだちいさな息子がいます。妻は亡くなったので、父親であるわたしは自分の気持ちをつよくしなければなりません。

ところが長期に収容されてしまい、解放されても元の生活をとりもどせなかった。生活のすべてが破壊され、彼は生きる望みをうしなってしまった。

亡くなったのはムナさんだけではない。将来を悲観し、ビルの六階から飛び降り自殺したビルマ人もいた。精神的においつめられ、先のみえない日々をすごす事態になろうとは、来日前に誰も想像しなかっただろう。そして日本で難民申請したことを彼・彼女らは後悔しはじめる。二〇ヵ月間も収容され、解放二週間後に亡くなったビルマ人パトリックさんは、「日本で難民申請して、バカだった」と、おおきな日本文字でノートにかきのこしていた。解放されても収容中わずらった心と体の病気がつづいている患者はすくなくない。そうした被害は今にはじまったことではない。二〇〇一年から〇二年にかけて、収容所はアフガニスタン難民の自殺企図者を多数だしていた。

なぜ外国人収容所問題にこだわるのか

わたしが外国人収容所問題にかかわったきっかけは、二〇〇一年のアフガニスタン難民収容事件である。現在も収容所問題にとりくんでいるのだが、どうしてながきにわたりつづけているのか、自分でも不思議におもう。

わたしはかつて海外で支援活動をおこなっていた。それをとおして学んだことのひとつは、社会的な問題――社会の病気といっていい――が背景にあり、それがとりわけ弱者におそいかかり、個々の病気をもたらすということだった。社会の病気とは、いちじるしい貧富の差、民族間の対立、一部の特権階級による人々の支配である。日本の病院に勤務していたら、他国の社会にひそむ病気にまでとうてい理解がおよばなかっただろう。病院からはなれ、日本の外にでて、はじめてそれらをしったのである。

その後日本にもどり、社会的弱者である難民申請者や非正規滞在者の医療をとおしてみえてきたのは、日本社会の陰の部分であった。日本では外国人は目にみえない存在としてあつかわれている。だが、外国人とは関係のない社会問題であっても、その不満や不安がおおきくなれば、標的とされるのは外国人であり、突如として差別や偏見があらわになる。関東大震災の朝鮮人大虐殺の過去がしめすように、社会の異変があるたびに民族の悲劇がつねにうみだされる。民族差別の芽をつみとらなければ、将来も同様のことがかならずおきる。

ほとんどの人がその存在をしらない外国人収容所は、異民族への差別と蔑視が象徴的かつ具体的に目にみえる形としてあらわれている芽である。海外でもおなじような民族問題がみえていたが、それはあくまでその国の問題であり、自分とは関係ないとすませられた。ところが自国の問題を無視するわけにはいかない。被収容者の悲しみや苦しみに接し、なぜ収容されなければならないのか、法務省とはどのようなところなのか、難民保護とはいったい何なのか、という疑問をいだき、日本社会のあり方をみつめなおすようになった。それを追求していくなかで、わたし自身の日本人としての意識がしだいにめばえてきたようである。日本社会の一員であれば、差別をなくすため、よりよい方向へと社会をかえていきたい、とおもうのは自然であろう。

経済格差がある以上、南から北への人の移動はさけられない。そこで北の国家は国境線をひき、人の移動を制限する法律をさだめ、外国人収容所をつくる。それは近代国家を維持していくうえで必要であろう。しかし、その過程で暴力行為があってはならない。もう一度いおう。被収容者は単に日本での滞在を超過したにすぎない。あるいは難民申請しただけである。それを非人間的な外国人収容所に一年、二年、三年ととじこめておくのは、けっしてゆるされる行為ではない。

今後入管や警視庁は〝テロ対策〟を強調し、外国人への恐怖をあおり、日本人と外国人との軋轢を助長させるだろう。外国人収容所の存在をかくし、被収容者への暴行や難民の強制送還などの暴力行為であっても、みずからの行為を正当化していく。

心や体の傷をおうムナさんやパトリックさんにわたしはこれからどれだけあうのだろうか。そうした病をふせがなければならない。それには一般の人々の目にとどかない日本の陰の部分をつたえるのが第一歩である。わたしはそれをつよくかんじた。そして仲間とともに一冊の本を刊行することにきめた。『壁の涙』(現代企画室、二〇〇七年)がそれである。本の表紙の絵にわたしは次の言葉をそえた。

一粒の涙のしずくはほほに流れながらも、いつかきっと一輪のこころの花を咲かせるだろう。

収容されている人たちよ、今はくるしくともいずれ自由になるときがくる、あきらめないで希望をもってほしい。そんなことを願わずにはいられない。そしてこの言葉にもう一つのおもいをたくした。被収容者の悲しみの涙が日本人の良心にとどき、「よりよい方向へと社会をかえていきたい」とかんがえる人が一人でもおおくあらわれることに期待をこめて、かきしるしたのである。

◇ひとやすみ◇　シルクロードの旅

外国人収容所の面会支援者からわたしに連絡があった。被収容者のパキスタン人が収容所の職員から暴行をうけ、その件で裁判をおこそうとしていたところ、突然本国に強制送還されてしまいどうしたらよいのか、という相談である。とりあえず支援者の手元にある暴行された頸部のＭＲＩ写真をみせてほしい、と返事した。おくられてきたＭＲＩ所見にはあきらかな異常がみられる。これまでも外国人収容所で暴行がくりかえされていたが、闇にうもれたままだった。それは、強制送還されれば、本人と連絡がとれず、くわしい状況がつかめなかったからである。パキスタン人に直接あって話をきく価値は充分ある。そう判断してパキスタンにむかった。二〇〇四年八月一日のことである。

首都イスラマバードから東に二〇〇キロの小都市近郊に彼はすんでいた。列車で二時間かけ、その町に到着し、駅で彼とおちあった。名前はラフャカット・アリさんという。彼は暴行をうけた時の様子を詳細かつ具体的にかたった（内容は『壁の涙』第三章の第五項「暴力行為」に記述）。話をきくにつれ、職員による暴行はまちがいない、とわたしは確信した。診察すると、左肩から腕にかけてのシビレと痛みがあり、後遺症がみられた。人間としての尊厳がふみにじられ、屈辱をあじわった彼は裁判をつよくのぞんでいた。

日本にもどり、支援者やアムネスティと相談し、アリさんのくわしい情報をあつめた。入管の暴行被害について法務省の法曹記者クラブで記者会見をおこなおうとしたところ、会見の直前に法務省から場所の変更がいいわたされ、テレビカメラの撮影が禁止された。しかし無視して、そのまま記者会見をすすめた。アリさん以外に、送還前に大量の向精神薬や睡眠薬を投与され意識のもうろうとした状態で送還された人、結核をみのがされた人、それぞれがどのように強制送還されたのかを、出席した記者にくわしく説明した。次の日に新聞にのった。記事の扱いはちいさかったが、後に支援者からきくところによれば、法務省の入管内では職員が上から下へとおおきくゆれうごいたらしい。こんな騒ぎははじめてのようだった。わたしたちは無謀にも〝敵陣〟の中枢に突然のりこみ、その非をあばいたのだから、相手がおどろくのは無理もない。

その後入管に外国人収容所での待遇改善の申し入れや強制送還の中止をもとめた。申し入れの際に入管は強制送還時の大量投薬を否定した。しかも二度もくりかえした。わたしたちは大量投薬の件について一言もふれなかったのだが、それにもかかわらず、なぜ入管は大量投薬をつよく否定したのだろうか。入管の言い分は正しいかもしれない、送還されたパキスタン人の投薬の件はひょっとしてまちがっているかもしれない、とおもいなおすようになった。仮にそうだとしても、外国人収容所で被収容者に日常的に大量の向精神薬を投与しているのは、正真正銘の事実である。

入管に申し入れした後、国家賠償請求裁判をおこすための準備をすすめた。一人よりも複数の暴行被害者による訴訟の方がより効果的との判断で、一〇名の弁護士がくわわった。正確な事実をあつめるため、収容中の被害者が外の病院に受診した時の診断書をとりよせ、本人から幾度も聞き取りをおこなった。最初は中国・パキスタン・イラン・トルコ出身の四人が原告となった。弁護団の名を冠するに何がよかろうかと思案していると、団長の鬼束忠則弁護士が粋な提案をした。

シルクロード弁護団がいいのではないか。

そのとおり。ユーラシア大陸の東西をむすぶシルクロードが原告の本国をつらねているのだ。

弁護団は何度も会議をかさね、訴状内容を練りに練った。証拠の資料を検討する一方、アリさんの証言を再度聞き取る必要があり、二〇〇五年八月一日わたしはふたたびパキスタンにむかった。前回以上にくわしく聞き取り、診察し、ビデオに記録した。そして強制送還時に大量投薬されたパキスタン人にもあった。彼は薬の袋をもっていた。これは決定的な証拠である。入管の言い分、「強制送還時の大量投薬を否定した」のは否定された。法務省へのクリスマスプレゼントなのか、それともお年玉となるのか、シルクロード弁護団は提訴日を二〇〇五年一二月二七日とさだめた。

これで裁判のはじまりにようやくたどりついた。わたしがアリさんにあって以来、すでに一年と五ヵ月がすぎている。裁判の提訴をすすめている最中に、わたしはある青年としりあった。彼はシルクロード一万二〇〇〇キロを二年半ちかくかけて徒歩で旅したという。さまざまな困難に遭遇したことだろう。よく無事にあるきとおしたものだ。彼は帰国後さらに七年かけて一冊の本にまとめた。大村一朗『シルクロード、路上の九〇〇日』（めこん、二〇〇四年）である。シルクロードをみずからの力だけで踏破するのもラクではない。

シルクロード弁護団の裁判もローマまでの道のりとおなじようにながくけわしい。対馬海峡の荒波をのりこえ、今やっと朝鮮半島にたどりついたところか。これからもさまざまな困難がまちうけている。それは覚悟の上だ。それでもシルクロードの旅でわたしたちは何かをえるだろう。大村さんが徒歩旅行を決意し、それをやりとげたことで自分に対する自信をとりもどし、あらたな希望をみいだしたように。

難民キャンプたる外国人収容所

今そこにある難民キャンプ

わたしは一ヵ月に一度の割合で茨城県牛久市の外国人収容所をおとずれ、被収容者に面会している。外国人収容所にむかうには、ＪＲ常磐線の電車にのらなければならない。上野駅から出発する電車はビルの谷間をくぐりぬけ、江戸川の鉄橋をこえると、ビルは姿をけしていく。ある時車窓の風景をぼんやりとながめていた。青い空、緑につつまれた小高い山々、ひろがる田畑、点在する家々が目の前をとおりすぎてゆく。まさにその瞬間、一九九〇年代の途上国での難民支援活動の景色がまぶたにうかんだ。海外での救援では、支援団体の宿泊施設兼事務所と難民キャンプとを車で往復していた。車の窓からながめていた山々や田園地帯のなつかしい風景が鮮明によみがえり、牛久駅までのながれる風景とかさなった。その時外国人収容所は途上国の難民キャンプに相当するのではないか、と気づいたのである。

海外の難民キャンプでであったのは、日本で経験しないものばかりであった。やせた子どもたち、水と食料をもとめ沿道にむらがる人々、粗末で密集したおびただしい数のテント、不衛生で異臭をはなつトイレなどである。これが人間のすむところなのか、とおもわずにはいられないほど想像を絶するひどさであった。これは難民が流入する初期の状況なのだが、五〜六ヵ月たつとキャンプはおちついていく。すると、日本での外国人収容所との類似点がはっきりしてくる。国家の厳重な管理下での不自由な生活、長期にわたる希望のみえない日々、強制送還の恐怖、管理側による暴行や性的いやがらせなどである。表面上の形態がことなるだけで、両者は実質的に同じとみていい。むしろコンクリートの壁のなかで一日をすごさなければならない外国人収容所のほうが、劣悪な環境なのかもしれない（表3d）。

だが両者のあいだに一点だけおおきな違いがみられる。それは支援団体のかかわり方である。難民キャンプでは国際支援団体が食料や水を供給し、テントを支給し、医療を提供する。そうした支援と並行して、本国に強制送還されないように監視することも支援団体の重要な役目である。支援団体がそれを意識せずとも、支援団体の存在自体が監視の役割をはたしている。それは、外国人収容所についてもおなじことが言える。被収容者に面会し、本や衣服を差し入れ、はげます。同時に彼・彼女らから外国人収容所でおきている出来事や待遇をききだす。それをもとに法務省の入国管理局に待遇改善をはたらきかけ、強制送還をふせぐことも大切な支援、いや、これこそが難民保護そのものである。難民キャンプであろうと、外国人収容所であろうと、支援団体の大切な役割は支援と同時に、たえず外部からの監視をおこたらないことである。

ところが不思議なことに、難民の直面している問題のなかでもっとも切実な収容所問題をさけている難民支援団体がいくつか存在する。被収容者に面会しないのならまだしも、収容所問題があたかも存在しないかのごとく沈黙をまもっている。

免罪符的行為

ある時外務省主催の会合にわたしは出席する予定であった。難民のおかれている状況、とりわけ収容所問題をつたえようとしたところ、ある難民支援団体の職員が会合前にＦＡＸでわたし宛に次のよ

表3d　海外の難民キャンプと日本の外国人収容所

	慢性期の難民キャンプ注1	外国人収容所
対象者	難民	難民申請者／非正規滞在者
滞在資格	なし	なし
国家の管理下	離れた地区、一箇所に集中	離れた地区、一箇所に集中
滞在期間	長期間	1～4年、無期限
強制送還	あり	あり
暴行	あり	あり
性的いやがらせ	あり	あり
衛生環境	井戸、給水、トイレは完備	水やトイレは完備
住居	テントあるいは木造製で、比較的広い空間	コンクリートの建物で、太陽光のほとんどあたらない密閉された10畳ほどの部屋に5～10人。
食料	供給される食料で難民が調理	1日3回の食事提供
医療	国際NGOが実施	法務省の医務官によるかぎられた治療
職業訓練	あり注2	なし
子どもの教育	小学校レベルの教育が実施注2	なし
支援団体	〈キャンプ内での活動が可能〉 国連難民高等弁務官事務所、国際NGO、地元NGO	〈収容所外からの支援〉 市民団体、キリスト教系団体、弁護士団体など

注1：急性期の混乱のなかで生活や衛生環境は最悪となり、栄養失調の子どもなどが続出する。6ヵ月をすぎると、慢性期に移行し、キャンプはおちつき、状況は改善されていく。ここでしめしたのは、タイのビルマ難民キャンプ、バングラデシュのロヒンギャ難民キャンプ、ザイール(現コンゴ民主共和国)のルワンダ難民キャンプの慢性期の状況である。

注2：ザイールのルワンダ難民キャンプでは職業訓練はなされず、教育施設はなかった。

うにながしてきた。わたしの言動が「反政府的」(カッコ内は原文)となり、外務省との「今後の継続した連携」がそこなわれるかもしれないから、収容所問題を会合でのべることをひかえてほしい、との主旨だった。この言動はいったいなにを意味するのだろうか。

長期収容は一種の精神的拷問である。そうした状況のなかで外国人収容所の医師は、被収容者に薬をあたえ、頭痛や胃痛をおさえ、気をしずめさせ、眠らせようとしている。ところが外国人収容所から解放されないかぎり、精神の拷問はつづき、被収容者の症状はいっこうによくならない。ここでは医師としての役割はみかけ上はたされる。その行為は医師として疑問の余地はない。しかしどことなく奇妙である。なぜなら、医師の治療行為で医師自身および外国人収容所のあり方が免罪されると同時に、入管法やそれを運用する法務省に口をつぐむことが可能となってしまうからである。

先の団体は難民の支援や保護をかかげながらも、収容所問題にいっさいふれていない。それは収容所医師の免罪符的行為となんらかわりない。治療や支援という行為は、ある種の正当性があたえられるがゆえに、外国人収容所の不当性をおおいかくしてしまうのである。

踏み絵をさける支援団体

それにしても、難民支援団体が収容所問題をさけているのはなぜだろうか。

援助行為を賃金労働とするには、人をやとい、事務所を維持しなければならない。活動資金はどうしても必要になるが、寄付金だけではまかなえない。そこで国連難民高等弁務官事務所(HCR)や政府から拠出される委託事業費に目をつける。難民援助団体のほとんどは慢性的な資金難のため、HCRや日本政府に資金援助をもとめる。資金をうけた以上、相手がHCRにせよ、日本政府にせよ、提供側ののぞむ活動をのまざるをえない。

先の支援団体がおそれるのは、外務省からの資金提供拒否なのである。わたし宛の文面にある外務省との「今後の継続した連携」を外務省の委託事業費におきかえれば、その団体の意図するところはあきらかであろう。つまり、外務省から難民事業本部（ＲＨＱ）へ委託される難民関連の事業費の分け前ほしさなのである。だからＨＣＲや日本政府の方針に忠実にしたがい、たとえ収容所問題がみえても、その点にあえてふれず、公にせず、自己の組織維持を優先する。収容所問題は難民支援団体の傾向を判断する踏絵の役目をはたしている。

日本政府との関係を重視している団体は、もはや非政府組織（Non Governmental Organization＝ＮＧＯ）とはいえない。Near Governmental Organizationと表現している人もいるくらいだ。そもそも自国の利益を追求するのが国家である。支援側はともすると、国家のあやつる政治の裏を考慮せず、難民を支援しがちだ。その認識のないままＮＧＯが中立を標榜すれば、その非政治性がむしろあだになり、為政者によってたくみにあやつられ、都合のよい隠れ蓑として利用されるのが落ちであろう。

世界ではじめてのＮＧＯとして設立された赤十字国際委員会は〝人道支援〟や〝中立〟を原則にかかげている。しかし、その後の赤十字国際委員会のたどった歴史を検証すれば、それらの理念がいかにもろくくずれさるのかがわかる。一九四〇年代赤十字国際委員会はナチスのユダヤ人強制収容所の実態をつかんでいながら、なんら具体的な行動をとらず、情報さえ外部につたえようとしなかった。それは現在の収容所問題に対するＨＣＲの態度と類似する。一九五〇年代から七〇年代にかけて〝人道支援〟の名のもとで実施された朝鮮人の帰国事業に、日本赤十字社はふかくかかわっていた。当時の日本政府はなんとしてでも朝鮮人を日本からおいだしたかったのである。日本赤十字社の主導した

〝人道支援〟によって北朝鮮にわたった人々にまちうけていたのは、自由のない過酷で悲惨な生活であった。一九九六年にペルーでおきた日本大使館人質事件では、ペルー政府とゲリラ組織の調停にたった〝中立〟の赤十字国際委員会は政治利用され、その結果ゲリラ全員は裁判もなく無残にも射殺された。

〝中立〟や〝人道支援〟がかならずしも正しいとはかぎらず、犠牲者をうみだす国家に加担することだってありうる。〝中立〟的な〝人道支援〟のとうとい行為によって免罪されるため、状況を悪化させている政治的・経済的環境に行為者は目をつむり、耳をふさぎ、口をとざすことができる。そこに政治のしのびよる余地がうまれる。NGOなど支援団体は、これから先も無意識のまま為政者のお先棒かつぎとなり、かなしき運命をたどるのであろうか。

万国の労働者

底辺をささえる外国人

わたしが診察する外国人患者の国籍はまちまちで、病気もさまざまである。時々彼・彼女らの職業をたずねると、お弁当屋さん、クリーニング屋さん、洋服屋さん、ホテル屋さん、といろいろな答えがかえってくる。それを耳にしたとき、店ではたらいている店員かと想像したが、そうではない。彼・彼女らは工員なのである。工場で弁当をつくり、衣類などを洗濯している。Made in Japanと表示されている服にしても、縫製工場で外国人がこしらえている。ホテル屋さんといっても、いわゆるラブホテルが大半で、そこの清掃員である。そしてカイタイやゲンバとなれば、建設や解体作業の肉体労働となる。

わたしたちはアパートにすみ、スーパーで服をかい、コンビニの弁当をたべる。生活の基本となる衣食住は外国人の労働によってささえられている面もすくなくない。それは日本人のおもいもよらないラブホテルの清掃にまでおよんでいる。モノをつくるにしても、外国人の労働力がなければ、製品はなにひとつできない。日本経済の下ささえを外国人がしっかりとになない、そのうえに日本社会全体がなりたっている。

そのような底辺の仕事は危険との隣りあわせである。工場ではたらけば、手足にケガするし、カイタイやゲンバでは打撲や骨折などがおきる。診療所には年間二〇〜三〇人の外国人患者が労働災害（労災）の相談にやってくる。彼・彼女らは、仕事につく前に簡単な説明をうけるだけで、きびしい労働条件のもと不慣れな職場ではたらいている。その矢先に労災にあうのだが、ほとんどは労災補償制度をしらない。それをいいことに労災隠しが公然とまかりとおっている。病院側も外国人となると途端に態度がかわり、労災継続を拒否することもマレではない。労働問題で外国人が直面しているのは労災だけではない。わたしが実施した難民を対象にしたアンケート調査では、賃金未払いや解雇があげられている。だが労働問題が発生しても、外国人はよわい立場なので、泣き寝入りをせざるをえない。

はたらけば収容所おくり

労働問題以上におおきな問題がよこたわっている。難民申請者は在留資格がなく、非正規滞在者、いわゆる〝不法〟滞在者としてあつかわれ、外国人収容所に収容され、強制送還されてしまう。警察と入管のきびしい取り締まりによって、難民申請者は病気治療中であっても、労災の治療をしているにもかかわらず、強制収容される。警察官は駅や道路でアジア・アフリカ系の外国人とみるや、パスポートをもっていますか、外国人登録証をもっていますか、と集中的に職務質問をかけてくる。それらを所持していないと、その場でいきなり逮捕する。職場にでかける外国人を公共の場で何度も尋問し身柄を拘束するのは、移動の自由だけでなく、労働者としてはたらく権利をうばっている。病気をわずらっていても、取り締まりで病院に通院できなくなる。それは医療をうける権利をふみにじっている。

権利剥奪のきわめつきは、難民申請者の就労不可であろう。そんなバカな、それでは食べていけないのではないか、とおもわれるかもしれないが、それはまぎれもない事実である。ある難民申請者が

似たもの同士。ポーランドのアウシュビッツ収容所（上）と牛久の外国人収容所（下）は、門がまえと三角形の屋根がソックリである。「Arbeit macht frei」よりも「牛久法務総合庁舎」の文字の方がおどろおどろしく、一見の価値はある。

はたらいているのがみつかり、収容されてしまった。弁護士の依頼でわたしは彼に面会した。

　牛久市の外国人収容所の門をこれまで幾度となくくぐってきたのだが、その日あらためて門前にたってみると、二〇年以上前におとずれた収容所がふと頭をよぎった。ユダヤ人の大量殺戮がおこなわれたおぞましい場所、ポーランドのアウシュビッツ収容所である。アウシュビッツ収容所の門には、有名な言葉「はたらけば自由になれる」（Arbeit macht frei）がかかげてある。牛久の外国人収容所の門構えをじっくり拝見すると、なんとアウシュビッツ収容所の入り口にそっくりではないか。現在の日本では、難民申請者は「はたらけば収容所おくり」となる。外観のみならず、異民族を暴力的に排除する点においても両者はうり二つである。収容所の起源をもとめると、ユダヤ人絶滅収容所のほかにアメリカ合州国の日系人収容所や先住民の強制キャンプがうかびあがる。人間というものは、時空をこえても、似たものをつくる習性がそなわっているようだ。

恩しらず政策の対抗処置

危険でしかも低賃金の仕事によほどでないかぎり、日本人はつかない。だから非正規滞在者や難民申請者などの外国人労働者を重宝して会社はつかう。ところがいったん労災がおきると、手のひらをかえし後はしらない、と態度をかえる。数おおくの外国人を労災認定にみちびいた全統一労働組合の中島浩さんは外国人を代弁するかのようにいきどおる。

恩しらずにもほどがある。日本政府や会社は、外国人労働者に恩しらず政策をやっているのではないか。

そこで多発する労働問題をみずからの手で解決していこうと、外国人による労働組合がいくつか結成されはじめた。そのひとつが全統一労働組合の外国人労働者分会である。無権利状態におかれている状況を改善するため、一九九一年に誕生した。会員はアジア・アフリカ系の非正規滞在者で、ともにはたらく仲間意識を共有しながら、労災・解雇・賃金未払いなどの相談にのっている。労働保護法規には、在留資格の有無をとわず、労働条件の差別を禁止している。それをよりどころに会社とねばりづよく交渉する。全統一労働組合のような外国人支援団体は数としてすくないが、各地に点在し、ネットワークを形成し、外国人の権利保護と非正規滞在者の合法化の実施をもとめ、法務省や厚生労働省などの各省庁にはたらきかけ、恩しらず政策をかえようと奮闘している。

もうひとつ特記すべき労働組合がある。第二章で紹介したビルマ市民労働組合である。もともとビルマでは労働運動などの団体活動は禁止されている。団体を結成し集会をひらけば、ビルマ当局から監視されるか、逮捕されるか、場合によっては行方不明になる。みずからの主張をおおやけに発信し、集会をひらき、それに参加することは、来日してはじめてゆるされた行為である。ビルマ人は日本で集会や結社の自由をえて、本国でかなえられなかった夢の一部を実現しようとしている。

ビルマ人の労働観

ビルマ市民労働組合を結成したものの、全員が労働運動の理念や労働組合の意義を理解しているわけではない。そこで労働問題のワークショップをひらいたのだが、理解にはほどとおく、アテがはずれてしまった。そもそもうまれそだった環境がことなるのだから、労働観や人生観がちがって当たり前である。

ビルマは農業国である。工業化をめざそうとした時期があったが、失敗におわっている。あくせくはたらかなくても農業で食べていけるし、飢えることはまずない。それに軍事政権下ではいくら努力してもむくわれない。あと先のことをかんがえず、目上の人に従順にしたがい、そこそこに生活できれば、それでよしとする。ビルマでは人々の権利意識はとぼしく、表現の自由はなく、軍人の強権政治によって人々は支配されている。近代化にのりおくれ、あたかも中世や近世の時代の意識で人々は生活しているかのようだ。そのような社会環境では、必要以上の労働意欲はわかない。だからといって、ビルマ人がわたしたちよりも意識がおくれている、といいたいのではない。おかれている社会環境が労働意識や人生観をかたちづくっているだけである。

日本は資本主義が高度に発達した先進国であり、情報産業社会である。その日本でビルマの生活信条をひきずったままだと、生活はきびしくなる。民族意識はかんたんにめばえるが、労働者としての自覚はとぼしいままである。人をどのようにうごかすのか、組織運営もビルマ人は不慣れである。労働者の権利擁護を旗印に労組をたちあげたのはいいが、ひとつにまとめていくのは並大抵ではない。

日本人の労働観

日本にながく生活する外国人のなかには、仕事仲間や隣人がとても親切にしてくれる、と日本人を肯定的に評価している人もいる。だが仕事になると、とたんにきびしくなるという。仕事の待ちあわせで一分でもおくれると注意される。本国とまるでちがい、日本ではバスや電車は時間どおりにうごく。時間をまもるのはとても大切であるのを実感し、気をひきしめて仕事をしなければならないとのことだ。ビルマ市民労働組合の代表ティンウィンさんは、ビルマが民主化され平和な国になったときにそなえ、日本で学んでおくことがたくさんあるという。

日本では、社長が日雇いの労働者と同じように、率先してよくはたらくんですね。それと、みんなが忠実に時間と規則をまもっています。これが日本の発展の原動力です。

外国人は自国の社会と比較し、日本社会を正確にとらえている。日本は組織化のすぐれた社会であり、意見をだしあいながら組織運営の能力が効果的に発揮されている。行政官庁や会社などは、組織的合理性がつらぬかれている。そのため勤勉・時間厳守・仲間意識・組織の調和・効率優先などが日本社会の特徴となっている。ただし日本人の労働観や組織のあり方が絶対的な価値をもっているわけではない。しかも効率を重視するあまり、社会全体が非常に窮屈となっている。そこで規則や時間にきびしい社会に背をむけるハミダシ者がまれにあらわれる。

労働者の権利意識向上のため、ビルマ市民労働組合の勉強会がひらかれた。講師としてまねかれたのは機械・金属関係の産業別労働組合ＪＡＭの北方龍二さんである。彼は労働組合の役割について説明した。雇用者と被雇用者の力の差を解消するためには、労働者を保護する法律を制定し、なおかつ労働組合を設立することが最重要課題となる。労働保険や社会保険などの社会保障、および賃金・労働時間・退職などの労働条件について労働者と会社が採用時にかならず契約をむすぶ。法律にもとづき、労働基準と採用時の契約を会社にまもらせるのが、労働組合の役割である。ていねいでわかりやすい北方さんの解説であった。

わたしは偶然そこに居あわせていた。彼の話をききながら、わたし自身が労働者としての意識にとぼしいことを自覚させられた。なんとマヌケなことだろうか。わたしは大学を卒業し、その延長線上のなりゆきで医者となり、病院ではたらくことになった。二四時間勤務は新米の医者として当然視され、労働条件を耳にしたことはなかった。労働者という意識はなく、医療の現場にどっぷりとひたっていた。海外での救援活動では無給であったが、見るもの聞くものすべて新鮮にうつり、活動に没頭していた。規則正しくまじめにはたらき、賃金をえて、将来の生活設計をくみたてるという発想は完全に欠落していた。告白すれば、今でもそうである。口約束をするだけで、書類での正式な労働契約をかわしたことは、これまで一度もない。外国人労働者の権利についてここにのべてみたものの、みずからの問題としてとらえていない。その点においてわたしは、ビルマ人のその日暮らしの気楽な生活信条や労働観とそれほど大差ないようだ。日本社会のハミダシ者であることを労働組合の勉強会であらためて認識させられた。

◇ひとやすみ◇　とろける時間と空間

東京の高田馬場でビルマ市民労働組合の会合が定期的にひらかれている。それに参加するたびに、ビルマ風の時間と空間がながれているのをいつもかんじる。午後一時開始なのだが、組合員が時間どおりあつまらない。わたしが誰よりもはやく会場に到着したことがあった。会合でなにが議論され、結論がなんだったのか、よくわからないまま終了したりもする。わたしはそこで医療相談をしているのだが、当日に本人がこなくて、別の日の夜おそく自宅に電話がかかり、真夜中の医療相談になったりもする。本国ビルマではいつもこんな調子なのだろうか。

ビルマのヤンゴンの街をあるいたことがある。街は街路樹の緑につつまれ、木陰にはいると、すずしさをかんじる。公園にはおおきな湖があり、そのほとりに腰かけると、かなたに黄金色にかがやくシュエダゴンパゴダの仏塔をみる。イギリス統治時代の古風な建物がところどころ顔をだす。車の数はすくなく、においの不快な排気ガスをすうこともなければ、うるさい騒音になやまされることもない。路上の売店の女性はタナカという白粉を頬につけ、黒髪に花をかざしている。そこでうっていた揚げパンをほおばると、ほどよい甘さが口にひろがる。静かでおちついた街並みで、アジアの古きよき時代の面影がのこっている。あたかも時間がとまっているかのような雰囲気につつまれる。あまりの居心地よさに他の地へと足はむかわず、ヤンゴンの安宿に一週間以上も沈殿してしまった。ビルマのゆったりとした時間と空間にわが身がとろけてしまったのである。

ビルマ人がいつも弛緩しているわけではない。緊張する時だってある。ビルマ市民労働組合は年に一回の総会を開催し、はりつめた空気で時間どおり議事録を進行させていく。面白いことに総会では組合員にサラ金宣伝用のティッシュペーパーが配布されていた。なにしろ戦闘的な労働組合の組合費が月たったの三〇〇円なのだから、経費節減のため路上で無料配布されているティッシュペーパーを急いでかきあつめたのである。弛緩とほんのチョッピリの緊張を交差させながら、ビルマ人はとろける時間と空間をかもしだしている。

労働組合の使命

ところで労働組合が誕生したのは、いつ頃なのだろうか。

農業が中心となる時代では、労働者は存在しなかった。イギリスの産業革命以降、西欧では劇的な社会変化をもたらし、製品を大量生産する工業の時代へとうつりかわり、労働者があらわれはじめた。都市の工業化がすすみ、農村の人々が都市へと働きにでるようになり、都市に人口が集中するようになった。しかしそこにはひずみが生じる。労働者に対する支配がつよまり、労働力の安売り競争がはじまり、労働者の価値がおしさげられていった。失業者や半失業者がふえるにつれ、貧富の差もひろがった。労働者は安い賃金ではとても生活できず、女性やおさない子どもまでもかりだされた。

ひずみは人間の体にもおよぶ。工場の衛生状態は劣悪で、労働者は狭い部屋におしこめられ、満足な食事もあたえられず、慢性的な栄養失調となっていた。炭鉱でも粉塵をすいながら長時間の労働で人々の健康をむしばんでいった。そこにコレラや結核などの病原体がおそいかかり、あっというまに集団感染し、多数が犠牲になった。

日本でも明治以降、農村の若い女性が、劣悪な労働・生活環境の工場ではたらきはじめた。体力のよわまった工員の体を結核などの病気がむしばみ、おおくの若い女性の命がけずられ、『女工哀史』が物語る悲劇がうみだされた。犠牲を強いられるのは、いつの世も底辺の人々である。

労働力の安売りをふせぎ、過酷な労働を強いる労働環境を改善し、連帯して労働者の権利と健康をまもるのが、労働組合の使命である。一九一一年に日本ではじめての労働組合友愛会が東京の三田に誕生した。友愛会は各地の労働組合の指導者をそだて、戦前の労働運動の先頭にたってきた。友愛会の綱領には親睦・相愛扶助・公共の思想などがかかげられている。それをみてわかるとおり、相互扶助や労使協調を前面におしだしている。日本では労働者と資本家のあいだを調整する共同体の性格がつよかった。農村からの労働者が村落共同体の機能を労働組合にもちこんだ結果である。共同体的な性質をもつ会社や労働組合のなかで、社会保障・住宅手当・教育保障などの実現に成功した。しかしそれは国家に対する権利要求をよわめる副作用をともなっていた。西欧では資本家と労働者が対立していくなかで、労働者の権利意識がうまれ、資本家に対しては労働環境の改善を、国家に対しては社会保障などを要求し、それぞれが実現された。日本の社会保障制度は西欧から移植されたのであり、みずからの権利を国家から獲得したものではない。それが現在の日本の社会保障制度のもろさとなってあらわれている。会社がかたむけば、首切りされ、パートや非正規雇用などの人々は会社からの社会保障をえられなくなる。かといって、彼・彼女らを救済する国家の社会保障は十分に制度化されていない。

労働運動が実をむすび、労働環境はずいぶん改善されたのだが、それがむしろ高くつき、先進国の資本家は自国よりも安あがりの労働力を途上国にさがしもとめ、より安い工業製品をつくりはじめた。途上国には労働組合はなく、多国籍企業の資本家はおもうがままに労働力を搾取でき、利益をむさぼりはじめた。かつて宗主国が植民地でタダ同然の現地人を酷使したように、今でも先進国の企業が途上国で安価な労働者をこきつかっている。植民地時代にはインフラが未整備だったが、今では先進国のODAなどによってインフラ整備がすすめられている。そうなると、途上国の生産物が先進国へと円滑に輸送され、しかも人々の移動も容易となり、農村地帯の人々が都市にあつまり、安い賃金労働者としてうまれかわる。そしてあらわれてくるのは、児童労働・健康障害・公害などである。かつて先進国がたどった道を途上国もあゆみはじめている。

一方先進国の産業構造は工業化から情報産業化へとうつりかわり、人々は情報産業の職場へとながれている。それにつれて工場や工事現場などの底辺の仕事は、外国人などの社会的弱者がになうようになった。産業構造の変化と外国人流入で、労働組合のあり方にもみなおしの時期がせまりつつある。

難民マルクスの言葉

西欧で労働者階級と資本家階級の対立をひきおこしていた工業化初期の時代に、カール・マルクスの思想がうまれた。マルクスは大英博物館の図書室にかよい、資本主義の負の面を分析し、『資本論』を世におくりだした。彼は社会主義や共産主義の理想をかたり、人々に希望をあたえた。だが唯物史観の予測はもののみごとにはずれてしまった。資本主義は人間の欲望をかりたてるのを原動力としている。人間の物欲はとどまるところしらず、資本主義は暴走する性質を内在している。唯物史観には人間の貪欲さという点がすっぽりとぬけおちていた。

もともとソ連や中国などの社会主義国の誕生は、万人の平等の理想を体現しようとしたものではない。旧体制が打破されても、王族や貴族など上部の支配層に共産党の特権階級がとってかわっただけである。一にぎりの特権者とおびただしい数の底辺層という社会構造の変化はなかった。権力奪取の際に共産主義を導入し、皇帝政治の亜流で国家を運営したのである。イギリスやフランスなどの先進工業国においつこうと、ロシアや清などの後進国が近代化をおしすすめるためにとりいれたのがマルクス主義であった、という解釈の方がすんなりといく。その後あらゆる体制の変革や革命に、マルクス主義の理念は国家の統一性をたもつための手段としてもちいられた。それが成功したかどうかは別として、後進国の近代化への脱皮に一役かっている。いずれにしても、マルクス思想を世におくりだしたことで資本主義の暴走に一定の歯止めがかかっている。これはマルクスのおおきな功績であろう。

マルクス自身も革命をこころざしたが、危険思想ゆえにドイツにおいだされ、フランスからも追放され、極貧の生活のままイギリスで終生すごした。五人の子どものうち三人までもうしない、葬式の費用さえだせなかったほどである。現代風にいえばマルクスは難民である。彼の著作はあまりにもむつかしく、売れ行きはかんばしくなかったが、初期工業時代の労働者の悲惨な状況をなんとか世界につたえようとした。自身のまずしい境遇にかさねつつ、社会的弱者の視点でとらえ、社会の底辺に生きる人々への共感をいだき、社会の変革を期待した。彼は理論をかたっただけではない。国際労働者協会（第一インターナショナル）の成立にも貢献している。

近代化がすすむにつれ、農業から工業へ、さらに情報産業へと社会はうつりかわっている。産業構造の変化や国際間のはげしい競争があろうとも、労働組合の存在意義はうしなわれていない。ビルマ市民労働組合が毎年総会をひらく会場は、三田の友愛会館内にある。ビルマ市民労働組合は、目標のひとつにビルマの民主化をかかげている。それは国家に対する要求である。これは日本の労働組合に欠けているものである。ビルマ市民労働組合はまた、仲間意識をそだてながら相互扶助の精神を体現しようとしている。その精神は日本の労働組合がうしないかけているものである。日本の労働組合発祥の地から国家に対する権利要求と相互扶助の精神を発信することは、かならずや日本の労働組合に新鮮ないぶきをふきこむだろう。難民マルクスの有名な言葉がよみがえり、あたらしい時代の労働組合が今ここにうまれようとしている。

万国の労働者よ、団結せよ！

なにが外国人医療を貧しくさせるのか

アナログ診療所

勤務先の診療所はコンピューターを毛嫌いしている人がはたらいている職場である。インターネットで検索してもホームページがなく、発見するのはむつかしい。二〇世紀の時代にとりのこされたナゾのアナログ診療所として人々から認識されているかもしれない。だが時代の最先端をはしっているところがある。結核やＨＩＶなどの感染症は世界にひろがり、日本の外国人のあいだでも感染率はたかい。診療所の医者は率先して医学界に感染症問題を提起し、解決策や予防策を模索している。

患者をとおして、世界の政治動向が直接つたわるのも特徴的である。一九九八年はインドネシア政変直後に日本にのがれた華僑系インドネシア人たちが治療にきたことがあり、二〇〇一年は９・11事件の余波をうけ、日本で難民申請しているアフガニスタン人がおとずれたこともある。二〇〇四年以降はビルマやスリランカでの紛争を反映し、それぞれの難民申請者の患者がふえている。健康保険のない非正規滞在者のための互助会制度をつくったり、無料の外国人健診を実施したりしている。患者が帰国する際、大使館と連携しながら本国の医療機関を紹介している点も国際的といっていい。

わたしはインターネットや携帯電話をつかわず、どちらかというと時代おくれの人間である。しかも二〇世紀最大のピナツボ火山大噴火の被災民、二〇世紀最後の大虐殺直後のルワンダ難民にかかわったことがあり、前世紀とは分かちはなれがたい因縁がある。その点がピタリと符合したのか、アナログ診療所によびよせられた。

◇ひとやすみ◇　少数派の意地

わたしは電子メールを使用しないし、携帯電話をもっていない。どうやって連絡しているのか、と人は不思議におもうかもしれないが、固定電話とＦＡＸと郵便で充分である。ついでにつけくわえれば、クレジットカードもなく、支払いはいつも現金である。コンビニ店を利用するのはマレである。テレビをつければアナログの表示がでてくる。それほど意識していないが、文明の利器を拒否しているといえよう。アナログがきえていくなかで、わたしは二一世紀を生きのびられるかしら。

携帯電話をもたずメールアドレスもなければ、相手はわたしへの連絡をすぐにとれない。そこで「電子メールをつかえ」としょっちゅう圧力がかかる。妙齢の女性からの苦情がとりわけおおい。婚期をのがした娘に早く結婚しろ、と親がしつこく言いたてるのもこんな感じなのかしら、と反論しようものなら、あとが怖いからおとなしくしている。外国人に日本への同化をつよくせまる小役人みたいなものだな、にとどめておく。

電子メールやインターネットは便利かもしれないが、落し穴がある。誹謗中傷の類、秩序のないあつかわれ方、犯罪がらみの悪用が横行する。しかもあまりにも情報過多である。もともと情報はそれほど意味のあるものではない。無意味情報の氾濫である。どうしてそんなに急いで把握しなければならないのか、それほどたくさんの情報が必要なのか、わたしにはよくわからない。

インターネットで情報を検索すれば便利かもしれないが、自分の目で確認し、ていねいに調査し、熟考する過程がおろそかになる。文明の利器が発明されると、それに依存するようになり、本来もっていた人間の潜在能力がうしなわれる。なによりも人と人のつながりが粗雑になる。思いの丈を紙の上に文字にしたり、お互いにむきあって話をしたりする方が相手の息づかいや表情をくみとれる。海外を旅し、手書きの絵葉書をおくれば、相手に異国の旅情をかきたてることまちがいなしなのに。

わたしは一〇年以上の服を身につけている。ズボンのベルトは、一九九一年以来フィリピンをかわきりに、世界各地で陽と雨とにおいとほこりの洗礼をうけている。まだ着られるのにどうして服やベルトをあたらしく買いかえなければならないのか不思議におもう。CO2を排出する車を何度も新車にとりかえるのも理解できない。コンビニ店が二四時間営業している理由もよくわからない。エネルギーの無駄で、環境に配慮しているなんてものではない。北極の氷の溶解を心配する人がおおいなかで、快適な文明生活を享受するため、自身の生活の無駄をけずろうとする人はすくない。必要なければ、あえて使用しないし、購入もしない。こうした少数派のスジをとおすのもなかなかラクではないようだ。

海に面したアジアの田舎町で医療活動したことがある。停電はしょっちゅうおきていた。そうなると仕事はそれでおしまい。夜になればロウソクのもとで読書し、外にでれば満天の星空をながめ、海岸線の漁火をとおくにみる。そんなとき大自然にわが身がつつまれるのをかんじる。時間の観念をあやしくさせるアジアをたっぷり堪能すると、待ちあわせに相手が一時間おくれようとも、各駅停車で故郷に帰省しようとも、いっこうに苦にならなくなる。鈍行列車からながめる風景は新幹線とはちがってみえるし、いろいろと想いをめぐらせる時間をあたえてくれる。一日でもいいから、電気をつかわないロウソクによる灯の日があってもよいのではないか。ひねくれ者と白い目でみられようが、無駄をはぶき、必要でないものはつかわない。その姿勢をガンコにつらぬく。少数派には少数派の意地がある。

みんながそれを実行すれば、経済が成り立たなくなるという声がきかれる。わたしたちは便利で快適な消費生活にすっかりなれてしまった。それが文明の進化の法則なのだろう。もう後戻りできない。でも、かぎりあるエネルギーをたくさん浪費すれば、人類は二一世紀を生きのびられるかしら。

ビルマ人の涙と微笑み

診療所につとめはじめた頃、なぜか重症患者の本国への搬送がつづいた。緊急性と危険性をともなうため、各担当者と密に連絡調整し、早急に遂行していく。その点で本国搬送は、途上国の難民が大量に隣国にながれこむ緊急事態の対応に相当する。あるいは病院での救急救命処置にちかい。不謹慎な言い方かもしれないが、救急外来や緊急時の被災民・難民救援と同様に、本国搬送は救援する側にとって、もっとも心がおどる場面である。わたしはこれまでフィリピン・タイ・パキスタンなどへの重症患者搬送を数おおくこなしてきた。一人ひとりの患者がつよく印象にのこっている。

脳幹出血で寝たきりとなったビルマ人重症患者ポーンさんの搬送はわすれがたい。成田空港からバンコクを経由してヤンゴン国際空港まで二四時間ちかくかかった。そのあいだポーンさんは寝たきりのうえ時々けいれん発作をおこしていたため、彼の状態を把握しながら点滴の調整をしなければならず、わたしは一睡もできなかった。

ヤンゴン国際空港に到着すると、ポーンさんは救急車で私立病院にはこばれた。病院には家族がまっていた。脳幹出血の後遺症のため、言葉を発声できないポーンさんは家族をみるなり、かろうじてうごかせる右手をさしのべ、両親や兄弟と手をとりあい、再会できた喜びをかみしめた。お母さんや妹さんたちはポーンさんの寝たきりの状態をみて、ハンカチで涙をぬぐう。ポーンさんは二人のおさない娘さん（七歳と五歳）をみるやいなや、言葉にならない声をあげ、これまでみせたこともない満面の笑顔をうかべ、はにかむ娘さんたちのちいさな手をしっかりとにぎりしめた。下の娘さんとは四年前赤ん坊のときにわかれて以来だ。子どもたちの成長ぶりにポーンさんの喜びはひとしおである。

ポーンさんは日本で非正規滞在者として建築現場で四年間はたらきつづけ、生活をきりつめながら稼いだほとんどを家族に送金していた。ビルマでは、彼の健康を心配しまちわびる妻や子どもがいた。それは、日本の高度成長時代に家族のため、農村から都会へ出稼ぎにやってきたお父ちゃんたちの姿とかさなる。悲しみの再会にはちがいないが、親子のよろこぶ笑顔と涙の光景をみると、搬送の疲れはどこかにふっ飛んでしまった。

現在アジアでは急激な経済成長にともない貧富の差がひろがり、底辺の人々はとりのこされている。アジアの救済思想や救済制度はもともと社会に巧妙に組みこまれているのだが、急速に拡大する貧富の格差においつけずにいる。人々は社会的弱者に対し何もせず、ながめているだけなのだろうか。

ポーンさんの搬送でおおきな障壁となったのは航空運賃だった。幸運なことに航空会社は患者の事情を配慮し、費用を減額した。その全額を在日ビルマ人のナインさんが支払った。他の在日ビルマ人も諸々の手続きをおこない、ビルマの家族や病院と連絡をとり、今回の搬送に全面協力した。ヤンゴン国際空港では、八名の空港職員によってポーンさんはベッドごと機外へはこびだされ、タラップをおりる途中、彼らはポーンさんにビルマ語でやさしく声をかけていた。きっと無事到着したよろこびや「がんばれ」とはげましの言葉などをなげていたのだろう。そこには政府系も反政府系もなかった。搬送をとおしてわたしは、ビルマ人の同胞に対する思いやりだけでなく、心意気をも垣間みたおもいがした。人が本当に困っているとき、手をさしのべる救済思想が、ビルマ人の心の奥深くにいきづいている。人をやさしく受けいれる微笑みが、ビルマ社会にふかく浸透している。

日本の救済思想

ポーンさんは非正規滞在者だったので、なんとか帰国できた。もし彼が難民であれば、本国との協力はえられず、搬送は不可能であっただろう。

南アジア出身のリンダさん（仮名）はまさにその例にあたり、帰るに帰れない重症患者であった。本国での迫害を理由に難民申請したが、認定されず、夫と日本でうまれた長女（一一歳）と長男（八歳）の家族四人で、不安な毎日をすごしていた。心臓弁膜症をわずらうリンダさんは、健康保険がないため五百万円以上の手術費用を工面するのはとうてい無理で、しばらく内科治療で様子をみていた。だが外科手術をしなければ、いっそう悪くなる。三度目の入院で体力の限界にたっしてしまった。しかしお金がない。夫は外国人収容所でうつ状態が発症し、解放後もまだ完治していない。おさない子どもたちも心配な顔をかくせず、不安がつのる。いったいどうすればよいのだろうか。

そこでカトリック東京国際センター（ＣＴＩＣ）が「リンダさんを支える会」をたちあげ、募金活動を開始した。募金はおもうようにあつまらず、二度目の入院費を支払うと、残金はほとんどなくなってしまった。しかも病院さがしに難渋した。いくつかの病院は好意的に対応してくれたが、五百万円の手術費用を用意しなければ、手術をひきうけてもらえない。そんな時千葉西総合病院が候補にあがり、支援者が病院をおとずれた。手術費用がまだ十分あつまっていない旨をおそるおそる説明しようとすると、意外にも病院長や外科部長は支援者に握手をもとめてきた。


よく来てくれました。すぐに手術しましょう。医療費はなんとかなります。大丈夫です。


リンダさんはこれですくわれた。

わたしは外国人医療にながくたずさわってきたのだが、これほど困難をともなった患者は他になかった。たったひとりの難民申請者にこれだけたくさんの人々が支援したのもはじめての経験である。あるカトリック信者は、「リンダさんを助けてあげなさい、と夢をみました」と数十万円もの大金をＣＴＩＣに寄付した。ビルマだけではない。救いをもとめている人にやさしく微笑む日本人がかならずいる。アジアの救済思想は日本社会にもしっかりと根づいている。

外国人のかかる病気

外国人医療で問題となるのは、重症疾患以外にもたくさんあり、そのうちもっとも注意しなければならないのは感染症である。

二〇〇九年四月に新型インフルエンザが世界を震撼させた。いつウイルスが流入するのか緊迫した状況のなか、日本は他国とちがう異様な反応をしめした。感染患者や感染した生徒の学校関係者に「ウイルスをもちこんだ責任をとれ」との電話やメールがおくられ、感染者にいわれなき誹謗中傷があいついだ。さらに一部の医療機関が診療を拒否しはじめた。新型インフルエンザ感染はいつでもどこでもおこり、そして誰にでもふりかかるものだ。にもかかわらず、患者があたかも加害者かのようにみなされてしまったのである。

厚生労働省が情報公開の範囲をあきらかにせず、ウイルス上陸を阻止するため、空港での水際対策に躍起になる姿をマスメディアに報道させ、新型インフルエンザをあたかも恐ろしい伝染病かのように印象づけた。それが大騒ぎの発端となる。さらに発熱外来や対策本部までつくり、役人得意の人目をひく方法をとりいれ、騒動に拍車をかけた。厚生労働省の情報非公開と過剰反応が新型インフルエンザの特別視につながり、患者への偏見や差別を助長したのである。さいわいにもインフルエンザ騒動は終息したが、ウイルスや細菌などの病原体は容易に国境をこえることを人々に認識させた。

インフルエンザのように急性に症状の経過する感染症の一方で、結核・HIV・肝炎などの慢性の感染症がみられる。本国の不十分な医療状況がそのまま反映され、日本でくらす外国人のあいだでは、結核やHIVの感染率は日本人よりもたかい。患者は人々の病気に対する偏見にさらされ差別されるのだが、問題なのは、慢性感染症を放置すれば重症化し、対応がいっそうむつかしくなることである。そして結核を発症し排菌すれば、他者への感染の危険度がたかまる。

他にも、労災・ガン・出血性十二指腸潰瘍・心筋梗塞・脳卒中などの重症疾患があげられる。毎年約一〇数人の重症患者を診療所の外来で対応しているが、入院の必要性があれば、治療をひきうけてくれる病院を紹介し、本国の病院で対応可能ならば、紹介状をわたして帰国をすすめている。

一九九〇年代に出稼ぎ労働者として来日した外国人は、二〇年後の現在では定住化しつつある。日本での生活がながくなり、年をかさねるにつれ、高血圧や糖尿病などの慢性疾患をわずらうようになる。異文化ストレス・労働環境・人間関係によってストレスがつよくなり、十二指腸潰瘍などの身体的疾患が誘発される。日本の高温多湿の自然環境や化学製品多用によって喘息などアレルギー性疾患が頻繁に生じる。

精神疾患も意外とおおい。異文化ストレス・本国への想い・家族への心配のみならず、入管収容や強制送還に対する不安感や恐怖感がつよまり、不安定な精神状態となる。特に外国人収容所体験者にそれがいちじるしくみられる。現実逃避からアルコール依存症の患者もみられ、なかには自殺した人もいた。

前項でのべたように、外国人の職場は建設現場や工場が主で、労災はすくなくない。

定住化傾向がすすめば、家庭をもつ人がでてくる。彼・彼女らは結婚し子どもをさずかるが、出産費用は五〇万円以上と高額である。子どもの予防接種は各保健所で実施されているものの、実際にそれをうける機会はせばまれている。予防接種の通知は徹底されず、日本語の案内では外国人は理解できない。以前には外国人の乳児死亡率は日本人とくらべ高率にみられたが、それはしだいに改善されてきた。むしろ問題なのは死産で、フィリピン・タイ・韓国出身者のあいだでは人工死産(中絶)がおおい。経済的に困窮し、子どもをそだてられる環境ではないと母親は判断し、中絶をえらぶようだ。家庭内暴力も深刻で、日本人男性と結婚した外国人女性に暴力被害がみられる(表3e)。

上記疾患について病因論でかたれば、病原体・遺伝・免疫・加齢・環境などが原因としてあげられる。ところが病気に対する偏見が診療拒否をひきおこすように、病状を悪化させる要因は他にもたくさんあり、さまざまな社会的背景が治療をはばんでいる。

表3e 問題となる病気

*感染症－結核、HIV、肝炎
*重症疾患－末期がん、虚血性心疾患、脳血管障害
*精神疾患－PTSD、アルコール依存症、うつ病
*整形外科疾患－労働災害、女性への暴力
*慢性疾患－高血圧、糖尿病、十二指腸潰瘍、喘息
*妊娠・出産－高い死産率

治療までのとおい道のり

問題点のうち、まず医療費が高いことがあげられる。病気になったとしても、非正規滞在者や難民申請者は健康保険に加入する資格がないため、一〇〇%自費で支払わなければならない。子どもが病気になれば、医療費の心配はつきない。生活はくるしく、子ども自身も親の経済状況をかんがえ、症状があっても我慢し、病院での受診をためらう。高額な医療費のため治療を断念する患者もいる。重症患者は長期に入院せざるをえず、医療費負担は患者だけでなく、病院にも重くのしかかる。

次に言葉の壁がある。医療の知識をもち、患者のプライバシーをまもる専門の医療通訳者がいない。日本語をはなす同国人が患者の通訳をすると、それは通訳個人の負担となる。しかも専門性がないためまちがった内容をつたえてしまう。わたし自身の反省をこめていえば、そもそも医者は日本人患者に対してさえ医学用語をつかい、理解不可能な説明をする。これでは通訳もこまりはて、いっそうわかりづらくなり、患者は病気や治療を理解しなくなる。

どのような医療制度で、どの医療機関が適切なのかという情報にとぼしく、それをえる機会さえない。病気になった時にどうしたらいいのか、たいていは途方にくれてしまう。在留資格がなくても医療費を軽減する制度はあるが、それをしらずに利用できずにいる。労災制度も周知されず、労災隠しは頻繁におきている。

もうひとつ医療にかかれない理由がある。それは警察や入管による取り締まりである。診療所では二〇〇四年以降に把握されているだけで、毎年三〇人ちかくの外国人患者が警察に拘束されている。その影響であろうか、感染症対策の一環として診療所が実施している外国人健康診断の受診者数が二〇〇四年以降減少している。病院に通院しようにも受診できず、健康診断をうけたくても健診会場にいけない。

日本では外国人、とりわけ非正規滞在者や難民申請者の医療環境は途上国以下である、といわざるをえない（表3f）。

表3f　社会的な問題

＊高額な医療費

＊言葉の障壁、意思疎通の困難

＊医療情報不足

＊法務省入国管理局・警察への不安と恐怖
　取り締まり、収容、強制送還

◇ひとやすみ◇　健康保険なき医師

白状すれば、わたしは健康保険（健保）をもっていなかった時期がある。病院勤めをやめ、海外にでかけていた頃で収入がほとんどなく、健保料をおさめられず、一〇年ちかく放置していた。当時病気になるとはおもいもせず、その意識のかけらもなかった。実際に病気やケガなにひとつせず、たんに運がよかっただけである。だから健康保険をもっていない人の気持ちはちょっぴりわかる。診療所にやってくる無保険の外国人には、同志としての奇妙な連帯感をいだいてしまうほどだ。

長期に海外にでかけ活動している医療関係者はどうしているのだろうか。まさか、わたしのように健保がない、なんてことはないだろう。もしいるとすれば、仲間をつのって組織化し、健保なき医師団ののろしをあげ、厚生労働省前で、外国人健康保険加入の要求でもしてみようかしら。

こんな態度ではお上からお叱りをうけそうだ。わたしは国家の運営する大学でまなび、国家から医師としてのお墨付きをあたえられ、しかもわたしの親父は役所勤めをしていて、一家全員が国家にたいへんお世話になったりもしたのだから。

だが長ずるにおよんで、一定の収入ある仕事につかず、海外では無給で外国人を診療し、したがって財務省の財源にすこしも貢献せず、しかも存在しないとされる非正規滞在者や日本からおいだされる難民申請者を無料で医療相談にのったりするという、ふとどき者になってしまった。あげくのはて、お上に文句をいうようになる。国家にとって、まさにふんだりけったりである。

うしろむきの厚生労働省

非正規滞在者や難民申請者に最低限の医療保障がなされなければ、次のような事態が予想される。結核などの感染症は放置され、治療中断・耐性菌の形成・感染拡大のおそれがでてくる。在留資格がないため、強制収容の不安にさいなまれ、絶望的な心理状態となり、精神疾患はさらにふえる。母子の健康はおろそかにされ、子どもへの予防接種はなされず、死産率や乳児死亡率のみならず、子どもの感染症の危険性がたかまる。いったん高額な医療費を請求されると、必要があっても医療機関にかよわなくなる。医療へのつながりが断たれれば、我慢してしまい、病院受診をひかえる。通院しないまま患者の病気は悪化の一途をたどり、手のほどこしようのない段階で病院受診すれば、医療費負担はかえってふくらむ。ところが患者には医療費を支払える余裕はなく、医療機関側がその負担をかぶることになる。すると、医療機関での間接的な診療拒否をまねく。このような状況がつづけば、患者は治療されず、病気はさらに悪化するという負の悪循環におちいる。

それでは厚生労働省が何らかの手をうっているのかというと、見事なほど何もしていない。二〇〇四年に在留資格のない外国人への健康保険交付拒否は違法との判断が最高裁でしめされたにもかかわらず、厚生労働省はそれにしたがわず、非正規滞在者や難民申請者に対して健康保険の加入をこばんでいる。過去にさかのぼれば、一九八一年の難民条約加入時に条約にかかげてある国民と同等の社会保障をあたえることに最後まで抵抗したのは、厚生省である。難民条約加入は社会保障の国籍条項の撤廃を意味し、当時の外国人の多数をしめる在日韓国人・朝鮮人にも同等に社会保障をあたえなければならず、経済的負担を回避したかったからである。

日本社会に感染症がひろがる可能性があるにもかかわらず、対策は不徹底で、健康診断すら実施されていない。そもそも外国人の健康に関する実態調査がなされていない。厚生労働省は外国人医療の負担をさけているが、むしろそれが逆に、将来の社会の負担増しにつながることに気づいていない。[27]

急速な近代化

日本人が新型インフルエンザにしめした態度は、あたかも熱にうなされているかのような過剰反応であった。日本社会が文字どおり発熱してしまった。この異様な熱狂は、いつでもどこでも形をかえて、突然姿をあらわす。

新型インフルエンザ患者を外国人におきかえてみよう。法務省がマスメディアをとおして情報操作し、難民申請者には〝偽装〟難民、非正規滞在者には〝不法〟外国人という悪質なイメージをあたえ、外国人に対する恐怖心をあおり、彼・彼女らの排除を正当化していく。二〇〇三年からの〝不法〟外国人半減キャンペーンはすさまじいものであった。マスメディアはそれにおどらされ、無批判に追随した。その行動様式は、新型インフルエンザのそれに相似する。外国人というだけで診療拒否される点までがソックリである。人々を統制する官僚、巧妙に情報操作するマスメディア、病気や外国人に対して不安におののく日本人、感染患者や外国人は社会の隅においやられ、差別されてゆく……。

社会の異変がおきるたびに、少数派や弱者への差別的言動が極端な形としてあらわれる。過去をふりかえれば、関東大震災の朝鮮人虐殺がおもいおこされよう。「朝鮮人が井戸に毒を流した」と流布した官憲は、人々の恐怖心や不安感をあおり、六〇〇〇人以上の朝鮮人虐殺へとかりたてた。患者と接触してもハンセン病は感染しないことが医学的に証明されても、差別を助長するらい予防法は一九九六年までつづいた。他の感染症でも事情はかわらない。ウイルス性肝炎やＨＩＶなどの感染症にかかった患者へのいわれなき偏見や差別をうみだす土壌が、日本にはまだ根強く存在する。

患者が外国人であれば、なおさらである。新型インフルエンザ騒動がおさまった七月に診療所にやってきた外国人が新型インフルエンザにかかっていた。もし患者が四月にかかり、それがマスメディアに公表されたらと思うと、ゾッとする。日本人よりも一層ひどい誹謗中傷をあびせられただろう。

ウイルス感染であつくなった頭をひやし、ものごとを冷静に分析してみよう。感染症対策でもっとも重要なのは、感染症患者の受けいれの診療体制を強化することである。新型インフルエンザに対して欧米では、差別や偏見をうみだしたお上的発想の発熱外来はなく、一般外来で診療していた。偏見や差別、それにともなう排除は、むしろ感染症を潜在化させ、いずれ感染爆発となってあらわれ、患者を増加させ、わたしたちの社会にはねかえってくる。

ウイルス侵入を水際でふせげなかったように、非正規滞在者や難民申請者の完全排除は不可能である。先進国は、外国人の流入はさけられないという認識のもと、非正規滞在者にもある程度の医療を

27　日本人でさえ健康の安全がきえつつある。財務省の社会保障費の削減方針により医療機関の受診が困難になってきた。医療制度改革は保険料を支払う国民・患者・医療機関の三者に負担増しをもとめた。診療報酬がひきさげられ、病院は経営にくるしみ、激務の産婦人科医や小児科医はへってきた。その結果、保険料が支払えない未保険の人がふえ、保険制度の空洞化がはじまり、医療現場は崩壊し、最低限の健康さえ維持できなくなってきた。日本の医療環境の貧困は深刻化しつつある。自公政権下で構造改革の一環としてすすめられた医療制度改革は、ＩＭＦと世界銀行主導の構造調整計画に類似している。構造調整計画は途上国の貧富の格差をひろげ、公共の医療費を削減し、医療サービスを低下させ、医療を崩壊させてきたのである。

保障し、感染症対策もおこなっている。外国人に医療保障するのは、自国民保護はもちろんのこと、安全で安価な外国人労働力を確保するという経済合理性にもとづく冷徹な資本の論理がはたらいている、としてもだ。

新型インフルエンザ騒動は、世界の一体感と同時に、急速に変貌する現代社会の一面をうつしだした。国家による管理強化、発達した交通機関と交通網、進化した情報機器と情報網、高度に進歩した医学と国際医療などである。近代化がすさまじい勢いですすんでいるのである。加速する近代化に日本は国家の運転をこれまでなんとかこなしてきた。

ただひとつだけオソマツな点があげられる。それは外国人への対応である。民族問題のあやまった処方箋といってよい。民族問題は近代化進展によって顕著化した現代社会の難問である。先進国は軋轢がありながらも、外国人を受けいれることで難問をとこうとしている。中進国でさえ外国人を受けいれ、近代化の次なる段階への準備をおこたっていない。ところが日本は次の近代化への心がまえのないまま、場当たり的な対応に終始し、右往左往するのみで、民族問題の入り口にすらたどりつけないでいる。その結果、日本では異質なものへの反応が、他国とくらべ異常な拒絶となってあらわれる。これが、高度医療がいくら富んでいても、外国人医療が貧しくなる遠因なのであろう。

ちいさな願い

高校にいきたい

カトリック東京国際センターでは、毎週土曜日に外国人の子どもたちがあつまっている。部屋のなかをのぞくと、子どもたちは真剣なまなざしで机にむかっている。「それはちがっているよ！」とおおきな声がちいさな教室にひびきわたる。高校受験の指導をしているお兄さんやお姉さんたちの声だ。世界の子どもと手をつなぐ会（ＣＣＳ）の大学生や若い社会人が先生役として一対一で子どもとむきあっている。生徒たちは女子が半数以上をしめ、どちらかというと女子のほうが勉強熱心のようだ。進学するための動機や将来の希望がなければ、ＣＣＳの教室のドアをひらくことはない。

この年齢は多感な時期で、受験以外の問題もかかえている。学習塾のようにたんに勉強をおしえるのではなく、子どもたちがかかえる心の問題や悩みをきき、いこいの場でもありたいとの願いで、ＣＣＳの活動ははじまった。その意味でも、子どもの年齢にちかいＣＣＳのお兄さんやお姉さんが格好の話し相手となっているのはたのもしい。

ＣＣＳの子どもたちは小学校高学年や中学生で来日すると、学力以前の問題に直面する。外国人の子どもは、ほうっておいても日本の子どもとのふれあいのなかで、すぐに日本語をはなせるようになる。それでも日本語能力は来日する年齢におおきく左右される。六歳で来日した妹は一年もたたないうちにはなせるのに、一二歳の姉は二年たってもなかなか日本語が身につかない。たとえ日本語がはなせても、読み書きはすんなりといかない。日本語がよめないと、授業でかなり苦労する。

小学校六年生までに一万語の語彙数と一〇〇〇語の漢字をおぼえなければならず、それを目安に授業のカリキュラムがくまれている。他の言語にくらべると、語彙数が極端におおく、くわえてひらがな・カタカナ・漢字という三つの文字がある。そうなると小学校六年生で日本にやってきた子は、日本の子どもが五年間かけてじっくり学習した語彙や漢字を最初からおぼえなければならず、進学するうえできわめて不利である。本人がいくら努力しても、周囲が積極的に支援しても、日本語の特性が進学をはばんでいる。

しかも子どもの日本語能力はまったく考慮されず、一〇歳なら小学四年生、一二歳なら小学六年生へと、年齢に相当する学年に自動的に編入させられる。公立学校の外国人の子どもは、何の指導をうけないまま、授業ではお客様状態で、授業は何もわからない。友達はあまりできず、助けてくれる人がいるわけでもない。学校の授業が終了するまで、ただただ机の前でじっとすわっているしかなく、しだいにつまらない学校にいく意味がないとおもうようになる。

そのような環境のなかで日本語をゼロから出発して高校受験までにもっていくのは、並大抵の努力ではできない。中学一年生に編入されれば、わずか三年間で高校受験をしなければならず、時間があまりにも不足し、まわりの支援によほど恵まれないかぎり、なかなか進学できない。だから、高校受験には画一的な選抜方法でなく、出身国の言語での受験、漢字のルビふり、辞書持参などをＣＣＳは提案している。それだけでも受験生はたすかるだろう。

やっかいな日本語

日本語の読み書きのむつかしさは、わたしの診療でも痛感する。

外国人患者の国籍は、フィリピンをはじめとし、韓国・南アジア・イラン・アフリカ出身者など千差万別である。それで言葉をどうしているかというと、たいてい日本語か英語ですませられる。それができなければ、それぞれの母語で対応し、診療中はその国のあいさつや感謝の言葉をなるべく使用している。わたしはフィリピンにしばらくいたので、わずかにおぼえた現地の単語を披露すると、「タガログ語がペラペラだねー」とお世辞をいって、うれしそうな表情をする。食事や文化の話をすると、さらによろこぶ。患者から満面の笑顔がかえってきて、場の雰囲気がなごむ。外国人も慣れない日本語で自分の意思をつたえようとしているのだから、こちらもすこしでも相手につたわる努力をこころがけている。

相手との会話の心得は一種の技術であり、わたしのように話しベタで言語能力がなくても、簡単なあいさつや感謝の言葉なら誰にでも習得できる。会話をつづけると、外国人が発音する日本語にも違和感がなくなってくる。そうすると異文化にであう面白さを堪能でき、おたがいの理解がふかまってゆく。

外国人は耳できいて日本語をおぼえ、二〜三年たつとたいていはうまくなる。するとだまっているのが耐えられないのか、とどめもなくしゃべる。会話能力が抜群でも、日本語の読み書きになると、からっきしダメだ。だから病気をメモ書きで説明する際には、相手にとってわかりやすい英語かローマ字をつかう。ローマ文字をつづりながら気づいたのは、二六文字だけで文章が作成できることだ。それにくらべ、日本語には不都合な点がたくさんある。漢字もあれば、カタカナやひらがなもある。さらに漢字には音読みと訓読みの二通りがある。発音が同じでも意味のちがう言葉が無数にあり、文体も統一されていない。カタカナやひらがなまではなんとかこなせても、膨大な苦労をしておぼえなければならない漢字を前に、外国人は日本語の読み書きを途中でほうりだしてしまう。

外国人よりも漢字の追放を

わたしたちは漢字をおぼえるのに膨大なエネルギーをついやす。漢文や国語の授業で漢字を目にするたびにうんざりしたのは、わたしだけではないだろう。日本人でさえやっかいきわまりない漢字学習に、外国人はそれ以上の苦労を強いられている。あらゆる人にとってつかいこなせる文字に改革するのが、文字の平等化であり、近代化である。ベトナムは漢字を、トルコはアラビア文字を廃止し、それぞれローマ字表記法にきりかえた。簡易文字は一般の人々のあいだにひろまり、両国とも文字の近代化に成功した。一部の特権層だけにわかる言葉は近代国家にふさわしくない。

すべての人々が理解しやすい工夫があってもよい。音読みの漢字の熟語をできるだけもちいず、平易な文章をこころがける。わかりやすい言葉の使用で何がおきるのだろうか、身近な例をあげよう。医者の説明は高度知識と専門用語を駆使しているため、一般の人にはむつかしくきこえる。診療所では外国人患者が病気の説明を何度ももとめるため、外国人患者に丁寧でわかりやすい病気の説明をしなければならなくなる。わかりやすい病気の説明は他の日本人患者にも波及し、国籍を問わず病気の理解が可能となってくる。小説家など文章で生計をたてている人は、どちらかというと漢字の文化にそまり、わかりづらい日本文をかく。だが例外はいる。石川啄木はローマ字で日記をつけ、その後に日本語の文章がよくなった、と言われている。漢字を意識的にさけ、ひらがなを使用することで日本語の能力が一段と向上する。漢字のできる学生ほど文章がつまらなくなり、むしろ漢字をしらない学生の方がおもしろい文章をかく、と日本語専門の大学教授が指摘しているほどである。日本文の創造力や表現力をはぐくむのは仮名であって、漢字ではない。

言葉の平等性からいっても、よみやすくかきやすい言葉をあえてもちいるように心がける。難解な言葉やあたらしい造語をわざわざ使用せず、文章に徹底的なわかりやすさをもとめる。漢字をこのんでつかう官僚の文章を、日本の首相がよめなくなっている時代である。むつかしい漢字を追放するときがきているのではないだろうか。

もしあなたが本をよみ、漢字や外国語のカタカナ文字を多用した文章をわかりづらいと感じても、それはあなたの読解能力のせいではない。読者にわからせる努力をおこたっている書き手の責任である。患者へのわかりづらい説明が医者の責任であるように。

芽がつみとられる子ども

本国で大学を卒業した親は日本人以上に教育熱心で、子どもに期待する。子どもも上昇志向がつよく、将来の夢をかたる。日本の学校で高等教育をうけ、大学への進学を希望するのだが、親には進学させるだけの経済的余裕はない。しかも日本の教育制度では最初から不利な条件を子どもは背負わされ、はじかれてしまう。小学校低学年のときには親が宿題などをみることができても、高学年で漢字がふえると、親はお手上げ状態で子どもにおしえられない。日本語の読み書きが充分できず、学校の通知内容を理解したいのだが、親はよめずにくやしい思いをする。子どもは最初から親がよめないとわかっているので、みせようとしない。そうすると親は学校での子どもの状況や成績についてしだいにわからなくなる。勉強のできない子どもは学校からはなれ、二世や三世の子どもの進学率は低くなっている。かりに学校を卒業しても、職業の選択はかぎられ、単純労働しかない。

自分の夢をかなえようとしても、うまれそだった環境がそれをはばんでいる。多様な価値観をもつ外国人の子どもが日本社会をよい方向にかえていく可能性をひめているのに、その芽を日本社会自身がつみとっている。親や子どもにたいへんな負担が強いられ、よほどしっかりしないと親子ともどもおしつぶされてしまう。

さらに深刻なことに不就学がおきている。就学年齢になると、通知は日本人の子どもの保護者におくられるが、外国人の子どもの保護者には案内するだけにとどまる。外国人にとって、日本の教育は義務でも権利でもない。義務でないという理由で、未就学の子はほうっておかれる。そもそも、どの学校に外国人の子どもが何人いるのかという実態が把握されていない。文部科学省は外国人を調査の対象からはずし、外国人の子どもを積極的に教育をうけさせるという姿勢ではない。

日本語学習や教育支援は制度化されず、教育費用の保障はなく、日本語能力不足で意思疎通がはかれず、教育に関しての情報はとぼしく、高校や大学へ進学するには多大な困難がともなう。そして外国人の子どもの就学についての実態調査はいまだに実施されていない。費用・言葉の壁・情報不足・実態調査の未実施などは、医療で指摘した問題点と共通する。海外ではODAなどで途上国の教育支援がさかんなのだが、足元の日本では外国人への教育支援は貧しいの一言につきる。その点も医療問題とおなじである。整合性のとれていない奇妙なことがまかりとおっている。

おさなき者の試練

日本語学習や学校教育以上に子どもをくるしませているのが、在留資格と国籍の問題である。それらは子どもの心をいたく傷つけている。

非正規滞在者や難民申請者の子どものなかには、日本でうまれ成長した子もいる。味噌汁をすい、漬物や納豆をたべ、完璧な日本語をしゃべる。地域のスポーツクラブにかよい、水泳や野球をとおして日本人の子どもにまざって成長する。だが、ある時期から自分は他とちがうのだという意識がつよくなり、いったいどこに属するのかと不思議におもい、カタカナの名前に引け目をかんじはじめる。

やがて自分の境遇をしる時がやってくる。在留資格のない子どもは、親が入管に収容されてはじめて、自分が親とおなじ非正規滞在、いわゆる〝不法〟滞在の立場であることをしり、親の本国にもどらなければならないことに衝撃をうける。わずか一〇歳にもみたないうちに人生最大の試練にたたされる。親が収容される悲しみをあじわうと同時に、自身の将来に不安をいだく。〝不法〟であるがゆえに、その言葉におびえながら、日本人より目立つことをするな、と親からきびしく注意される。健康保険がなく、病気になれば、たくさんのお金がかかり親に迷惑がかかる。お腹がいたくても、熱がでても、虫歯になっても、症状を我慢するしかない。あらゆる点で自身をおさえなければならない。

親の本国にもどれば、一〇歳でも小学一年生から勉強をはじめなければならず、それまで日本で学んだすべてが無に帰する。不安定なままでは将来像がえがけず、その心理的負担ははかりしれない。なによりたえられないのは、日本の大切な友達と離ればなれとなり、心のふるさとがうしなわれることだ。ある非正規滞在者の親をもつ少女は、小学校の入学式で不安で泣いていた日本人の同級生に声をかけるやさしい心の持ち主である。それ以来その子と大のなかよしになった。人へのやさしさをわすれない子どもも、そのようにそだてた親も、入管法違反という理由だけで、収容され、国外へ追放される。おさなき者たちは心がはりさけるほどのふかい悲しみを味わわなければならない。こうして非正規滞在者および難民申請者の家族や子どもの悲劇が毎年のようにくりかえされている。

親の苦悩と悲しみ

子どもが直面する問題にもうひとつイジメがある。カタカナの名前だと子どもが学校で意地悪される。そこで、名前を日本名に変更させてみてはどうか、と何度も教員からたのまれたという母親は、それをきっぱり拒否した。

子どもは外国人であっても、日本で一生懸命生きていくという意志があり、名前をかえるなんてとうていできません。

日本社会では異文化への配慮のかけらはなく、母語や母文化が不当におとしめられている。日本語は日本社会で生きていくための言語でしかない。その人にとって最適なのは、文字どおり母親のかたる母語である。両親がしっかりとおしえないかぎり、子どもの母語はわすれさられ、言語能力はおとっていく。

文化的な差別をうけるため、子どもは出自や親に劣等感をいだく。親の文化をさけるようになり、出自をかくしたがり、外国人であると堂々といえない。親を尊敬していても、親を友達の前にだしたがらない。場合によっては本国の文化を体現している親を尊敬しなくなり、親の自尊心をきずつけてしまう。親とすれば、子どもにみずからの文化に誇りをもってほしいだろうし、自身の体験をつたえたい一心なのだが、日本語が十分でなく、その望みをかなえられずにいる。子どもが成長するにつれ、親子の会話に変化があらわれる。ある難民はなげいていた。

息子はわたしの言葉を理解しない。息子の日本語はわたしにはわからない。

親同士は母語で、子ども同士は日本語で日常をすごし、親は母語で子どもに問いかけても、子どもは日本語でこたえるという不思議な光景がくりひろげられる。親子の会話がやがてとだえがちとなり、食事など生活習慣のちがいが親子の溝をさらにふかめる。親の発言力はよわまり、やがて子どもは親のいうことをきかなくなる。世代間にくわえて、文化間による親子の葛藤でおたがいくるしむようになる。

難民に拒否される日本

ある程度成長し日本にやってきた子どものなかには、自国とくらべ日本が平和で争いのない国であるのにおどろき、人生の選択が自由にできる日本人のようになりたいとのぞむ。あきらめないでまじめに頑張れば、いつかきっと自分の夢がかなうと期待に胸をふくらませ、日本社会に必死にとけこもうとする。ところが日本では難民をふくむ外国人の社会的上昇は容易でない。しかも受け身の存在としかみられず、しだいに難民や外国人であることに苦痛をかんじるようになる。

たとえ親に在留資格があっても、日本でうまれる子どもに国籍がないことがある。難民は本国の大使館に子どもの出生届けをだせないからだ。国籍がなければ、就職や結婚など人生の節目にさまざまな制約をうける。子どもは国籍がないことで将来の不安をかんじる。そのため無国籍の二世や三世は帰化をえらぼうとするが、かならずしも日本国籍をのぞんでいるわけではなく、それ以外の方法でしか自分の夢をかなえることができないからである。それでも国籍をとるのはわずかである。たくさんの書類を作成しなければならず、日本名を強要され、屈辱をあじわってまで日本国籍をとろうとはおもわくなり、途中で放棄してしまうのである。

異文化に不寛容な社会にたえられず、先のみえない日本の定住をあきらめ、他国に移住するインドシナ難民やビルマ難民がたくさんあらわれてくるのも不思議ではない。おさない頃難民の両親とともに来日し、現在は成人した女性が後悔と悲しみの表情でかたった言葉は、おおくの難民や外国人の本心を代弁している。

うまれかわり、もう一度機会があれば、わたしたちは日本をえらびません。

次世代に日本社会が拒否されれば、むつかしい漢字を追放する前に日本文明はあわれな結末をむかえる。日本社会の活力はそがれ、魅力のとぼしい日本に外国人はわざわざやってこなくなる。負の連鎖で日本文明はますます衰退する。ついに外国人は日本をみすて、もはや流入しなくなる。それはまさしく外国人嫌いの日本にとってのぞましい方向となる。日いづる国から日しずみゆく国へと、たそがれ日本の将来の姿がまぶたにうかぶ。

法による迫害

外国人排除政策

先進諸国では系統たてられた移民政策がある。移民（外国人）に関する法整備がなされ、省庁や部局などの行政機関によって制度が運用されている。[28] 出入国管理によって外国人の流入をきびしく制限しているものの、いったん受けいれるとなれば、社会の一員としてむかえ、円滑にその土地でくらせる環境をととのえ、定住をうながしている。移民政策の一環として位置づけられる難民政策とて、それは同様である。行政機関が難民認定の可否を決定し、認定後は制度によって就職・教育・医療が保障されている。

ところが日本では外国人をむかえいれても、難民を認定しても、それ以降の生活が政府によって保障されていない。それは、出入国管理及び難民認定法（Immigration Control and Refugee Recognition Law＝入管法）の名称にはっきりとしめされている。法務省の入国管理局（入管）は外国人を「出し入れ」(immigration) し、「管理」(control) し、難民を「認定」(recognition) しているだけで、受けいれ以降についていっさい関与していない。生活保障の制度がないため、これまでのべてきたように労働・医

28　アメリカ合州国・カナダ・ドイツでは移民法、スウェーデンとノルウエーでは外国人法、韓国では外国人処遇法、難民に関してはアメリカ合州国とオーストラリアでは難民法、スイスでは庇護法があげられる。担当する官庁は、アメリカ合州国では国土安全保障省、イギリスでは内務省、フランスでは難民・無国籍保護事務所がある。

療・教育・文化など数おおくの問題がおきている。外国人を社会の一員として受けいれる定住支援制度のみならず、外国人に関する諸問題を一括し解決する法律と行政機関は日本に存在しない。総合的な移民政策を欠いたままの出入国管理政策のみという点で、他の先進諸国とおおきくことなる。

日本では外国人に関する基本政策は、排除と管理である。巨大な権限をもつ入管が入管法をおもうがまま運用し、外国人、とりわけ非正規滞在者や難民申請者に対して「追放、さもなくば管理か同化」というきびしい扱いがなされている。それは一九八〇年代後半以降に新しくやってきた外国人にあてはまるのだが、古くからくらす旧植民地出身者とその子孫——そのほとんどが在日コリアン——では、その言葉の流れが逆となる。すなわち、「同化か管理、さもなくば追放」である。いずれにしても外国人は同化・管理・追放の道しかのこされていない。この基本方針は、明治以降近代化路線をつきすすみ、他国を侵略した過去とふかく関連する。

つまみ食いの法令、出入国管理令

近代の国民国家を特徴づけるひとつに国境の線引きがある。同時に近代は領土拡張の時代でもあった。明治以降の日本は他国を侵略しながら、自国の国境をひろげる方向へとむかった。ところが無謀な領土拡大がたたり、日本は一九四五年にいくさに負けた。当時の日本本土には朝鮮人や台湾人など日本国籍をもつ〝大日本帝国臣民〟二〇〇万をこえる人々が居住していた。敗戦後、大多数は本国にもどったが、本国は不安定な政情や極度の貧困状態にあり、生活不安から帰国できず、朝鮮人約六〇万人以上が日本本土にのこった。

日本は侵略戦争のツケを支払わなければならず、日本国籍の在日朝鮮人の存在に頭をかかえた。そこに、一九四八年に済州島でおきた島民虐殺事件をきっかけに内戦へと突入し、済州島から数おおくの朝鮮人が日本にのがれてきた。同年に日本で朝鮮民族の文化をまもろうと、民族教育を要求する阪神教育闘争がはじまった。さらに一九五〇年に朝鮮戦争が勃発した。民族運動のたかまりを朝鮮戦争から波及した共産主義運動ととらえ、当時の連合国軍総司令部（GHQ）と日本政府は共産主義の脅威をひしひしとかんじていた。しかも日本にのこった六〇万人もの朝鮮人に対して経済的な負担をしなければならない。〝大日本帝国臣民〟であったとしても、外地の朝鮮人が内地の日本人と同等の権利を有しているとはつゆほどおもっていなかった。ぜがひでも負担をさけたい、と日本政府がねがうのは自然であろう。どのようにして朝鮮人を排除するのか、日本政府は思案にくれていた。

そこにGHQが助け舟をだした。一九五〇年にアメリカ合州国で制定された移民国籍法をさしだしたのである。日本は移民国籍法を参考にしながら、GHQの当局者と検討の末、出入国管理令（後の入管法）を一九五一年に発令した。その前年には悪名たかき長崎県の大村収容所が開設され、外国人追放はこの時からすでに準備されていた。

一九五二年のサンフランシスコ平和条約を機に、朝鮮人は日本国籍を有しているにもかかわらず、突如として強制的に外国人とされてしまった。当の本人のしらぬまま、日本政府は一方的に六〇万人もの国籍をはく奪したのである。出入国管理令のお手本となったアメリカ合州国の移民国籍法は反共対策——排除は共産主義者にむけられている——の一環として成立しているものの、移民の受けいれと国籍についても言及している。出入国管理令ではその点が完全にぬけおち、外国人に対する厳格な出入管理および強制収容と退去強制に力点がおかれた。しかも入管に巨大権限があたえられ、チェック機能がはたらかない仕組みとなっていた。負担のかかる在日朝鮮人を共産主義者とみたて、なんとかしておいだそうともくろんでいた当時の日本政府にとっては願ってもない法令であった。

第二次世界大戦でオーストリアはドイツに併合されたが、敗戦後のドイツは国際法あるいは国際慣習にのっとり、国籍の選択をオーストリア人本人にゆだねた。日本の対応は国際法にそったドイツとは好対照をなしている。現在も国際人権条約や難民条約をまもらず、もはや国際法無視は日本のお家芸となっている感がある。

一九四七年の外国人登録令（後の外国人登録法）、一九五〇年の国籍法、一九五一年の入管令の法整備で、厳重な監視をおこないながら、同化を強要し、したがわない者は追放する方針がここに確立された。これが現在につづく入管制度の根幹をなしている。政治的に反共政策をかかげ、治安を維持し、権利を剥奪しながら社会保障負担を軽減し、朝鮮人を社会の底辺においやり、民族的な差別構造をつくりあげた。済州島四・三事件や朝鮮戦争で日本にのがれてきた朝鮮人は、現在からみればあきらかに広義の難民なのだが、日本政府は大村収容所に強制収容し、韓国へおいかえした。在日朝鮮人に対しては共産主義者といいたて、マスメディアもそれに同調し、生活保護の不正受給を大々的に報じ、職種の範囲をせばめながら生活の手段を徐々にうばっていった。

それでも、朝鮮人を日本からおいだせずにいた。それまでの方法ではとうてい無理と判断し、日本政府はとんでもない計画をおもいついた。〝人道支援〟の名のもと日本赤十字社が中心となり、官僚や政治家とともに用意周到にねりあげた在日朝鮮人追放策である。正式には北朝鮮への帰国事業とされ、マスメディアによって〝人道事業〟として宣伝された。日本社会が称賛した帰国事業は一九五九年から開始され、一〇万をこえる朝鮮人が日本海をわたった。こうして当時の外国人である朝鮮人追放策は大成功をおさめた。

一九五〇年代の在日朝鮮人がおかれた状況をふりかえると、現在の非正規滞在者や難民申請者のおいつめられる姿と二重写しになる。テロ対策の名のもと、取り締まり強化や強制収容と送還をくりかえし、生活権をうばい、マスメディアもそれに乗じて外国人への恐怖心をあおり、〝偽装〟難民や〝不法〟滞在者とレッテルをはる。入管の基本方針は一貫して外国人排除である。受けいれ制度や担当行政機関をあえてつくらず、日本国内の少数民族を目にみえない存在としてあつかおうとしている。外国人にとって入管法はおそろしい法律という印象をぬぐいきれないが、テッサ・モーリス・スズキ氏の論文[29]が入管法誕生の秘密をあかしてくれた。わたしはその本質を理解し、そしておもったものである。入管法はよいとこだけのつまみぐいの法律だなと。

つけたしの法律、難民認定法

入管法が変化するのは三〇年後である。これも東西冷戦が背景にあり、アメリカ合州国の影がちらつく。インドシナ難民の受けいれと並行して、日本は一九八一年難民条約に加入した。それにともない国内法を整備するため、出入国管理令は出入国管理及び難民認定法にあらためられ、翌年から難民認定制度が開始された。

最初のころの難民申請者はインドシナ難民であった。難民性の有無にかかわらず自動的に定住許可があたえられたが、定住許可だけでは地位が不安定なため、インドシナ難民はより安定した難民条約での認定をもとめた。ところが難民認定制度をしっていたのはほんのわずかで、ほとんどは制度外に

29　テッサ・モーリス・スズキ「冷戦と戦後入管体制の形成」(『前夜　第Ⅰ期三号』影書房、二〇〇五年)

おかれ、情報はあたえられなかった。日本政府はもともと受けいれる意志などなく、難民認定制度の周知を意識的にさけたとしか思えない。それが、ベトナム人神父のソンさんが経験したように、後に身分を証明する困難さや渡航の不便さなどの不利益をこうむるもとになった。難民認定制度にのっとり、一九八二年から八五年までの四年間で処理件数が五三〇人、そのうち一七一人が認定された。認定率は三二%である。二〇〇九年の認定率一%とは雲泥の差だ。それが全体の難民認定率の底上げに貢献している。二〇〇九年までの平均認定率は七%であるが、最初の四年間をのぞけば平均五%とさがる。

そもそも入管は難民認定制度の申請者にインドシナ難民を想定していた。その後予想もしなかった他国出身者が申請しはじめたため、入管はあわてた。そこで難民認定制度にのらないように工夫をこらし、難民が到着する空港で入国を阻止するようになる。一九八五年の新聞記事には、「難題多い法律の運用」、「難民Uターン」、「難民申請の手続きを教えず」、「難民申請を受理されないまま国際的に宙に浮く」の文章がのっている。そこには空港で申請のうけつけさえもせず、そのまま難民をおいかえす入管の姿がはっきりうつしだされている。一九九〇年代になっても水際での難民追放はつづき、難民申請者のなかから外国人収容所で長期間収容される人もでてきた。インドシナ難民の対応で一段落した一九八五年から九五年にかけて、国際的に大量の難民が発生していた[30]にもかかわらず、その一〇年間の申請者数の年間平均はわずか五〇人であった。

現在でも空港で難民申請しても即不認定とされ、外国人収容所にいれられる。外国人収容所に拘束されながらも、後に難民認定された人や難民不認定処分取消訴訟で勝訴した人がいる。そうならば、申請をうけつけてもらえず国外においだされた難民申請者のなかに、認定されたであろう人がかならずいるはずだ。

一九八一年に改定された出入国管理及び難民認定法の名称に「認定」がつけられ、いささか奇妙な印象をうける。難民条約には難民の保護や支援が言及されているが、入管は難民の認定業務しかとりあつかっていない。くりかえしになるが、他の国では難民法や庇護法がある。難民認定後は社会の一員として円滑にその土地でくらせるように、定住支援策が法律にもりこまれている。法にもとづき、それぞれの省庁や部局が難民認定者の生活を支援している。ところが日本では認定されても、定住支援の法律がない。二〇〇三年からようやく外務省の外郭団体、難民事業本部が認定後の対応をはじめたのだが、それもまた法ではなく、あくまで行政権の範囲にとどまる。この状態を誰もおかしいとおもわないのだろうか。入管令改正前年の一九八〇年にアメリカ合州国で難民法が制定された。おそらく法務省はアメリカ合州国の難民法を参考にしたのだろうが、ここでも定住支援制度は欠落している。

外国人を選別し管理することと、保護しなければならない難民を認定し定住させることはまったく別の作業である、と人はおもうだろう。だが難民認定法を作成し運用する法務省からすれば、排除という点で両者共に整合性がとれている。難民政策は外国人政策のひとつであり、他の外国人と同様に難民を排除あるいは管理の対象としてみている。出入国管理令に難民認定法をくっつけ、認定作業だ

30 当時の難民発生をあげると、一九八三年スリランカ紛争、一九八四年エチオピアの飢餓、一九八七年モザンビーク内戦、一九八八年ビルマ民主化運動後の活動家や少数民族への弾圧、一九九〇年リベリア内戦および湾岸戦争のクルド人追放、一九九一年ビルマ少数民族ロヒンギャ迫害、一九九二年ソマリア内戦およびユーゴスラビア紛争、一九九四年ルワンダ内戦である。そのほか長期にわたるアフガニスタンの内戦やカンボジア紛争などがあげられる。

けとして、定住支援の法整備をしなかったのは、最初から受けいれる意思などさらさらなかったからである。その後の低い認定率および制度の恣意的な運用がそれを証明している。[31] 一九五一年の出入国管理令では在日朝鮮人の排除、一九八一年の難民認定法では難民の排除、二〇〇七年の入管法改定では非正規滞在者の排除でつねに一貫した姿勢がつらぬかれている。

それでは、排除をまぬがれた外国人はどうなったのだろうか。入管令成立から約六〇年たち、その間に在日コリアンは住民としてくらし、二世や三世などの次世代が成長していった。それでも在日コリアンにあたえられたのは、特別永住という資格のみである。参政権・教育権・居住権・社会保障などの基本的な権利は、一部しかみとめられていない。しかも外国人登録法では外国人登録証の常時携帯義務および罰則があり、出入国の自由はない。このような不安定な地位におかれれば、就労・住居・健康・年金・教育・進学などの生活面で不都合が生じる。その解決には帰化する以外に方法はない。ところが一九九〇年まで帰化の条件に「国に対して忠誠心を有している必要があり」と、国家への忠誠心が問われていた。権利を要求するなら同化せよ、と恫喝にちかい強要をしていたのである。つまり最終目標は同化（日本人化）である。基本方針がかわらなければ、でてくる結果はいつもおなじである。六〇万人の在日コリアンの運命も、一万人のインドシナ難民の行く末も、現在の外国人や難民の将来も――。

選別される難民

それにしても、なぜ日本政府は外国人排除をおしすすめ、同化にこだわるのだろうか。

明治以降、富国強兵を標語に日本は強力な国民国家をめざした。国家を繁栄させるには経済機構と統治機構の安定化をはからなければならない。両機構を強力におしすすめるには、国家と国民が一丸となってまい進しなければならない。富をもとめ領土を拡張し、両機構がうごきはじめると、いつのまにか領土内に異民族が多数存在するようになった。異民族に対するあつかいは未経験のため、その対応は暴力と法で支配し、人々を同化させる方針しかおもいつかなかった。戦前は八紘一宇の標語のもと、〝大和〟民族が頂点にたつ序列ある多民族国家をめざし、戦後にはそれが一変し、単一民族国家をかかげるようになった。八紘一宇や単一民族という標語は情緒的に人々を刺激し、国家や民族の一体感をかもしだす。どちらにしても調和をたもち、同化政策を維持しようとした。一致団結すれば、高い経済的生産性にむすびつき、国の富が蓄積していくからである。

同化政策はしかし、過去の例を検証するまでもなく、あわれな結末となる。文化というものは体にしみついているもので、とりはずしのきくものではない。文化をおしつければ、かならず反発をまねき、同化は破綻する。朝鮮半島を植民地支配した際に朝鮮民族に同化を強要したが、それは大失敗におわった。民族や文化の性質をまるでわかっていない対応であった。

31　難民認定制度では、入管職員が同時に難民調査官を兼ねるため、難民調査官の資質・技能・知識の低い水準が指摘されている。入管は難民申請者に証拠の提出など高水準の立証をもとめ、通訳制度を十分ととのえず、難民認定制度の周知をはからず、審査過程と判断基準を不透明なままにしている。アムネスティインターナショナル日本支部編『難民からみる世界と日本』（現代人文社、一九九八年）のなかで神奈川大学の阿部浩己教授は、難民認定手続き用の研修教材に次の文章がのっていることを指摘している。「友好国から来た人は難民として認定できない。けれども非友好国から来た人であれば、難民として認定できる」。阿部教授がこの点を公表したとたん、翌年にこの正直な文章は研修教材から削除された。たんに文章が消されただけにすぎず、入管内でその方針は今でものこっている。

民族というものは、その土地にふかく根づく人間の価値の総体系であり、精神の心棒である。簡単に同化できるものではない。アイヌ民族や琉球民族は日本国籍を有していても、民族固有の価値体系を今でも保持している。在日コリアンは文化的にちかいため、同化させやすいとおもったかもしれないが、それさえてこずった。ましてや遠い国からの難民や移民の同化は最初から無理である。

単一民族というのは民族差別の裏返しの表現である。[32] その奥底には異民族や外国人に対する嫌悪や恐怖がひそんでいる。いったん外国人を受けいれれば、次から次へとおしよせるという不安、社会保障や教育などの経済的な負担増、治安悪化や政情不安の元凶、そんなところではないだろうか。

単一民族思考にしがみついたまま、六〇年ちかく同じことがくりかえされてきた。とすれば、これからの入管の行動はほぼ予想がつく。これまでどおりの基本方針をつらぬくだろう。すなわち外国人の追放・管理・同化である。難民に関していえば、低い難民認定率の維持、空港での難民流入の阻止、外国人収容所でおきている難民迫害の隠ぺいである。政治的にも経済的にも利害関係のすくなく、文化的にちかいビルマ難民（認定者・在留特別許可取得者・第三国定住者）をふやす。政治的かつ経済的利害関係がふかく、文化的にことなる西アジアや南アジアからの難民はおいだす。隣の大国中国からの法輪功の難民には、日中関係の悪化をさけるため、裏ワザの在留特別許可をあたえ、お茶をにごす。こうして難民認定は入管の密室内で自由自在にあやつられ、難民は選別されてゆく。

32　一九八六年当時の中曽根首相は、アメリカ合州国の黒人やヒスパニックに対して「知的レベルが低い」とのべたところ、人種差別発言である、と国際的に猛反発をくらった。その後、「日本は単一民族国家なので経済的な効率がよいという意味でいったので、人種差別の意図はない」と彼は弁明したが、それもまたヤブヘビとなり、国内のアイヌ・琉球・在日外国人などの少数民族から抗議の声があがった。

第四章

おもいこみの援助

〔解説〕

国内外の難民や外国人にかかわるなかで、援助とはいったいなんだろうか、という根本的な問いをわたしはいだくようになった。人はなぜ支援するのだろうか、支援ははたして受益者にとって有益なのだろうか。

援助する側はたいてい自身の論理をくみたてるため、援助は一方的となりがちである。かたられているのはだから、援助側の視点が大部分である。それを援助される側はどうおもっているのかは議論されず、外国人の声が反映されることもない。被援助側は、援助をおしつけられ、迷惑千万とかんじているかもしれない。

援助するうえで気をつけなければならないことが、他にもある。支援活動をつづけると、援助側と被援助側との上下関係がつくられ、無意識のうちに相手をみくだしてしまう。同時に、依存関係ができてしまい、自立が困難となる場合もでてくる。それらの問題を謙虚にふりかえり、再検討するのも無駄ではなかろう。

援助の意味をわたしに意識させてくれたのは、ほかならぬ難民の支援団体であった。支援のあり方に疑問をなげかけざるをえない団体がいくつか存在する。その代表に国連難民高等弁務官事務所（ＨＣＲ）があげられる。すでに第一章でもＨＣＲには別の側面があることをしめした。本章では「国連難民高等弁務官事務所の裏顔」をくわしくえがくことにする。

ＨＣＲにかぎらず、国家や民間の支援とはいったいなんなのか、それぞれの援助に基本的なちがいはあるのか、このような援助はあたらしくあらわれた現象なのだろうか、という問題意識ももちあがってきた。第三章で難民支援団体の支援と難民保護に若干疑問を呈している。本章ではさらにふみこみ、過去の植民地支配との関連で援助のあり方についてのべる。「官による〝人道支援〟の罠」にかかれば、犠牲がたくさんうみだされる。「古い支配から新しい支援へ」とうつりかわっても、人間にとって過酷なシステムの植民地主義の本質はかわらず、支援者が自覚のないまま支配体制に奉仕することだってありうる。

それではお前はどうなのか、とかならず問われるだろう。その問いに対して、わたし自身の「援助の論理」を最後に展開する。

国連難民高等弁務官事務所の裏顔

国連ハウス前での座り込み

わたしは二〇〇一年以来日本の難民にかかわっているが、国連難民高等弁務官事務所（HCR）と接触する機会はほとんどなく、ある出来事がおきるまで、日本での存在や活動をくわしくしらなかった。その出来事とは、二〇〇四年七月に東京のHCR駐日事務所が居をかまえる国連ハウス前で、トルコ国籍の難民申請者クルド人二家族が座りこみを開始したことである。

二家族は日本政府から難民として受けいれられず、就労を禁止され、医療保障のない日々をおくっていた。自分たちを難民として日本政府が認定するようにと、HCR駐日事務所にはたらきかけた抗議行動であった。猛暑のなかでの座りこみは、脱水や体力の消耗をひきおこし、健康状態の悪化をまねく。とりわけ六歳と四歳のおさない子どもたちの健康状態が心配された。数人の支援者からの依頼があり、わたしは国連ハウス前にときどき顔をだして、子どもたちの健康をきづかっていた。

国連ハウスはずいぶんと立派な建物で、たっぷりとお金をかけたことが一目でわかる。たかくそびえる豪華な国連ハウスにネクタイとスーツ姿の日本人や欧米人が出入りしている。冷房のきいた建物の玄関前では、くすんだ色の半袖シャツや半ズボン姿の一〇数人のクルド人と日本人支援者が、炎天下のなか大粒の汗を手ぬぐいでふきながら、署名活動をしていた。きわだった対照をみせたその風景は、ちょっぴりおかしかった。懸命に活動しているクルド人や支援者を無視するかのように国連ハウスを出入りする国連職員は、ことさら冷淡な印象をうけ、〝人道〟を売りものにしているだけに、むしろコッケイな存在にうつった。

二家族の座り込み開始一ヵ月後、HCR駐日事務所は解決策をみいだすため日本政府にはたらきかけている、とつたえた。しかし支援者のひとりはそれに懐疑的で、HCR駐日事務所は長期化する座り込みを排除する方向にかわるのではないか、と懸念した。その予想は見事に的中する。HCR駐日事務所の解決策は、数十名の警備員による強制排除という暴力を行使することだった。それは、外国人収容所でストライキ中の被収容者に対して法務省の入国管理局（入管）[33]が強行した暴力的排除となんらかわらない方法であった。暴力的排除の代償としてマンデイト難民が二家族にあたえられ、二家族と支援者はこれで一安心した。

ところが事態は一変する。三ヵ月後の二〇〇五年一月に家族の父親と息子は突然強制収容され、翌日トルコに強制送還されたのである。その事件はおおきく報道された。その件についてHCR駐日事務所は日本政府に対し異例の非難声明をだした。ほどなくして日本政府との合意によってマンデイト難民を強制送還しないことが新聞にのり、一矢をむくいたかのようにみえた。だが非難声明や日本政府との合意前、HCR駐日事務所では新たなマンデイト難民を認定しない方針がすでに決定されていた。HCR駐日事務所のマンデイト難民制度は日本政府に難民認定を積極的にはたらきかけ、なおかつ難民の強制送還をさせない点でたいへん有意義な制度なのだが、なぜかHCR駐日事務所は中止してしまった。それも公にしないで、こっそりと……。

HCR駐日事務所の不思議な行動

他にもHCR駐日事務所にはいくつか不思議な言動がみられる。

外国人収容所での難民申請者の長期収容や強制送還などのたびかさなる難民条約違反をHCRはだれよりも認識している。なにしろ日本の難民条約加入の一九八一年以来、日本で難民にかかわってきたのだから。難民条約の遵守を日本政府にはたらきかければならない立場のHCR駐日事務所は、それでもながきにわたり沈黙をまもっている。せいぜい出すのは非難声明文のみで、具体的な行動をともなっていない。二〇〇七年に国連拷問禁止委員会は難民に関して日本政府にきびしい改善の勧告を[34]だしているが、おなじ国連組織でありながらずいぶんとことなる態度である。

難民申請者数は二〇〇六年から急増している。法的保護・生活保障・文化障壁などの問題が山積しているが、それらにどう対応すればよいのか、支援団体はほとんどお手上げの状態である。じつは、その対処方法や予防処置をつたえること自体はそれほどむつかしくはない。実際に機会あるごとに、わたしは難民の団体に対処の手引きを提供している。HCR駐日事務所はすぐにでも実行可能な情報提供すらおこなっていない。

いや、何かをしているのだろう。

HCR駐日事務所の職員が法務省難民調査官の研修で講義しているという[35]。どのような講義内容なのかしるよしもないが、二〇〇七年にわたしが実施した難民実態調査報告であきらかにされたとおり、

33　国家の難民認定とは別に、HCRが独自の判断で難民認定する。マンデイト難民とされても、国家が認定するとはかぎらない。
34　難民の強制送還禁止を国内法で明文化、独立した難民認定機関の設置、入管収容施設の処遇改善、入管収容期間の上限をもうけることなどである。
35　一二一人の難民および難民申請者を対象とした（一六六ページの表3a参照）。三割以上が調査官の自己紹

無残な結果におわっている。難民調査官への研修教育よりも、むしろ認定の権限をもつ認定官への教育のほうがより重要であろう。認定基準は闇につつまれたままなのである。どうやらHCR駐日事務所のまなざしはビルマ人の集住する中野区やクルド人の〝ワラビスタン〟（蕨市）ではなく、霞が関一丁目にむけられているようである。

方向オンチの例をもうひとつあげよう。二〇〇八年にHCR駐日事務所はインドシナ難民の生活や受けいれ状況の実態調査をしたという。だが条約難民の問題点が数おおく指摘されているにもかかわらず、なぜかその実態調査をおこなおうとしない。二〇〇一年に国連人種差別撤廃委員会はインドシナ難民と条約難民の差別待遇の改善を勧告[36]しているのだが、それをHCRはしらないというのだろうか。HCR駐日事務所は日本政府とおなじあやまちをくりかえしているかのようである。

二〇〇六年、HCR駐日事務所はDV被害による難民女性の保護マニュアルを作成した。HCRはいくつかの外国人支援団体にその連携と支援をもとめ、診療所にも依頼してきた。それをことわる理由はないが、ずいぶん奇妙な印象をわたしはうけた。DV被害者を保護するには、まず実態調査が必要である。それがなされないまま保護マニュアルができあがっていた。依頼されてから現在にいたるまで、HCR駐日事務所とその関連団体から難民女性のDV被害は診療所に一件もとどいていない。ジュネーブ本部から提出された保護マニュアルの書類に各団体名の空欄をうめるだけで、あくまで形式的なものにすぎなかったようである。

日本政府による難民条約違反の実態を調査せず、しかもその事実すら公表せず、マンデイト難民認定制度をこっそりと中止し、難民保護活動をほとんど放棄しているHCRに対し、どこからも非難の目はむけられていない。

それにしても条約難民の受けいれが二八年間でたった五〇〇人強の日本に、ＨＣＲはなぜ存在するのだろうか。その疑問をとく鍵は、お金にある。

巨額資金の流れ

日本政府からＨＣＲジュネーブ本部への自発的拠出金は全体の九〜一三％でつねに第二〜三位をたもっている。しかも企業や個人からの寄付額は世界のトップクラスである。一九九〇年以降のＨＣＲの予算はいちじるしく膨張し、注文をつけずに豊富な資金を提供する日本をＨＣＲは歓迎している。その拠出金は国際的な難民支援プログラムにつかわれる。つまり先進国の政府はＨＣＲに拠出金をだし、ＨＣＲは実施にあたり先進国の国際ＮＧＯに数千万円から数億円単位で事業委託し、ＮＧＯは資金提供とひきかえに難民キャンプでの活動を展開する。

ＨＣＲから資金提供されれば、ＮＧＯは財政面でなやまなくてすむ。資金を獲得する過程でＮＧＯ同士がはげしくあらそう光景は、あたかもＯＤＡとそれにむらがる企業の分捕り合戦の様を呈しているという。それに成功したＮＧＯはＨＣＲの下請け企業として従属する。請負制度によって下請け企

介や事前説明を受けていなかった。調査官の七割以上は本国の状況の知識に欠け、五割が難民申請者ののべた内容とことなる記述を調書にかかれた。調査官の態度について、五割近くが否定的な見解をしめし、担当の調査官がかわっても変更時に連絡がなかったという。通訳について不満をかんじた人は少なからずみられた。

36　インドシナ難民は、居住施設や日本語講座が利用可能で、財政支援をうけられた。だが、条約難民の支援は当時なにもなかった。そのため国連人種差別撤廃委員会は、平等に支援がうけられること、難民申請者が十分な生活水準と医療をうける権利を確保することなどの勧告をだしている。

業を自由自在にあやつるのは、官僚の得意技である。拠出金は、HCRと先進国のNGOの人件費や事務所経費につぎこまれ、HCR職員のファーストクラスの飛行機代や一流ホテルの宿泊代に浪費され、下にくだるほど先ぼそりする（図4a）。

図4a　巨額資金の流れ

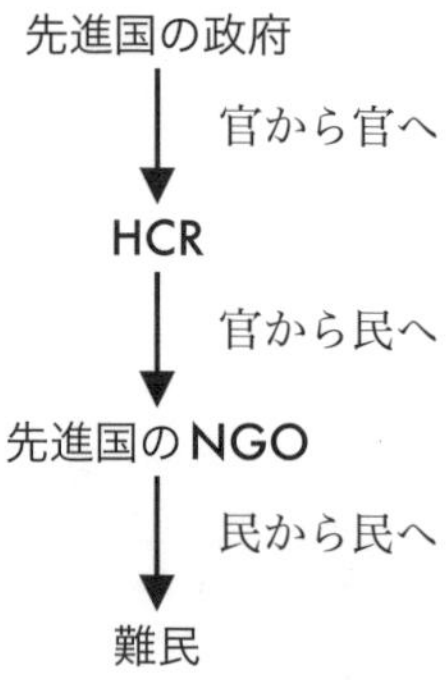

援助産業のなかでピラミッド型の階級社会が成立し、HCR職員は難民援助産業の貴族階級としてその頂点にたつ。東京の一等地にそびえる国連ハウスの豪華さも貴族の館としてみればうなずける。[37]

このようなピラミッド構造では、お上や貴族階級への批判はゆるされるはずもない。下請けのNGOは支援するのみで、問題の本質が政治性をおびても、耳をふさぎ、目をつぶり、口をとざす。それが自国の政府がひきおこしている問題であれば、なおさらである。

わたしがバングラデシュで救援活動をしているあいだ、偶然しりあったHCR職員はその堕落ぶりを憤懣やるかたなく詳細にかたっていた（第一章「ビルマ西端からの人々」参照）。その人はHCR職員であることの恥ずかしさにたえられず、数年後に職を辞した。実像をしり、在籍していることにいたたまれなくなりHCRを去った人は、わたしが把握しているだけで数人いる。

それにしても、二年間かけ、専門家までも動員し、一〇〇〇人以上を対象とするインドシナ難民の実態調査の資金はいったいどこからおりたのだろう。HCR駐日事務所は日本での難民支援に予算がたりないことをなげいていたはずである。その調査にしても質的な高さを保持できるのかは、ずいぶんとあやしい。[38] HCRの仕事ぶりは効率性という点で水準以下と指摘されている。HCRは国家間の巨大な官僚組織であることをわすれてはならない。官僚的になればなるほど、自己防衛・自己肥大化・自己腐敗・自己欺瞞がすすむ。そういえば、HCR駐日事務所の元代表と副代表はそれぞれ法務省と外務省に勤務していた元官僚である。HCRと外務省との人の流れはさかんのようだ。

HCR規定では、難民が定住できるまで保護と支援をあたえることになっている。ところが現実はまったくの期待ハズレである。日本政府のたびかさなる難民条約違反をHCR駐日事務所が黙認しているのは、自発的拠出金の確保および人的交流がおおきな理由であろう。法務省・外務省・HCR三者は定期的に協議の場をもっているらしいが、一九八一年の難民条約加入以来、いったい何が議論されているのだろうか。ながい沈黙の理由には、政府とHCRのあいだでなんらかの密約でもかわされているのだろうか。

37　わたしの同僚に大脇甲哉医師がいる。彼はソマリアで難民の医療救援活動をしているあいだ、HCR主催のパーティーに招待された。彼は普段着の格好で出席したところ、おどろくことに欧米のHCR職員や国際NGO職員はタキシードやドレスに身をつつみ、優雅にウイスキーやブランデーなどの酒をくみかわしていた。すぐちかくには瀕死の栄養失調児の悲惨な現実があったというのに、である。パーティー会場の華やかさと難民キャンプの落差をまのあたりにし、HCRはまさに貴族階級である、と大脇医師は実感した。彼は無神経なその感性にとてもついてゆけず、お酒に未練はあったけれど、その場から早々とたちさった。

38　予想どおり、調査報告書はこれまで指摘されている点を追認しただけの内容であった。日本語教育が不十分であったため、今もきびしい生活を強いられるとしているが、問題を日本語教育だけに帰するわけにはいかない。管理統制の厳重さ、帰化に際してのきびしい要件や日本名強要などついてはほとんど指摘されていない。日本政府の不十分な受けいれ体制や情報提供の不足がわずかにのべられているが、それはなぜなのかという根本的な問いにこたえていない。ある難民の声が報告書にとりあげられ、それが報告書とHCRの質を端的にあらわしている。「今頃になってなぜ調査をおこなうのか、HCRはよほど暇なのだろうか。これまで何度も調査をしているが、何の改善もみられない。もううんざりだ。調査は無意味である」。

ているのだろうか。いずれにしてもおたがいの結びつきは今後もたちきれることなく、同じ穴のムジナ同士が難民保護を名目に税金を浪費していくだろう。なお日本政府にきびしい勧告をだしている国連の拷問等禁止委員会や人種差別撤廃委員会への日本政府からの拠出金および人的交流は、もちろんない。

ＨＣＲが大口ドナーの日本政府に干渉しないのは、なんら不思議ではない。ただしＨＣＲにとって都合が悪くなった時のみ、政府と良好な関係を維持しながら、日本政府を批判するそぶりをみせる。クルド人二家族の抗議行動や強制送還はマスメディアにおおきく報道された。ＨＣＲとしては何らかの行動をおこさなければ、ＨＣＲ駐日事務所が難民保護していない実態が公にしれわたる。ＨＣＲのイメージに傷がつくのをおそれた。まったく効果のない形式的な「異例の非難声明」を発し、マスメディアをたくみに利用し、本来であればＨＣＲ駐日事務所にふりかかるマスメディアの批判の矛先を、日本政府にむかせようとしたのである。[39]

だまされてはいけない

一九五一年の難民条約の成立背景には東西冷戦構造があった。[40] 西側は東欧やソ連などの共産主義陣営からのがれてきた人々を無条件で難民としてむかえいれた。共産主義がどれだけ劣悪な政治体制であるか、そして東側からの人々を受けいれることがいかに正しいかを喧伝し、資本主義陣営の正当性を強調した。しかも受けいれは東側への強力な圧力となる。[41]

ＨＣＲは当初から政治的に中立ではなく、冷戦時代に難民支援の政治性をおおいかくすため、最大限利用された。ソ連や東欧諸国はその意図をみぬき、ＨＣＲの最高意思決定機関である執行委員会に最初から参加していなかった。一九九一年のソ連崩壊と同時に冷戦は終結し、東側からの人々を難民とする必要はなくなった。なんら見返りがなければ、保護や支援はうちきられる。一九九四年にインドシナ難民保護をいとも簡単に中止としたのは、その象徴的出来事であった。

冷戦終結とともに難民条約は役目をおえ、ＨＣＲの存在が疑問視されはじめた。本来であれば、ＨＣＲは消滅の方向へとむかうはずであった。ところがどっこい、そこは巨大官僚組織である。存亡の岐路にたたされ、生きのこりをかけ、組織維持に必死となる。一九九〇年代初頭に勃発した湾岸戦争やユーゴスラビア内戦がＨＣＲにとって幸いした。西欧諸国は、近場の難民がおしよせてくることに脅威をいだき、自国での難民保護の負担を回避する方向にすばやくうごきだした。ＨＣＲに多額の資金を提供しながら、湾岸戦争でのクルド難民をイラク国境にとどめたのである。ＨＣＲはこのときは

39　ＨＣＲにかぎらず、国連本部や他の国連組織についても同様のことがいえる。無駄の多い資金運用、巨大化した官僚組織、効果的なマスメディア利用、特定の国家との結びつきなどをくわしく検討すれば、国連の本質がうかびあがる。

40　第一次大戦末期ロシア革命がおき、社会主義国ソ連が誕生した。欧米と日本は対ソ軍事干渉と経済封鎖を開始し、新政権に反対する帝政派の白系軍人たちを軍事援助した。さらにソ連の支配をのがれた王朝派の白系ロシア人やユダヤ人に対して国際連盟はロシア難民高等弁務官を創設し、難民の救援にあたった。これが共産圏からの人々を難民として受けいれる端緒となる。この時の難民救援は反共政策という政治的な意図がかくされていた。

41　難民受けいれに際して、政治利用の他にわすれてはならないのが労働力利用である。到着した先の国では経済成長は右肩上がりで、難民は受けいれ国の経済活性化に貢献した。安価な労働力としての難民利用は現在でもかわりない。

じめて北大西洋条約機構（NATO）の軍隊と協力関係をもった。

NATOもまたHCRと同様に巨大官僚組織であり、冷戦後の存在意義がうすれはじめ、行き場をうしなっていた。戦争でメシをくっていた軍人官僚や軍需産業界にとって死活問題である。NATOは攻撃対象をさがしもとめていたところ、ちょうどうまい具合にNATO防衛域内の近辺でイラクのクェート侵攻とバルカン半島の内戦が勃発し、その地域が絶好のターゲットとなった。ユーゴスラビア内戦やコソボ紛争では、HCRはマスメディアをとおして民族浄化というおぞましい言葉と〝人道介入〟という美しい言葉で人々をおどらせ、先進国から資金をひきだし、NATO軍との連携によって難民を現地に封じこめた。HCRの手さばきは、お見事というほかない。

冷戦終結以降、先進国は難民を途上国にとどめ、先進国に流入しない工夫をさぐりはじめた。[42] その期待にこたえるかのように、HCRは途上国での難民支援機関の貴族へと華麗なる変身をとげた。緒方貞子氏の国連難民高等弁務官起用は宣伝効果として十分すぎるほどであった。日本政府をはじめ先進国からいっきょに資金を獲得でき、難民保護にあらず、HCR自身の組織保護がなされた。官僚の得意とする保身術が完璧なまでに成功したのである。そして緊急支援に軍隊がかかわりはじめ、HCRは軍隊との共同歩調をとるようになる。

ソマリア・クルド地域・バルカン半島・ザイールでは、難民救援の名のもとで軍隊が派遣された。軍隊の機動力は緊急事態に対応するにはもってこいで、NGOではとても太刀打ちできない。ところが軍隊というのはもともと人を殺傷する暴力機構である。そこで軍隊の狂暴性をおおいかくすため、〝国際貢献〟〝人道支援〟〝人道介入〟というすりかえ用語がつかわれるようになった。空爆し人を殺傷しながらの〝人道介入〟なのだが、〝人道支援〟にかかわるHCRやNGOは疑問をさしはさむことはなかった。難民救援をなによりも優先しなければならないという〝人道〟をかかげながら、その一方で支援団体は、軍隊をおくりこむ先進国政府やHCRから資金提供されていた。非人道的な空爆に口をつぐんでも、軍事介入によって難民が発生している事態を公にしなくても、〝人道行為〟そのもので免罪されるのである。

二〇〇一年9・11以降になると、民族浄化や〝人道支援〟という言葉はどこかに消えてしまい、かわって登場したのが〝テロ撲滅〟と〝復興支援〟である。NATO軍はさらに東へと攻撃範囲をひろげ、イラクは大量破壊兵器の保有を口実に、アフガニスタンはテロリスト支援国家を理由に攻撃された。それにともない〝復興支援〟でHCRや国際NGOも移動している。

もともと創設時からそうだったのだが、先進国が自国にいる難民を排除しても、それに抗議し難民を保護するのは、もはやHCRの役目ではなくなった。HCRは途上国での難民支援の成金貴族になりあがり、先進国での難民排除の暗黙の共犯者になりさがった。

難民は政治性からまぬがれない。為政者はそれをたくみに利用する。HCRは原因となる政治性にいっさいふれず、マスメディアをとおして海外の難民の悲惨さを強調しながら資金集めに精をだし、みずからの組織維持をはかる。仕掛けは充分ねらわれ、イメージ戦略が効果的となるようにおたがい協力してうごく。それらはけっして表面にあらわされず、〝人道支援〟や〝復興支援〟という美辞です

42　途上国に難民をとどめる論理は、結核やHIVなどの感染症を阻止する論理におどろくほど似ている。大金を投入して途上国で結核やHIVの対策がなされているが、それはやっかいな病原体を先進国にもちこんでほしくないからである。けっして途上国の人々の健康のためではない。HCRとおなじ役割を演じているのが、世界保健機構（WHO）である。

べておおいかくされる。

だから、だまされてはいけない。本当のねらいは何なのか、〝人道支援〟といいつつ非人道的な軍隊と歩調をあわせるのはなぜなのか、日本の難民迫害になぜ沈黙するのか、HCRの誕生と生い立ちにどのような背景がかくされているのか、難民のためにあつめられた多額の募金や税金がどこにきえているのか、官僚の得意とする無駄使いや横領はないのか、募金あつめは振り込めサギとどうちがうのか、まったく不透明なのである。

もしあなたが政治的考察をぬきに難民支援にとりかかるとしよう。日本政府やHCRからのおいしいエサにつられ、HCRのパートナーシップというブランドをおいもとめれば、危険な落とし穴にはまることまちがいない。日本政府やHCRの美しい〝人道支援〟物語を一度はうたがった方がよい。

第三国定住の功と罪

タイのメーソット町周辺の難民キャンプには約一五万人の難民――そのほとんどがカレン民族――が避難生活をおくっている。カレン自治組織および国際NGOが食料や日常生活品を支給し、医療NGOが診療所を運営し、難民みずからも縫製業などで賃金をえて、それを生活費の一部にあてている。生きていくうえで特別こまることがないにしても、タイ政府から厳重に管理され、移動の自由はなく、しばしばビルマ軍から襲撃され、死傷者がでている。出口のみえない生活に誰もが不安をいだいている。

そこで登場したのが、第三国定住である。第三国定住制度は二〇〇四年から開始され、難民の数をかぞえるだけと難民や支援者からかろんじられているHCRが申請者を登録し、そのなかから移住に適しているると判断された人々が欧米諸国に定住する制度である。バスがむかえにきて、バンコク経由で欧米へとむかっている。第三国定住制度は、希望のみえないキャンプ生活からぬけだす唯一の機会である。

だがこの制度がもたらす弊害もみのがせない。難民キャンプであっても、カレン民族は民族の祭り・言葉・教育など伝統文化を誇りにしてきたのだが、この大量移住によって共同体と文化の崩壊が急速にすすんでいる。教員・医療関係者・自助組織の職員などの頭脳流出はいちじるしく、有能な人材がいなくなると、キャンプ内の活動に支障をきたし、難民の教育や人材育成につとめてきた国際NGOは大打撃をうけている。

また受けいれ後の支援体制が十分でない。定住者の八五%を受けいれているアメリカ合州国では、政府が定住支援団体に事業委託し、言葉・職業訓練・教育などの支援がおこなわれているが、その期間はたったの三ヵ月間である。支援団体は受けいれ作業におわれ、定住後の面倒をみる時間の余裕はない。かといって難民が定住先で仕事をみつけるのはむつかしく、あったとしても農場や工場など底辺の職にしかつけず、しかも時間給労働である。かつて難民キャンプでコミュニティの指導者・教員・医療従事者として誇りをもっていた者が底辺の仕事につき、せっかく習得した技能を活かすことができずにいる。難民キャンプで移住前の職業訓練が実施されているが、ほとんど役にたっていない。ちなみにノルウェーは三年間、スウエーデンは五年間の支援期間を保障している。

さて、日本ではHCR駐日事務所が音頭をとり、外務省や法務省などの省庁と協力しながら、タイの難民キャンプでくらすビルマ難民の第三国定住が二〇一〇年から開始された。ところが年間三〇人の枠しかなく、それも試験的に三年のみである。いったいどのような基準で三〇人をえらぶのかもさだかでない。

難民はかならずしも第三国定住をのぞんでいるわけではない。故郷からはなれがたい気持ちはつよいのだが、家族や自身の安全を最優先し、子どもの将来を熟考したうえ、キャンプでの生活よりも他国への移住をえらんでいる。選択肢がかぎられているなかでの苦渋の決断である。あえて難民キャンプにのこる人もたくさんいる。むしろ難民が日本政府に要望しているのは、第三国定住よりもキャンプへの支援やビルマ軍政への民主化のはたらきかけである。

第三国定住は大切かもしれないが、日本の足元の難民を積極的に受けいれること、そして難民申請者を外国人収容所に収容しないことも重要である。さらに当の難民がのぞんでいるキャンプへの支援やビルマ軍政への民主化のはたらきかけも大事であろう。だが日本政府とHCRにその意志はさらさらない。年間わずか三〇人の難民であれば、入管にとっては許容範囲内で痛くも痒くもない。第三国定住は難民受けいれの格好の宣伝材料となり、マスメディアが無批判にとびつき、HCRや日本政府をヨイショするだろう。日本政府による条約難民迫害、それを黙認するHCRへの批判をかわす絶好の隠れミノともなる。

約一億円の予算がこの制度につかわれるという。これを機に外務省とHCRは資金難にあえぐ支援団体を資金提供でとりこみ、支援団体を難民の受け皿として自分たちの手足、イヤもとい、手先のごとくおもうがままあやつるだろう。定住後に言葉・労働・住居・医療・教育の問題などがかならずでてくるのだが、外務省やHCRとその関連団体は自分たちの業務にあらずとそ知らぬ顔をきめこみ、地方の団体に諸問題をほうりなげる。その最大の被害者は当の難民であろう。

第三国定住制度は、最小限の負担で最大限の効果をねらい、難民の声を無視する冷淡で不遜な官僚的態度ですすめられている、とおもわずにはいられない。第三国定住制度を提案したＨＣＲ駐日事務所はじつに罪深いことをするものだ。今からでも遅くはない。ＨＣＲと距離をおく支援団体や外国人団体と密に連絡をとり、はやいうちに手をうったほうがよい。でなければ、受けいれがあまりにもオソマツであったため、大失敗したインドシナ難民定住の二の舞をふむことになる。

官による〝人道支援〟の罠

官製援助の論理

日本国内の外国人の医療環境や教育環境は劣悪であるにもかかわらず、厚生労働省や文部科学省はなんら対策をたてていない。奇妙なことに、海外では日本政府の〝人道支援〟――〝国際貢献〟とも表現されている――がさかんである。外務省からODAなどの資金が途上国に提供され、国際協力機構（JICA）をとおして、医療支援や教育支援がなされている。足元の外国人の健康や子どもの教育を無視する一方、海外の国際保健や学校教育を重視しているのでは整合性がとれない。それにしても、海外の支援に積極的なのはなぜだろうか。

わたしは海外での支援活動をとおして、途上国の医療に、日本とくらべずいぶんとことなる印象をうけた。大都会には医療設備の充実したホテルなみのりっぱな病院があっても、貧しい人々は医療費を支払える余裕はなく、通院できない。地方では病院はかぞえるほどで、医療設備にとぼしい。スラムや地方の貧しい人にとって医療は無縁の存在であった。人々は衛生観念にとぼしいため、予防医療が必要とされるのだが、途上国政府はそれに対してなんら手をうっていなかった。経済的余裕がないためとされるが、そもそも途上国政府には医療状況を改善する意欲がまるでなかった。

途上国の社会構造はほんのひとにぎりの上層と圧倒的多数の貧困層に二極化され、そのあいだにわずかながら中間層が存在する。政治と経済の実権を最上層がにぎり、彼らの関心はもっぱら権力の維持と富の追求である。都市で最下層はスラム化し、地方では少数民族の権利は無視されている。底辺の人々への富の分配はまちがってもおこなわれず、劣悪な医療環境はその反映である。頂点にたつ統治者は、軍隊や警察などの暴力機構で国民や少数民族の不平不満をおさえつける（図4b）。先進国のODAなどの官製援助は、とんがり帽子型社会構造の先端層から中間層にふかくかかわっている。これでは助けているとおもわれる援助が強圧的な体制に奉仕し、逆に犠牲者をうむことになる。

図4b　途上国の社会構造

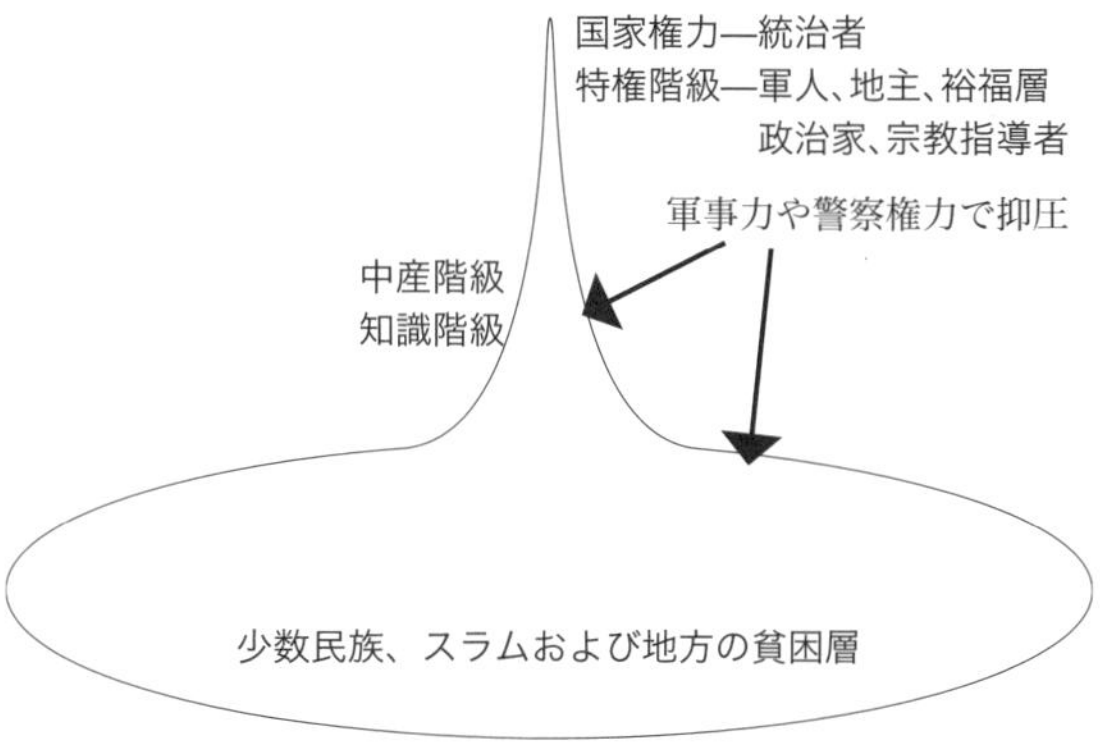

大多数の貧困層とほんの一握りの権力・特権層に二極化されている。
民族・貧富・階級によって社会の差別構造が成立している。

日本の難民申請者で数がもっともおおいビルマ人の国への〝人道支援〟に、それは代表される。

一九八九年ビルマ軍部が全権掌握した際に軍事政権をいちはやく承認したのは、日本である。その後のビルマへの援助額は年間五〇億円ちかくにのぼり、水力発電所補修・医療機材整備・保健医療拡充などの経済支援や〝人道支援〟がつづけられ、直接的にも間接的にも軍事政権をささえている。民主化勢力・少数民族・スラムの人々には、〝人道支援〟の恩恵はとどいていない。むしろ日本の企業がふかくかかわるダム開発や道路建設などのインフラ整備の支援の名のもと、貧困層や少数民族が強制的に土地をおわれ、しかも労働力としてかりだされている。さらに軍事政権によって迫害をうけ、故郷をおわれ、現在タイには一五万人のカレン難民が、バングラデシュには二万人のロヒンギャ難民がキャンプ生活をおくっている。両国のビルマ難民キャンプに日本政府からの〝人道支援〟は、まったくない。

難民をうみだし、一般市民や少数民族にはげしい弾圧をくわえているビルマ国軍は、戦争中の日本軍の謀略機関の後押しでつくられたという過去をもっている。ビルマ国軍成立当時の日本軍からの技術援助や資金提供は〝人道支援〟とよばれなかっただけで、現在の〝人道支援〟とかわるところはない。本来であれば、ダム建設・インフラ整備・教育整備・医療保障はビルマの国家予算に組みこまなければならないが、日本政府のODAなどの〝人道支援〟がそれを肩代わりし、軍事政権はその分を軍事費にまわすことができている。その軍事費は、一九八八年九月と二〇〇七年九月の二度にわたるヤンゴンで流血の惨事をまねいた。

クルドも同じ経緯をたどっている。トルコの東南部クルド地方でアナトリア開発計画がすすめられ、その一部に日本の企業がかかわっている。その開発計画で故郷をおわれたのは、地元のクルド人である。かたや一九九一年の湾岸戦争の際、フセイン政権による弾圧で国境をこえ、イランに難民としてのがれたイラクのクルド人に対して、日本政府は国際緊急援助隊の医療チームをイランに派遣し、二ヵ月にわたる救援活動がおこなわれた。ところが、おなじ戦争でアメリカ軍の劣化ウラン弾の被害をうけ、白血病やガンが多発しているイラクの子どもたちへの〝人道支援〟は、現在もなされていない。

国家がおこなう〝人道支援〟は、計算づくの損得勘定をはたらかせ、見返りを期待している。支援先の国の政治的・経済的安定を維持させながら、エネルギー資源と人的資源の獲得および市場の拡大などの莫大な経済的利益をねらっているのである。フィリピンのマルコス、インドネシアのスハルト、ザイールのモブツなど、枚挙にいとまがない。

あからさまに独裁体制を支援しようものならば、差しさわりがでてくる。そこで〝人道支援〟という名にすりかえる。そうでなければ、税金を支払っている国民に官製援助の論理を説得できない。おたがいのスジをとおしつつ、自己の利益を追求する。国際援助はもともと国家と国家の支配者同士の政治的取引の産物である。その場合援助する側に援助の決定権がある。利用価値があれば継続し、不要となれば中止する。冷戦が終結した途端、インドシナ難民の受けいれが中止され、ザイールの独裁者モブツ大統領への支援がたちどころに打ち切りとなったのは、その好例である。

政府が実施する海外の〝人道支援〟にはなんらかのカラクリがあるとみたほうがよい。〝人道支援〟という響きのよい言葉をきき、美しい報告をよめば、事情通でない人は誰でもすばらしいとおもってしまう。とおい国の支援内容を吟味できないため、そう判断するのは無理もない。だが足元の難民の状況と支援内容は、その気さえあればいとも簡単に把握できる。難民や支援者の言い分に耳をかたむければ、かならずしもきれいごとばかりではない。

国家や国家間組織は利益をむさぼる意図を背後にしのばせている。海外の〝人道支援〟もまた、国内のそれと別ではありえない。国内での難民追放や外国人迫害と、海外での〝人道支援〟は一見矛盾しているかのようだが、見返りをもとめる点、それがなければ手のひらをかえし、無視するか迫害にきりかえる点において中身の整合性はとれている。

子飼いにされる人々

相手国政府との利害関係を重視する日本政府から派遣された団体と個人は、当然ながら政府の意向にさからわない。途上国での支配構造や底辺の人々の差別・貧困・迫害などの現実を日本政府から派遣された人が感じとることはまずないだろうし、そのような事実に気づいたとしても、解決する方向をめざすことはまちがってもしない。それは、派遣そのものが上からの命令によってなされるにすぎず、みずからの意志で、みずからの考えで、みずからの責任をおうことがないからである。そのような人々から構成される団体では、活動の地域や対象者が限定され、質的にも限界がでてくる。海外の医療活動は、一般の人にとって〝人助け〟としてうつるが、かならずしもそうとはいえず、状況や内容によってちがってくる。それでは、とおい国での支援内容を吟味してみよう。

二〇〇四年イランでおきたバム市の地震でわたしは現地にむかった（第二章「イラン人の警告」参照）。そこで偶然にも出会ったのが、JICAのもとで組織された国際緊急援助隊の医療チームである。医療チームは、バム市から一五キロはなれ地震の倒壊をまぬがれた高級ホテルで寝泊りし、夕食にはイスラム圏で手にいれることのむつかしいお酒がふるまわれていた。医療チームの人件費・ホテル代・レストランの飲食費・往復の飛行機代・交通費などを換算すると、たいへんおおきな出費となる。その時点でバム市の医療状況はおちつき、今後は地元の医療関係者にまかせ、バム市から撤退してもよい時期であった。それでも日本の医療チームは数ヵ月間バム市にとどまる予定だった。無意味に滞在をのばせば、その経費（税金）は余計にかかる。それに被災者の関心事は、医療よりもその日の生活である。薬よりもナンや水の確保であり、住まいや職のほうが彼・彼女らにとって重要であった。

ある時点で医療が優先されるかもしれないが、基本的な生活が安定していないなか、医療救援したところで、それがかならずしも有効に作用するとはかぎらない。それにバム市からとおくはなれた高級ホテルに宿泊し、運転手つきの車で移動をしても、JICAの援助隊関係者は被災者の心情を理解できるだろうか。わたしは地元NGOとともにテントですごし、空腹と寒さに耐えながらの被災民のテント生活がいかに大変なのかを実感した。キャンプ地のテントで寝泊りしていたNGO関係者は被災者とおなじ目線にたち、親身になって救援している様子がわたしの目にうつった。

国家からあたえられる資金が豊富にあれば、ある程度の成果はあげられる。だがそれも費用対効果をふくめて客観的に検討してみなければ、本当のところはわからない。それに政治的に対立している国や地域の場合、日本政府の関係団体がどちら側につくのか、あるいはどの地域やどの層を支援するのかによって評価はおおきくわかれる。相手国の政府関係者をとおして豊富な援助金をつぎこめば、相手国によろこばれるのはあたりまえであろう。しかし政府に反対する側は援助をどうとらえるのだろうか。ビルマの民主化をもとめる人々は日本のビルマへのODAが軍事政権を延命している点をきびしく批判し、不要な援助金の削減を要求している。途上国ではこうした対立は大なり小なりおきている。

第一章「アフガニスタンの命運」では、アフガニスタン復興支援で役立たないモノをおくる外務省に言及した。ここではJICAのヒト派遣について、レシャード医師にふたたびかたってもらうことにしよう。

JICAの技術支援では日本人の人件費が七割をしめています。技術移転といいますが、地元の人間をそだてる仕組みではありません。地元の人間はその土地の事情をよく知り、理解しています。なにが必要なのか、どのように使うのかを熟知しています。それでも、そこにお金をまわすことはありません。

そだてた人間が社会の問題意識をもち、途上国の社会の変革をもとめれば、時の権力基盤をおびやかすことにもなりかねない。むしろ援助をとおして、日本から派遣される人々を日本政府の子飼いにさせようとしているのだろう。統制されやすい従順な「地元（日本）の人間をそだてる仕組み」というねらいが海外の援助にかくされている。

援助哲学の忠実な実践者

したたかな援助方式はもともと日本独自に考案されたものではなく、アメリカ合州国の援助にその原型がもとめられる。

冷戦時代、アメリカ合州国は世界戦略の一環として援助を外交手段にもちい、共産主義の浸透に対する防波堤をきずこうとした。一九四七年にマーシャルプランによって巨額の資金を西欧に貸しつけ、経済的支配をつよめ、自陣営にひきよせ、ソ連の封じこめをはかろうとした。一九六一年にアメリカ国際開発庁（ＵＳＡＩＤ）と平和部隊が創設され、途上国での共産化を阻止する政治戦略にもとづき、カネ・ヒト・モノをおくりはじめた。そのときかかげた標語は〝人道援助〟であり、〝貧困への挑戦〟である。だが援助をうける側の途上国では、ＵＳＡＩＤや平和部隊は政治的道具とうけとられ、平和部隊の派遣は失敗におわっている。そこでＵＳＡＩＤはＮＧＯのケア（ＣＡＲＥ）や国際救援委員会（ＩＲＣ）を資金提供によって配下におき、民間からの援助外交をくりひろげるようになる。人々を助けるという錦の御旗でモノをおくるのだが、実際はアメリカ合州国の余剰農産物のはけ口となり、供与されたモノが支配層のフトコロにはいり、アメリカ産農産物により地元産業は大打撃をこうむったのである。

これが官製援助のはしりであり、他の先進国もアメリカ合州国の援助手法を追随し、フランスや西ドイツでは経済協力省、日本では海外経済協力基金や海外技術協力事業団（ＪＩＣＡの前身）が設立され、途上国の開発にのりだし、西側陣営にとりこもうとした。自国企業の利益を誘導する、いわゆるひもつき援助が開始され、途上国への技術・経済協力が自国の政治的・経済的利益につながるよう巧妙に仕組まれた。人的な〝国際貢献〟として、アメリカ合州国の平和部隊をモデルに、日本青年海外協力隊が誕生したのもこの頃である。自国の余剰工業製品を供与するところまでアメリカ合州国の援助戦略をまねている。

難民への援助も反共政策の一環として位置づけられ、政治利用が露骨である。アメリカ合州国は一九四八年の流民法、一九五三年の難民救済法、一九五八年のハンガリー難民法、一九六六年のキューバ難民法などを成立させ、共産圏諸国からのがれてきた人々を迫害の有無を問わず無条件で受けいれた。この時期にはソ連と東欧以外に大量の難民が発生している。一九四七年インドとパキスタン分離独立のムスリムやヒンズー教徒、一九四八年イスラエルによって土地をおいだされたパレスチナ人、一九四九年中国大陸から台湾にのがれた外省人、一九五〇年代の朝鮮戦争と第一次ベトナム戦争の被災民である。それらの難民はまったく考慮されず、かやの外であった。一九七三年ＣＩＡの後ろ盾でクーデターを成功させたピノチェト軍事政権からのがれたチリ人は無視され、一九八〇年代のアメリカ合州国による国軍や極右民兵へのテコ入れで、内戦が長期化したエルサルバドルからの難民も一顧だにされなかった。

一九七五年にはインドシナ移民・難民支援法が成立し、大々的にインドシナ難民の救援と保護がうたわれた。共産主義がいかに劣悪な政治体制であるかを宣伝しつつ、インドシナ難民の受けいれが東側への圧力となった。また東南アジアの難民キャンプにまぎれこんだスパイによって共産主義が浸透するというつよい危機意識もはたらき、難民受けいれ負担よりも共産主義の浸透防止が優先された。アメリカ合州国の圧力のもと、日本をふくめた先進国がインドシナ難民を受けいれたのは、周知の事実である。難民はアメリカ合州国にとって外交戦略のコマにしかすぎず、政治利用をぬきに難民支援をかたることはできない。

クラウゼヴィッツの戦争哲学の名言「政治的意図が常に目的であり、戦争はその手段にすぎない」は、あるフランス人が指摘したように、戦争を援助におきかえても充分つうじる。「援助は政治目的の手段にすぎない」。その政治目的とは、戦争や援助で相手国の人々がどれだけ被害にあおうとも、それを無視し自国の支配下におき、政治的・経済的利益を自国に有利にみちびくことである。アメリカ合州国をはじめとする先進国は、戦争哲学と援助哲学の忠実なる実践者なのである。

◇ひとやすみ◇　援助の復讐

近代の国民国家が成熟するにつれ、いくつかの逆説的な現象がみられる。

「帝国の復讐」という言葉がある。宗主国は植民地へ出先機関をおくるが、しだいに出先機関への統制がとれなくなり、出先機関が植民地で暴走する。それが宗主国にはねかえり、国の政治を変質させてしまうことをいう。旧満州での日本軍の歯どめなき拡大によって日本本国における政党政治のおわりと軍人強権政治のはじまりをもたらしたのが、これにあたる。

復讐の例をもうひとつあげよう。国家の役割に教育の整備がある。教育効果は二つの側面をもつ。ひとつは、国家の構成員となり忠誠をちかう人をそだてることである。統治者の意図はそこにある。もうひとつは、教育によって知識をえた人が知恵の刀で権力にきりかえし、国家に反逆をくわだてることである。すなわち「教育の復讐」である。植民地での独立や革命の英雄はその実践者にあたる。

それでは「援助の復讐」はどうなのだろうか。アメリカ合州国は、アフガニスタンでソ連とたたかうムジャヒディーン（イスラム聖戦士）に敵の敵は味方であるとして、ゲリラ活動を援助した。皮肉にもムジャヒディーンのオサマ・ビンラディン氏は、のちに武装集団アルカイダを組織し、アメリカ合州国に牙をむき、本当の敵になってしまった。

イランでも同じ現象がおきている。アメリカ合州国は石油確保のためイランのパーレビ王朝をささえていた。軍事をふくむ多額の援助をおこない、ＣＩＡ要員などもおくりこんだのだが、逆にイラン人の反感をまねき、宗教指導者ホメイニ氏などによって王朝は転覆された。今でもイランでは反米感情は根強くのこっている。せっかく援助したのに、思惑どおりにことがはこばず、アメリカ合州国は地団太をふんでいる。

そこでイランに戦争をしかけたイラクにも「敵の敵は味方」論理で、アメリカ合州国は援助するのだが、それはイラクのフセイン独裁政権を延命するのに一役かった。フセイン政権はその後二度にわたりアメリカ合州国と一戦をまじえた。これは一見「援助の復讐」のようにみえるが、そうではない。アメリカ合州国が西アジアに軍隊を駐留する足場をきずきあげ、同時にアメリカ合州国内で愛国心をかりたて統制力を強化し、軍需産業を成長させ、戦争を正当化するのに成功したのである。だがアメリカ合州国はイラク戦争後の泥沼にはまり、手をひきはじめた。これこそが正真正銘の「援助の復讐」といえる。

日本でも途上国への援助をとおして「援助の復讐」がみられる。教育環境の改善・社会福祉の充実・インフラ整備は、本来であればそれぞれの国の予算として組みこまなければならないが、日本政府のODAがそれを肩代わりしているため、その分を軍事費にまわすことができる。その軍事費は、ビルマでは二度にわたる流血の惨事をまねき、トルコではクルド地域の無人化を促進し、スリランカではタミール少数民族への迫害をひきおこしている。それぞれの国の難民の一部が日本にのがれているが、日本政府にとって難民の受けいれは経済的な負担となる。しかも難民は政治的・外交的に厄介な存在である。迷惑な難民はきてほしくないというのが、日本政府のホンネである。ここに、みずからまいた種が災いをもたらす「援助の復讐」がみられる。災いを巧妙にひきだし、それを福に転じ、みずからの体制を強化し、〝人権外交〟するアメリカ合州国ほどのあくどい知恵ははたらかない。権謀術策を旨とする欧米の伝統的外交はとても無理で、難民を外交上の駒として利用するにも、うまく立ちまわれないのが日本の外交である。できるのはせいぜいODAの援助外交である。

ODA（Official Development Assistance＝政府開発援助）という言葉をはじめて耳にしたとき、わたしはどこかできいた気がした。それはDOA（Death On Arrival＝到着時死亡）である。救急外来にDOAの患者がはこばれ、医療関係者は死に瀕している患者を蘇生する。援助といえばきこえはいいが、ODAがもたらす途上国での環境破壊や人権侵害は数おおく散見される。その被害者は難民や被災民となり、地元のNGOあるいは隣国の救急外来たる緊急避難所や難民キャンプにかけこむ。ODAは地元民の生活を破壊する一種の公害である。開発で人々が豊かになるというよりも、ODAは「死を招く援助」[43]（Official Assistance to Death）とよぶにふさわしい。そのようにかんがえると、ODAをDOAとききまちがえたのもあながち的外れではなさそうだ。

かつて日本はアジア諸国を軍事力で支配した時期があった。今では日本の軍隊は、憲法九条が足かせとなり、出動できない。そこで軍事力にかわって、カネとモノとヒトをつぎこむ。現地人の風俗・習慣・制度などを習得しながら、ODAで資金をえた技術者と援助団体が、〝人道支援〟という美名のもと、医療や教育などをほどこし、現地人の反抗を極力おさえる。そのうえで多国籍企業がより進出しやすい環境をととのえ、土地と資源と労働力の搾取を容易にする。それは形をかえた植民地支配にほかならない。官製援助には収奪と支配の意図がつねにかくされている。これからもそれがつづけられるかぎり、いずれは現地人にみやぶられ、わたしたちの社会に復讐としてはねかえるだろう。それは、まさしく「帝国の復讐」であり、「教育の復讐」そのものである。

43　ブリギッテ・エルラー『死を招く援助』(亜紀書房、一九八七年)には、西ドイツ政府からバングラデシュへの公的援助が貧富の格差を助長し、地域社会の破壊をもたらした、とのべられている。

古い支配から新しい支援へ

現代の聖職者

途上国では教育を十分にうけることができず、医療にアクセスできない人々がおびただしく存在する。教育や医療をほどこすのは本来であれば国家の役目なのだが、ほったらかしにされている。国家間の利害関係がつよくむすびつく官製援助では、国家にとりのこされた人々に対して、ほとんど無効である。そこに先進国のNGOの活躍の場がみいだされる。

先進国のNGOが現地にとけこみ、活動にはげむ。無策の途上国政府にかわって、我々の手でやりとげなければならないという使命感にもえ、実行にうつす。学校をつくり、教科書をくばり、病院をひらき、医療機器や薬をおくり、災害や難民発生の緊急現場へとむかう。先進国のNGOは途上国の地元に根づきながら、教育や医療環境をととのえようとしている。助けをもとめる人々への献身的な奉仕は、聖なる行為というにふさわしい。かつて宗教指導者は、貧しい人々に医療や教育をほどこし、聖職者と名づけられた。学校で子どもに知恵や知識をさずける教育者もまた、聖職者とよばれた。途上国で教育や医療援助にたずさわっている人は、まさしく現代における聖職者なのである。

教育や医療は文明化をうながし、途上国の人々に幸福をもたらす。その崇高な理念のもと、現代の聖職者は途上国の文明化にいそしむ。その根底には、途上国は自分たちよりもおくれているがゆえに文明化しなければならないという考えがある。文明の発展を旗印に文明信奉と使命感があればこそ、かつての植民地支配は正当化された。

植民地時代の聖職者

植民地のころ、西欧のキリスト教宣教師は危険をかえりみず、未開の地におもむき、教会を根城に布教にはげみ、かがやける近代文明の制度や産物をうえつけた。野蛮な未開人は文明的におくれ、文化的におとっている。それゆえに、彼・彼女らを保護し恩恵をほどこさなければならない、という使命感が宣教師の行動をささえた。神につかえる宣教師は未開地の文明化をみずからの義務とおもいこみはじめる。人々を教育するため学校がたてられ、教育が宣教師の手にゆだねられた。人類愛をとく宣教師は、宗教教育を中心に実用的な算術や語学などをおしえていた。教育以外に医療活動にも情熱をかたむけ、病院などの近代的な施設を建設した。それが地元の人にとってどんなにおせっかいであったとしても、宣教師は文明化を達成しようとはげみ、自身の正しさをけっしてうたがわなかった。

植民地政府はこのキリスト教の活動に目をつけた。教育が成功すれば、宗主国側の制度や観念が浸透し、人々を服従させやすくなる。医療介入すれば、宗主国からの軍人や植民者の健康がまもられると同時に、感染症を制御していく過程で現地人への統制が容易となり、現地人の健康維持を名目に植民地支配の正当性がつよまる。植民地政府は補助金をだし、教会活動をささえはじめた。都市中間層の現地の子弟が宣教師によって教育され、将来の政府の幹部候補生となった。宗主国の文化や言語で教育された子どもは植民者と同じ目線にたち、現地の文化をみくだす。植民地行政官と宣教師は密接な関係をむすび、教育活動や医療活動をとおして西欧文明の価値をおしつけていった。

教育や医療環境の改善がどんなにすぐれた効果をもったとしても、文化的かつ人種的な差異が序列化され、民族的・人種的差別が助長され、あとから大量におしよせる侵略者のための受けいれ準備がとのえられてしまった。さらに宣教師は宗主国と植民地との中間に位置するため、両者の緩衝的な役割が重宝された。それを自覚しようがしまいが、結局のところ、宣教師は植民地支配の尖兵と緩衝剤の役割をはたした。

援助教の勃興

近代となり、科学の発展とともに神々の威光は地におち、宗教の力だけではもはやおしえを人々に浸透させることはできなくなった。だが宗教の時代はすぎさったというのは早計である。かわりに現代的なよそおいをこらした新種の宗教があらわれてきた。民族主義教・民主主義教・社会主義教などである。援助においてもＨＣＲ教・ＵＮ教・ＪＩＣＡ教・ＵＳＡＩＤ教・ＮＧＯ教などがさかんとなる。援助教の各宗派の聖職者や信者は、途上国で近代的な教育や医療をほどこしはじめた。キリスト教の宣教師にかわって、開発プロジェクトを推進する国際機関や援助団体の職員がその役をつとめるようになった。現代の聖職者の登場である。

援助にまい進する姿は、かつての侵略の先兵として布教にはげみ、文明化に情熱をかたむけた宣教師のそれにかさなる。国際開発・国際協力・国際経済関係の教科書は彼・彼女らにとっての聖書となり、それを片手に知識習得にはげむ。キリスト教の福音をとくかわりに、ＵＮ教やＪＩＣＡ教では、〝人間の安全保障〟や〝平和構築〟という人間味にとぼしい無味乾燥な、いかにも官僚的発想のお題目をとなえはじめる。その根底にあるのは、かつての宣教師がそうであったように、文明化がよいものだと信じてうたがわない信念である。それにささえられながら学校や病院などの近代的な施設をたて、近代文明のすばらしさをつたえはじめた。それが、地元の人にとってどんなにおせっかいなことであるとしてもだ。

植民地支配の申し子、国際保健

援助教の聖書に記述される内容は、もちろん援助のおしえである。信者が開発援助をまなぶ先としてえらぶのは、たいていはイギリスやアメリカ合州国の大学である。そこでは植民地時代の統治技術のノウハウがたくさん蓄積され、教授などの宗教指導者が援助を体系化し、高度な学問として発展させ、信者を熱心に指導している。イギリスで発展した援助学問のなかに国際保健学がある。その成立は過去の植民地支配と無縁ではない。

一八三〇年代イギリスのロンドンでコレラが大流行した。そのおおもとは植民地インドで発生したコレラであった。大都市ロンドンでは衛生状態がきわめてわるく、下水道がまったく整備されず、劣悪な環境のもと労働者が集住していた。そこにインドから帰国したコレラ菌保有者が引き金となり、水系感染により爆発的なコレラの拡大をまねいた。コレラの原因をさぐり、疾病予防していくなかで、国内用には公衆衛生学、並行してそこから派生した海外用の熱帯医学が誕生した。

当時の植民地ではコレラやマラリアなどで植民者や兵士そして現地人が命をおとし、統治者は熱帯地方の感染症にほとほと手をやいていた。統治者や植民者自身が病気になってしまっては、統治できるはずもない。植民地政策を円滑にすすめるためにも、感染症の制圧は最重要課題であった。

植民地での医療活動でなにより優先したのは、植民者自身の感染保護であった。つぎに現地人を対象とする感染症対策に着手しはじめた。そのねらいは、植民地での健康な兵力と労働力を確保し、現地人の不安と反抗心をやわらげることであった。さらに円滑な植民地経営をすすめるためにも、公衆衛生の手法は活用された。感染症制御というのは、現地の生活環境に密着し、集団でおこなわれるため、個人への介入と管理がより容易となる性質をもっている。植民地経営の莫大な利潤をえるため、統治技術の一環として公衆衛生は植民地行政に組みこまれていった。植民地開発とともに熱帯医学が急速に発展し、一八九九年にロンドン熱帯医学校が開校された。

日本でも明治以降西洋医学がいちはやく導入され、植民地が拡大するにつれ、医学はあらたな展開をみせはじめた。熱帯医学・北方医学・南方医学などの植民地医学が発展し、医療の水準は世界の最先端をはしるようになった。〝大日本帝国臣民〟とされた現地人に対しマラリアやチフスなどの感染対策は十分すぎるほど熱心であった。最先端の医学はしかし、敗戦ですべてが台無しとなり、植民地医学や熱帯医学はきえさったかのようにみえた。だが、それはたんに影をひそめていたにすぎない。

一九八〇年代となり、経済大国となった日本が海外へでかけていくと、まずは日本人の健康をまもるため、つぎに〝国際貢献〟が声高にさけばれ、開発援助の一端として、感染症対策がふたたび注目をあつめるようになった。戦前の植民地医学や医療行政をささえた研究者や人材が動員され、熱帯医学会が産声をあげた。戦前の植民地のもとで発展した医学会は息をふきかえし、熱帯医学会へとひきつがれ、植民地医学は国際保健学へと変身をとげた。

国際保健は、利潤をあくことなく追求する植民地支配の申し子である。その第一人者ロンドン熱帯医学校は、七つの海を制覇し植民地支配の頂点にたったイギリスの貴重な世界遺産である。国際保健を信奉する援助教の聖職者にとっての聖地でもある。

植民地政策から国際協力への変身

国際保健にかぎらず、植民地支配の過程で発展した学問はほかにたくさんある。文化人類学や地理学などが代表で、そのなかでなんといってもその名もズバリ、植民政策学が筆頭にあげられよう。植民地支配を合理的にすすめるため、日本では二〇世紀初頭に旧帝国大学で植民政策講座がもうけられ、殖民学会が誕生した。植民統治論がさかんに議論され、植民政策学が体系化されてゆく。戦後いったん植民政策学はきえさったかにみえたが、戦前に植民政策学を牽引した学者によって戦後東京大学で国際関係論の機関が設立され、植民政策学は復活をとげた。植民政策学は、統治政策だけにとらわれず、労働力の国際移動という観点から政治経済そして社会分野としてひろくとらえられ、戦後には国際開発学・国際協力学・国際関係学・国際経済学へと枝わかれし、姿をかえていった。

植民地時代に統治や経営などの技術を発展させた欧米で国際関係の学問が盛んなのも、その証《あかし》である。途上国の開発というよりも、合理的に資源と労働力を搾取し、自国に有利にはたらかせるための統治技術や収奪技術を開発する学問なのであろう。開発分野の学問と並行して植民地行政も国際援助行政へとうけつがれてゆく。植民地行政の運営部局が開発行政の運営部局へと移行し、植民地行政官は開発経営研究や教育機関ではたらくようになり、植民地経営の手法は開発経営のそれにとってかわった。

第二次世界大戦後に、独立した国家内では、西欧の価値観で教育された子弟が政治的主導権を手にしたものの、宗主国の統治者が現地のエリートにすげかえられただけで、現地人からすれば支配されることにかわりない。ＯＤＡやブレトンウッズ体制の国際金融機関の援助をとおして、先進国は途上国の支配層をだきこみ、政治的・経済的な利権を保持する。そして現地の教育や医療の向上という国際協力の名目で、被抑圧者の不満をおさえる。

バングラデシュでわたしがみかけたイギリスのオックスファムやフランスの国境なき医師団は、それぞれの本国の植民地時代の統治技術を踏襲し、援助に応用していた。イギリスは間接統治、フランスは直接統治の同化政策である。植民地経営や統治技術はけっして姿をけしたわけではない。植民地時代のいまわしい過去をしっかりと封印し、〝国際協力〟や〝国際貢献〟という美しいベールに身をつつんでいるだけである。よくよく考えれば、先進国は例外なくかつての宗主国であり、途上国のほとんどはかつての植民地である。

権力のお先棒かつぎ

それでは現代の聖職者は、歴史的に形成された途上国の社会構造のなかで、どのような態度をしめすのだろうか。国際医療団体を例にとってみよう。

医療関係者は治療を優先し、人々の健康と疾病に関する活動だけに専念し、しかも組織維持に力をそそぐ。富の偏在や国家の横暴が結核やＨＩＶなどの感染症を拡大させ、圧政による犠牲者が多数うみだされるなか、その国の貧困や内戦がどうしておきるのか、支援する状況がなぜつくりだされるのか、それは自国の外交と無関係なのか、という根源的な問いをなげかけることはない。専門家というのはなかなかクセモノで、政治的・社会的な背景や構造的な問題にふれたがらない。医者はその枠内に安住し、病気だけをみればよいという思考におちいる。

ある医療雑誌に国際医療団体代表のインタビュー記事が掲載されていた。難民や被災者を医療的に救援するが、社会構造や政治的な問題は他団体にまかせればよいという姿勢であった。その代表は「役割分担」という言葉をつかい、治療という行為のみに自分の仕事を限定していた。そうした態度は病気の根本原因に目をとざし、耳をふさぎ、思考を停止させる。現場をしる専門家や当事者が問題点をあきらかにし、政策担当者へ積極的にはたらきかけてこそ状況の改善につながるのだが、このような思考停止は統治者をよろこばせるだけである。政治にかかわらないこと自体がすぐれて政治的であり、状況の悪化を支持しているという点を、発言した当の本人は気づいていない。

こうした言動は国際保健や国際協力に従事する人たちに一般的なのだろう。となると、国際協力というのは、技術的な面にのみ力を集中することで、故意でないものの国家権力のお先棒をかつぐことになる。

あらたな支配者

現在途上国内で内紛がおきても、先進国同士の戦争はもうおきないだろう。近代国民国家を形成するなかでくりかえされた植民地争奪合戦や覇権争いがふたたび勃発すれば、世界経済が破滅にむかうのは目にみえているからである。経済の安定を優先し、政治の安定をねがう。先進国同士の争いはもはや無意味になりつつある。

冷戦終結が安定志向に拍車をかけた。先進国は軍隊をもてあますようになり、軍隊の存在意義がうすれはじめた。すると軍事官僚は危機感をつのらせ、軍事力の使い道を模索し、場所をさがしもとめるようになった。そこで、国家は難民支援や被災地救援に軍隊をおくることをおもいついた。一九〇年代以降ソマリア・イラク（クルド）・ルワンダ・コソボでは、〃人道支援〃をかかげつつ軍事介入が開始され、緊急の難民支援は軍隊がとってかわるようになった。植民地時代とかわりなく、大手をふって自国の軍事力とともに技術や人々が総動員されてゆく。かつて緊急救援はＮＧＯの独断場であったが、圧倒的に機動力のまさる軍隊のほうが有利である。地域紛争や自然災害などが軍隊介入の口実をあたえてしまった。軍隊が支援にかかわれば、ＮＧＯのなわばりはしだいに侵食される。

ところで軍隊というのは人を殺傷する暴力機構であり、ケンカの専門家集団である。その本性をおおいかくさなければ、〝支援〟もままならない。〝人道〟という言葉で自国民をあざむけても、現地人は軍隊の本質をみとおしている。そこで利用されるのがなわばりを荒らされたＮＧＯである。最初のうちＮＧＯの地道な活動は現地人に歓迎されたとしても、軍隊派遣する政府から資金提供されると、ＮＧＯは軍隊と地元との軋轢を回避する緩衝的な役目をになうようになる。アフガニスタンやイラクでの戦争で軍隊と民間が協力しあい、いつのまにか非政府組織ＮＧＯは政府組織ＧＯへと変質しはじめている。

支援がかならずしも被災者の利益につながるわけではない。場合によっては、支援者自身は無意識でも、加害者側にたってしまうことさえある。ＮＧＯ保護を理由に武力介入し、軍隊派遣の正当性をあたえてしまいかねない。かつての宗主国の軍事戦略がこれであった。

ベトナムでは一八世紀の内乱時代にベトナム人がフランス人司教に助けをもとめた。司教は軍隊の将軍に早がわりし、フランスから数百人の義勇兵と軍艦をともない、ベトナムの地にやってきた。ベトナム救援を口実にフランスは侵略の足場をきずき、その後のベトナムの運命を決定づけた。中国においては義和団の乱でキリスト教徒が危害にあい、同国人の生命をまもるという名目で日欧米の侵略の糸口をあたえた。それが清国の命取りとなり、清王朝は自滅の坂をころがり、その後の内乱と荒廃につながった。

支援団体が政府からの独立や政治的中立を標ぼうしたところで、援助そのものがきわめて政治的であり、支援団体の保護を理由に軍隊はかならず介入する。一九九四年のルワンダ救援において、アジア医師連絡協議会（ＡＭＤＡ）は自衛隊に協力をもとめ、国境なき医師団もまたルワンダ難民の安全確保を名目にフランス軍の介入を要請している。国連難民高等弁務官事務所（ＨＣＲ）も軍隊による保護をもとめ、ＨＣＲの配下にある支援ＮＧＯはそれに追随している。あらたに装いをこらした植民地支配の再現である。ここにきてわたしはバングラデシュのシャジャハーン医師の一言をようやく理解した。

ＨＣＲは、欧米ＮＧＯとともに新しい支配者としてやってきた。

◇ひとやすみ◇　援助の産業化

現代社会では生産者がはたらき、物がうみだされ、消費者がそれを購入する。そのなかで貨幣が介在し、市場原理にしたがい、物の貨幣価値が決定される。

情報産業という言葉が一九六〇年代にあらわれて以来、売買の概念がいくらか変化した。たとえば新聞やテレビなどのマスメディアは情報をうみだし、それが価値あるものとしてとらえられ、市場の原理にそって情報の価値がうごき、情報を発信する側にその対価が支払われる。旅行会社は旅という感覚情報を旅人に体感させ、代金をえる。医療もまた情報産業のひとつである。患者を治療し、その対価として治療費が支払われる。これも一種の情報の売買である。これらは製品を生産しない情報産業にくみいれられる（図4c）。

それでは難民の援助ではどのような仕組みになっているのだろうか。支援団体は、マスメディアをとおして、みずからの行為や難民のおかれている状況をつたえながら寄付をつのる。情報の売買という点において、他の情報産業と同質である。ただし支援団体は株式会社のように利益を追求するわけではない。会社とことなるもうひとつの点は、受益者の難民が支援団体にその対価を支払わないことである。これはずいぶんと奇妙な話である。情報産業にはちがいないが、上述のような単純な売買の図式ではくくれない。

支援団体はたえず資金源を調達しなければならない。消費者からの寄付や助成金をあてにするにはあまりにも心ぼそい。そこで資金源をさがしもとめる。そこに国家は着目し、資金提供する。すると、支援団体は国家の支配下におかれ、手足となってうごかされる。国家のかくされた意図がもうひとつある。難民の政治利用と安価な労働力の確保である。支援団体を学校に、難民を生徒にあてはめれば、そのねらいはより鮮明となる。援助のなかで教育がとりわけ重視されるのは、支配者にとって都合のよい人材をそだてるためである（図4d）。

資金を獲得した支援団体は人員や資金や知識を総動員し、計画的に系統立てて、団体を運営していく。職員は給料をもらい、業務をこなし、生活の手段としてはたらく。業務なので、難民をうみだす構造的な問題への追求はとぼしくなり、あたえられた仕事を忠実にこなすにとどまる。組織経営をうまくこなさなければならず、援助の解決すべき問題よりも団体の存続や発展に関心をもちはじめる。ゆきつく先は組織維持の目的化と官僚化である。援助をひとまず標榜しておけば、誰もそれに疑問をはさまず、根本的な問題にふれずにすませられる。国家のお墨付きあるいは国連難民高等弁務官事務所（HCR）のブランドイメージが後押ししてくれれば、なおさらである。こうして援助は一種のビジネスとして成立し、援助の産業化が進行する。

産業なので同じ支援団体といっても、おたがい商売ガタキである。資金獲得をめざし、競争をくりひろげ

図4c　物および情報の売買

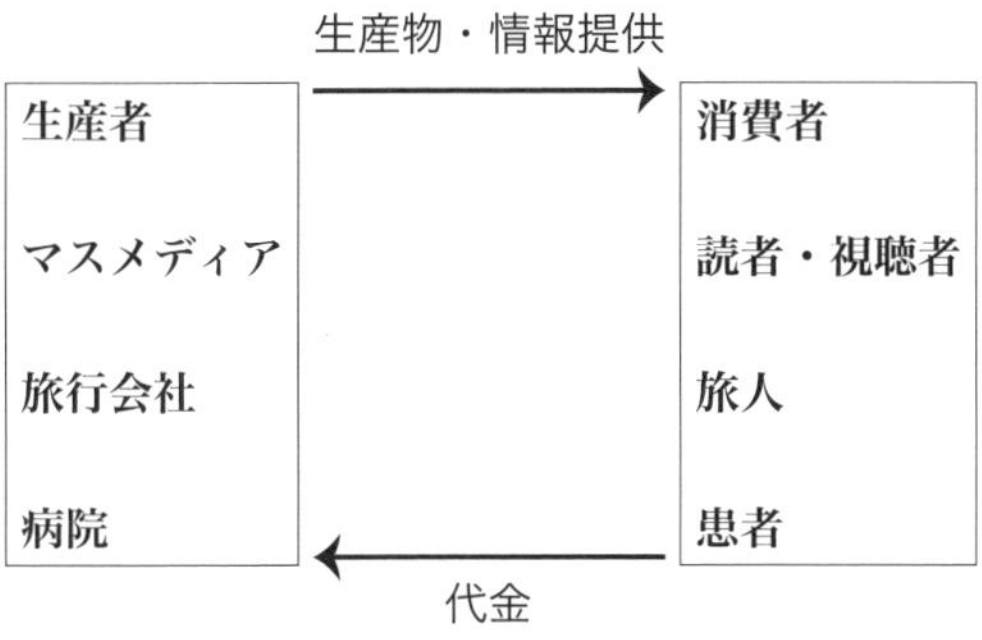

図4d　援助産業での情報の売買――難民の例

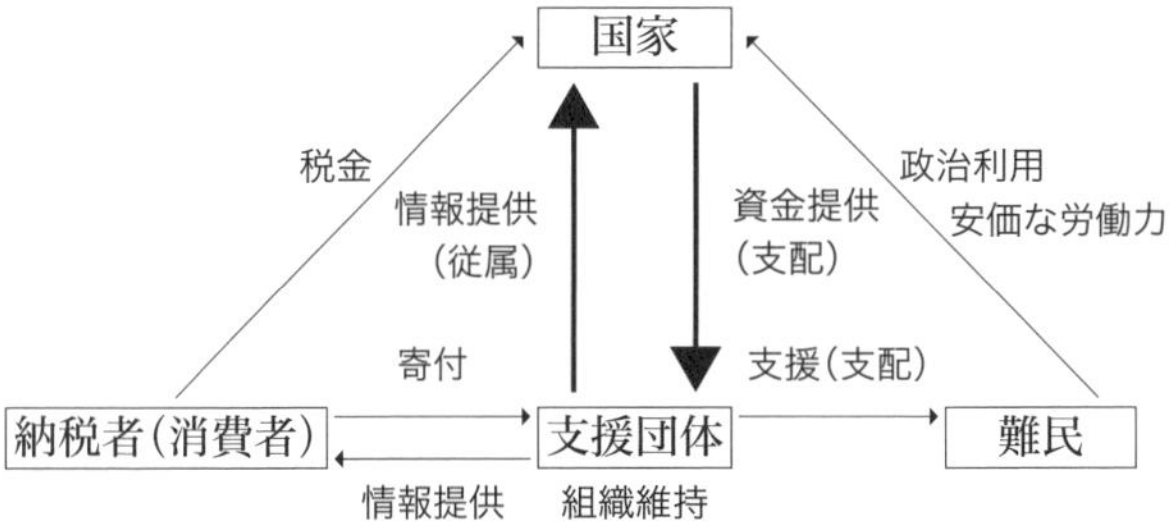

る。援助団体は資金集めの方法に頭をひねり、情報の有用性を最大限利用する。難民の映像が衝撃的であればあるほど、寄付額はそれに比例する。そのため演出に力をそそぎ、美しい物語をかたる。観客である消費者は映画・演劇・オーケストラに酔いしれ、チケット代をおしまずに支払う。このように援助の情報価値も他のマスメディア産業と同様に市場の原理に左右される。国際的に有名なHCRや国境なき医師団は、マスメディアを利用しながら、ブランドイメージをたかめる戦略を採用している。現地の援助関係者や難民のあいだでささやかれている言葉がある。

国境なき医師団はマスコミとともにきて、マスコミとともにさっていく。

芸人・俳優・小説家・スポーツ選手などは華やかにテレビにうつることで人目をひき、人々に快楽をあたえ、情緒的に刺激する。これも情報産業の一種である。そこに権力者は目をつけ、彼・彼女らを自陣営にとりこみ、政治利用する。情報刺激装置の分野から政治家になった人がこれまでどれだけ輩出したのだろうか。

同じことは援助産業についてもいえる。支援団体は国家と一線を画する草の根運動からはじまったとしても、産業としてうごきはじめると、マスメディアへの露出度がたかまるにつれ、徐々に権力者にとりこまれてゆく。国境なき医師団の元幹部がフランス政府の閣僚級の地位におさまったのは、象徴的である。日本でも外務省や経団連の音頭で設立されたジャパンプラットフォームに支援団体がくわわりはじめた。

農業が国家の基本とうたわれた時代がながくつづいた。その後一八世紀の産業革命をへて、工業が国家の基本政策として推進された。農業や工業をたもちつつ、国家の重心は次第に情報産業へとうつってゆく。それは近代文明を形成していく過程のあらがえない流れである。ところが産業が発達するにつれ、負の面がでてきた。工業の時代には公害が噴出し、日本では水俣病や四日市ぜんそくなど人間の身体をむしばむようになった。

情報産業の時代になっても、公害が噴出している。情報過多・個人情報の漏洩・人間のこころの破壊などである。そのなかでも恐ろしい公害がひそんでいるのをみおとしてはならない。

物を生産するわけではないので、情報だけでも産業は成立する。実際に援助活動しなくても、形式だけととのえ美辞麗句をならびたてた報告書を作成し、お金をまきあげることだってありうる。虚像産業といわれるゆえんである。世の中に偽装がいとも簡単にまかりとおるのは、情報をたくみにあやつるだけで、容易に人をだませるからである。

　とりわけ権力者による情報操作はやっかいだ。中身のないみせかけを政府広報やマスメディアにのせ、世論をたくみに操作し、人々の心を支配しようとする。あざむかれた人々は、操作された情報に左右されるため、国家の暴力性や欺瞞性に気づかず扇動される。ヒトラーは『わが闘争』でかたっている。

> 彼ら（群衆）は小さなウソより大きなウソの犠牲となりやすい。

　ウソが大きければ、大衆の心理から信用される要因がうまれる。ヒトラーはその洞察にすぐれ、情報の性質を熟知し、大きなウソで成功をおさめた。権力者の情報操作こそが、情報産業における最悪の公害である。最近ではイラクの大量破壊兵器所持を理由に欧米諸国が戦争をしかけたが、後に大量破壊兵器は存在せず、大きなウソであることが判明した。現在ではテレビ・映画・インターネットなどにより情報公害が浸透しやすくなっている。援助産業でも類似の現象がみられる。官製の〝人道支援〟や〝人道介入〟などが大きなウソなのである。

援助の論理

枠からはずれる援助

わたしは国内外で外国人や難民にかかわってきた。救援活動をしていくと、支援しなければならない状況をつくりだす背景に、その国の政治権力・階級差別・貧富の格差・民族差別があることに気づく。難民にかかわると、いやでも根本的な問い――なぜ難民は排除されるのか、その場合の支援とはいったい何なのか――をわたしにつきつけてくる。そして難民を支援し保護しようとすると、国家の横暴に対峙しなければならない場面にでくわした。そのひとつが外国人収容所問題である。

国内外を問わず、GOにせよ、HCRにせよ、NGOにせよ、政府から資金をあたえられ、制度の枠内で支援すれば、誰でもある程度のことはできる。その場合、政治や制度の枠にからみとられ、政府にあやつられる危険性がつねにつきまとう。そもそも国家が国益を無視して純粋に支援することはありえないし、支援団体がいくら〝中立〟を標榜したところで政府とかかわれば、国家の意図する政治性からまぬがれない。むしろ制度の枠組みをこえた場合に、どのような行動にうってでるのか。そこに団体や個人の真価が発揮される。

外国人収容所での暴行や強制送還を阻止し、監視の役割をはたす支援や保護をめざすのであれば、政府と一線を画さなければならない。国家権力からはなれた位置にたち、国家の暴走を抑制する態度をたもつことこそ、社会を健全な方向へとみちびく。アクトン卿の有名な言葉「権力は腐敗する。絶対権力は絶対的に腐敗する」の腐敗を暴走におきかえれば、容易に理解できるであろう。

国家がかくしたい恥部はかならずあり、それをしった者はおおくの人々につたえる義務がある。収容中にあやうく強制送還されそうになり、恐怖の体験を味わった難民のするどい言葉は、わたしたちの胸につきささる。

事実(難民の収容と送還)をしらない人は、ただしらないですむ。事実をしっていても、それをかくし公表しない人は、犯罪者である。

一六世紀に中南米へと大量に入植したスペイン人によって先住民の大虐殺がおきた。その時代の聖職者ラス・カサスは大虐殺を克明に記録にのこし、侵略の総本山たる本国スペインを告発した。その告発の書は、ラス・カサスの善なる魂とともに現代までひきつがれている。[44]

アジア太平洋戦争中の日本軍は中国大陸で南京大虐殺をひきおこし、三光作戦を遂行し、おびただしい数の中国人に犠牲を強いた。そのいまわしい過去を日本人学者やジャーナリストがほりおこしている。[45] さらに戦争中のきびしい状況のなかにあっても、中国への侵略のひどさに心をいためた日本の医療従事者が中国人被災者への医療救援活動をおこなっていた。それが礎《いしずえ》となり日本キリスト教医療協力会(JOCS)が誕生した。JOCSは、過去の侵略戦争の反省から日本政府とは距離をおき、

44 『インディアス破壊を弾劾する簡潔なる陳述』(現代企画室、一九八七年)をはじめとして、関連書籍がたくさん出版されている。
45 本多勝一『南京への道』(朝日新聞社、一九八七年)、常石敬一『七三一部隊』(講談社現代新書、一九九五年)などがあげられる。

アジアの地元に根づく活動をおこない、共同体的な平和な社会をめざしている。

救援の最前線にたつキリスト教・NGO教・ジャーナリズム教・アカデミズム教のなかから、現代のラス・カサスやJOCSの前史をかざる人がかならずあらわれる。いつの時代にも枠からはずれて、まちがいなくあらわれる。

予防線をはる

援助という行為は人の情をくすぐるようだ。だから〝人道援助〟という情緒的な言葉もはやる。だが、情にながされ感情のおもむくまま支援すれば、足元をすくわれかねない。それに自発的な善意は時にきまぐれで、関心がうすれると、善意はとおのく。官製援助のように支援側への見返りがないと、援助は簡単にうちきられ、おたがいの関係はおしまいとなる。

援助において、感情に左右されず、事象に対する冷静な分析、それにもとづく理性的判断が不可欠である。そして援助は、自発的な善意でもなく、ましてや見返りを期待するものでもない。同じ世の中で力のある者がない者をささえなければならない義務である。豊富な知識と経験をもつ者がもたない者にわけあたえるのは、社会に対する責任である。それが世の中の基本原則であろう。義務をおこたり、責任を放棄すれば、どうなるのだろうか。不平等がまかりとおり、不満がたかまり、社会の平和と安全がおびやかされ、わたしたちにかならずはねかえってくる。

第五章

はるかなる道のり

（解説）

外国人は日本社会にとってどのような意味をもつのだろうか。

わたしは非正規滞在者や難民の子どもと接する機会がおおくなり、彼・彼女らの言動や将来の可能性についておもうところが多々あった。外国人の存在意義について、もっとひろい視野にたった見方があってもよいだろう。そんなことをかんがえていたところ、移住労働者と連帯する全国ネットワークから原稿を依頼された。そこで、日本社会での外国人の役割をのべることにした。それが「触媒の外国人、ビタミンの支援者」である。

第三章の「法による迫害」では、入管法の誕生の秘密をあかしている。戦後に日本は入管令をとりいれたのだが、入管令はアメリカ合州国からの借り物であって、みずから考案したものではない。それは憲法や他の法律とて同様で、日本社会の実状にてらしあわせてつくられてはいない。法律作成や制度の成立過程をみると、日本社会と日本人の性質がうきぼりとなる。

現実をふまえると、入管法と入管の運用はなかなかかわりそうにない。外国人受けいれまでの頂ははるかかなたにあり、行く手はところどころ霧につつまれている。ひょっとしたら、迷路にはいりこんでしまうかもしれない。山頂を征服するのは容易ではない。とはいうものの、いずれ視界は晴れて、「変革のとき」をむかえるだろう。その点を本章の後半でのべる。

触媒の外国人、ビタミンの支援者

少年の夢と親の期待

外国人とつきあっていると、以前とくらべ家族単位であう機会がふえた。日本にながくくらし結婚すれば、子どもは日本でうまれ成長する。そこで「大人になったら何になりたい？」と月並みな問いを子どもにむける。

フィリピン人少年ジェイ君（仮名）は、ちょっぴりはにかみながら「コンピュータープログラマーになりたい」とこたえた。フィリピンの文化をひきつぐ子どもはものおじせず、あかるく元気でさわがしいのだが、ジェイ君はずいぶんとおとなしい。内気で恥ずかしがり屋の日本人少年に似た性格のようだ。勉強やスポーツの水準は同年代の子どもなみで、家には友達がよく遊びにくるという。日本人とほぼかわらない生活をおくってきたが、彼にはただ一点だけ、日本人とちがうところがある。日本でうまれそだった彼は、ものごころついてもしばらくのあいだ自分は日本人だとおもっていた。ところが小学校三年生のときにビザや国籍について両親からきかされ、その意味をおさないながら理解した。両親は非正規滞在者だったのである。裁判するにあたって、両親は事前にジェイ君に説明した。彼は自分の立場をしっかりとうけとめ、自分のゆく道が日本人の子どもよりもきびしいことを自覚している。

それは他の非正規滞在者や難民申請者の子どもとておなじ気持ちであろう。それでも子どもたちは、保育士、学校の先生、国際機関の職員、とあこがれの職業を口にする。母親が病気がちなクルド少女シュラちゃん（仮名）が「お医者さんになって、いろいろな病気の人を助けてあげたいの」とこたえたとき、まったくのなりゆきで医者になったわたしは少々たじろいでしまった。

ジェイ君の父親メイヨさん（仮名）はフィリピンの大学を卒業した後、一九九〇年に来日した。テレビや同僚の会話などで懸命に日本語を勉強し、その努力のかいがあり、日本人と親しくつきあうようになった。ながくつとめた職を辞するとき、日本人の仲間がお別れの会をひらいてくれたのがわすれがたい思い出となっている。その後も建設現場の日本人同僚と良好な関係をきずき、一八年間仕事でつちかわれた技術が重用され、〝シャチョー〟と家族ぐるみのつきあいをしながら、一家は日本にとけこんできた。メイヨさんは、日本で時間をまもる大切さやまじめに一生懸命はたらくことで、おたがいの関係がよくなることをまなんだという。日本人の特徴である勤勉さや協調性を彼は的確にとらえている。誠実で和をおもんじる日本社会で、息子を大学に進学させ、会社に就職させたい、とメイヨさんは心からねがっている。

アジアでは歴史的にみても、上下身分差や貧富格差のおおきい社会がほとんどをしめる。ほんのひとにぎりの支配者とおびただしい数の下層民に二極化されている。中層の人々はわずかであり、いくら努力してもむくわれず、いくら能力にすぐれても、活かす場は用意されていない。そこで彼・彼女らは先進国をめざす。日本にやってくる人々は途上国だから貧しいとおもわれがちだが、そうではない。ある程度の経済的余裕のある中層出身者で、たかい教育をうけた人々である。

だが日本でも彼・彼女らの能力を発揮する場はあたえられず、工場や建設現場の底辺労働者へとくみこまれる。賃金未払い・解雇・労災などの不当な問題が発生しても、泣き寝入りしなければならない。健康保険がないため、医療費がたかくても、それにしたがわざるをえない。現状以上の社会的地位や生活保障をあきらめるしかないが、自分があじわった苦労を子どもにはさせたくない。それが親のいつわらざる心境であろう。せめて日本で高等教育をうけさせ、すこしでも社会的にたかい地位につけさせたい、と子どもに夢をたくす。フィリピン人親子はそんな家族である。

外国人の文化的変性

ところが日本の教育制度はあくまで日本人用に機能しているため、日本語が充分理解できない外国人の子どもは圧倒的に不利である。本国で大学を卒業した親でも、小学校低学年の宿題すらみてあげられない。学校で子どもは異質な存在としてはじかれ、イジメにあうこともすくなくない。

子どもは文化的な差別をうけるため、親の文化をさけるようになる。シュラちゃん一家の言葉や食事は、いまや日本そのものになりつつある。無意識のうちに日本人らしさを身につけ、日本文化を受けいれている。そのため、「まるで日本人みたい」と友達におもわれるのがなによりうれしい、という子さえでてくる。おさなき者たちは文化的な違いにとまどい、おかれた立場にくるしみ、膨大な努力を強いられながら文化の壁をのりこえていかなければならない。

アジアの途上国とことなり、日本では社会的中層が圧倒的多数をしめる。貧富の格差が指摘されているが、途上国の比ではない（二五三ページの図4b「途上国の社会構造」参照）。中層の幅と深さがおおきい。いいかえれば、均一性のきわめてつよい社会である（図5a）。そこに外国人の次世代がくわわっていく。

在日コリアン一世は、自身のたどった苦難の道を子どもにくりかえさせないため、たかい教育を子どもにうけさせた。二世や三世は、一世とおなじ苦労をしつつ日本社会の中層にはいりこみ、現在では一定の社会的地位を獲得している。それを同化といえるかもしれないが、当の本人は均質な社会に

図５a　日本社会の構造

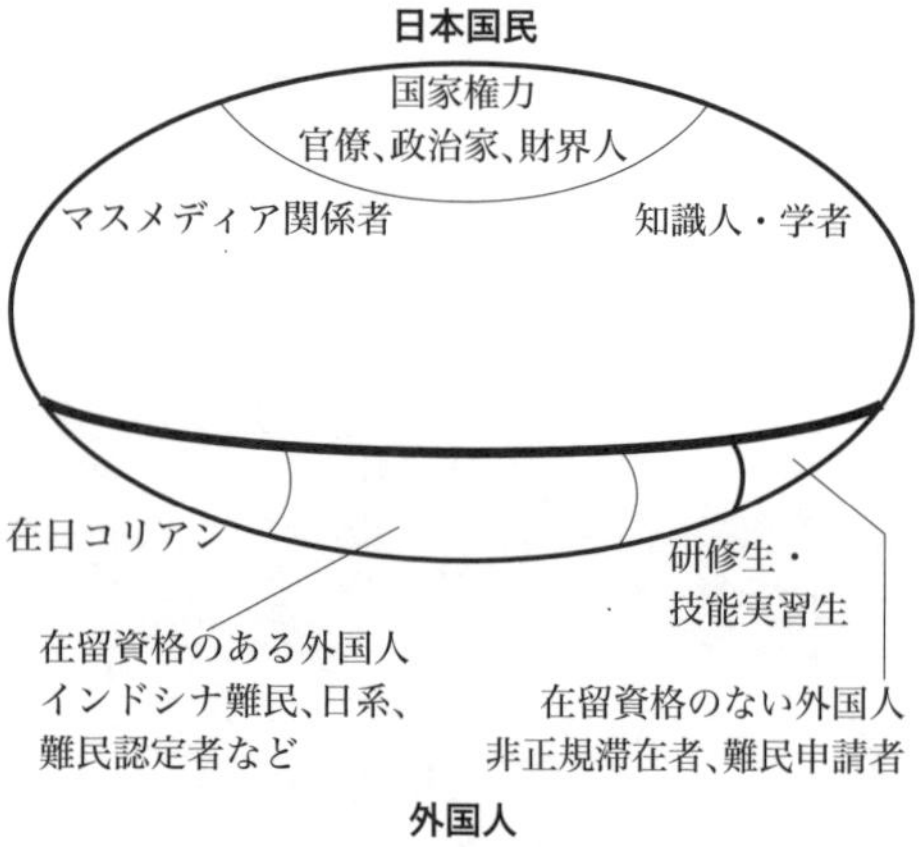

日本は中間層の幅がひろく、均質な社会である。このなかで非欧米系の外国人は底辺の位置におかれる。

とけこもうと必死である。

外国人はついた先の国の一員として社会に参加し、その過程で文化的変性をうけるのである。

日本人の文化的許容

変性はしかし、一方的ではない。日本人も外国人に触発されながら変化する。

一九八〇年代、在日コリアンがビザ延長時の指紋押捺を拒否し、裁判闘争にまで発展していった。それまでしられなかった外国人のおかれている差別状況がマスメディアにとりあげられ、社会問題として認識されるようになった。そのときの外国人差別反対や権利獲得運動に呼応する日本人は、それほどおおくはなかった。

一九八〇年代の後半になると、新来外国人がおしよせるようになり、その数がふえるにつれ、外国人の存在と状況が直接目にみえる形となってきた。ここに日本人みずからの支援がはじまった。現在の外国人支援団体の萌芽である。

労働や医療の問題、そして低い難民認定率などさまざまな困難に遭遇してきたが、問題解決の糸口を日本人と外国人がともにみいだし、支援団体の活動を活発化させた。これは新来外国人の流入にともなったあたらしい動きである。ジェイ君一家はＡＰＦＳ（Asian People's Friendship Society）が、シュラちゃん一家はクルド難民弁護団が、さらに身近な日本人ひとり一人が生活面で外国人をささえるようになってきた。外国人の存在が触媒としてはたらき、化学反応をひきおこし、エネルギーを放出するかのように日本社会に刺激をもたらしたのである。

支援活動でおおきな役割を演じているのは、人権団体や弁護士団体などの市民団体、キリスト教系団体、労働組合である。実際に支援活動にたずさわっていると、いつのまにかそれらの団体と手をむすんでいるのに気づく。これまで接触する機会のなかった者同士が、外国人を媒介に融合するようになった。外国人収容所問題でキリスト教系団体と市民団体が協働しているのも、外国人のおかげといってよい。さらに社会のひずみをすこしでもただそうと、外国人みずからが団体を設立しはじめた。それに刺激され、意気にかんじる日本人もあらわれてきた。外国人は、日本社会に活力と多様な価値観をもたらし、日本社会を刺激し、貢献するのである。これこそが、外国人の存在意義であろう。

人は文化の産物である。外交や国際関係をしるうえで、有用な文化情報の伝達者でもある。世界がせまくなるにつれ、その国の人々との交流の場がひろがり、おもいがけない創造物をうみだしたりもする。

外国人は同化されると先にのべたが、かならずしも完全にそうなるわけではない。外国人の子どもはみずからの境遇をうけとめ、出自をたえず意識しながら、むしろそれをバネに成長していく。もともと保有している民族の特質はながく保持され、その文化的特質があたらしい社会でよりよいものを創造する。世代交代をへて、社会の中層にあたらしい地盤を確立し、そこではじめて活力ある社会へとうごきはじめるのである。在日コリアン二世・三世は、それぞれの分野でめざましい活躍をみせている。新来外国人の次世代であるジェイ君やシュラちゃんなどの若い人々は、出自を意識しながらも、みずからの夢をかなえ、社会の期待にこたえてくれるだろう。

日本人のなかにひそむ民族・人種差別がそれらをはばむかもしれないが、日本人もそれを克服し、かわってゆかねばならない。それをみちびいてくれるのは、外国人自身である。ブラジルでは人種差別は存在しないといわれている。かつて日本から移民としてブラジルにわたり、そこで文化的変性をうけた日系ブラジル人が日本にもどり、民族差別や人種的偏見のない精神を日本社会にふきこむことだってありうる。

ビタミンの役割

外国人支援において精力的にうごいているのは、見方をかえると、社会の少数派である。社会の常識にしばられず、重要でかくされた問題を敏感にかぎとり、洞察にすぐれた人々である。

現代社会のおおきな潮流に、外国人のみならず日本人もまた管理と統合の方向にまきこまれようとしている。その一方で外国人排除の動きもみられる。少数派は、その流れをおかしな方角にむかわせないよう軌道修正する役割をはたす。違いをみとめながらお互いに影響をうけつつ、外国人はおなじ社会にくらす一員であると認識する時期が、いずれおとずれるだろう。それをうながすのは次世代をふくめた外国人や支援者などの少数派である。そのはたらきは触媒というよりもビタミンとして作用している。ビタミンは微量ではあるけれど、生物生存のために絶対不可欠な有機化合物である。ビタミンをとりいれなければ、世界のなかで日本社会は生きのこれない。

◇ひとやすみ◇　移民の歌

二〇〇七年一〇月の新聞記事をみておどろいた。レッド・ツェッペリンがたった一度きりのコンサートをひらく、と報道されていたからだ。解散してから三〇年ちかくたつというのに、再結成だけでニュース価値がたかいと判断され、記事は世界中をかけめぐった。

七〇年代のロック音楽界を代表するイギリスうまれのレッド・ツェッペリンは「天国への階段」や「貴方を愛しつづけて」など数々の名曲を世におくりだした。そのなかに「移民の歌」(Immigrant song)がある。その歌詞は次の内容となっている。

氷雪の大地からやってきた
白夜の世界からやってきた
熱き水の湧きでる凍てつく国からのがれ
新天地をもとめ、船をこぐ
行くてをはばむものと戦い、歌い、叫び
我はゆく

移民は未知の世界へとむかう前向きな存在としてとらえられている。新大陸へとわたった移民は、侵略者という側面があるとしても、到着した先の土地で文明をきずいていった。古くからの土地をはなれ希望の船出をする移民は、あらたな文明を形成する創造者なのである。みずからの道をきりひらく開拓者なのである。

新大陸に移民をおくりだしたイギリスは現在では逆に移民を受けいれている。日本も移民が新旧の大陸へとむかったが、今では外国からの移民が日本にたくさんやってくる。日本では移民は貧しい国からの出稼ぎ労働者、難をのがれた民という評価がなされ、きりすてられた人々という負のイメージがつねにつきまとう。

しかし、ここでのべるのはそのような意味ではない。移民は、一時的なお客さんでもないし、貧しい労働者でもない。ましてやテロリストなど世の中の撹乱者でもない。移民は、日本社会に貢献する人々のことである。「移民の歌」の歌詞にみられるように、みずからすすんで希望の世界へとくりだす文明の使者であり、文化知識を満載している情報伝達者である。彼・彼女らとの交流の場がひろがれば、おもいがけない文明の産物がうみおとされる。一例をあげよう。

ビルマ市民労働組合は、日本の労働史上はじめて外国人自身の手によって設立された労働組合である。これは画期的な出来事である。「わたしたちもおなじ人間であり、労働者である」というあたりまえの主張をかかげながら、おたがい助けあい、人と人がつながろうとしている。解雇や賃金格差など不当な差別待遇をみずからの手で解決しようと努力している。彼・彼女らは難民や移民である前に、ひとりの労働者である。ビルマ人である前に、ひとりの人間である。労働者としての、人間としての当然の権利をとりもどそうとするその姿は、権力への戦いをほとんど放棄し活力をうしなった日本社会にとってまぶしくかがやいてみえる。移民は、あらたなものを創造する力を発揮し、ついた先の社会によい影響をあたえる。日本で外国人の支援団体が数おおく誕生し、社会が活性化されてきたのも、外国人のおかげである。そうでなければ、移民の意義はないのではないか。

ところがビルマ市民労働組合の活動が活発になりだしたとたん、突如として停滞してしまった。取り締まりにより組合活動に参加する途中の道でつかまり、労働組合のメンバーが外国人収容所に収容されてしまったからである。取り締まりと強制収容は間接的にビルマ人組織の活力をそぎ、制限をくわえている。程度の差こそあれ、ビルマ本国での迫害となんらかわりない。それらは外国人のみならず日本人の支援団体にも多大な負の影響をおよぼしている。

「移民の歌」のImmigrantの語尾をかえ、管理の文字をつけたすと、Immigration control songとなる。その邦題はさしずめ「入管の歌」となろう。入管にいためつけられた外国人がその心情を歌にたくせば、どのような歌詞になるであろうか。今流行のラップ調の曲をつけ、霞が関一丁目一番地で熱唱してくれる日本の音楽家はいないのかしら?

変革のとき

思想と学問の換骨奪胎

日本は外からの情報をみずからの都合にあわせとりいれるのが実にうまい。とりわけ日本の権力者は外国からの文化と思想を敏感にかぎとり、それらを選択的に導入する。

江戸幕府の頃に儒教が統治者の心得として積極的にとりいれられたが、人倫五条のうち仁の思想だけがはずされた。権力者に仁がなければ追放してもよろしい、という体制転覆の思想があったからだといわれている。しかも庶民に礼儀や道徳をおしつけ罰をもうけながら、統治者はそれらをまもらなくても、罰からまぬがれる仕組みをつくった。儒教は本家中国の思想体系からきりはなされ、日本では権力維持の便利な道具になってしまった。官僚の腐敗にもかかわらず、官僚が罰せられない悪しき伝統は今でもひきつがれている。外国文化を輸入する際、都合よく選別する悪知恵が権力者につねにはたらいている。

取捨選択の巧妙な手口は、公衆衛生学という学問においてもぬかりはない。

水俣病は公害の原点である。公衆衛生学の教科書には水銀中毒のひろがった理由が記載され、企業が全面的に責任の矢面にたたせられている。ところが公害を放置してきた政治家や行政の責任についてはほとんどふれられていない。水俣病の発生は一九六〇年から七〇年代の高度経済成長と無関係でない。官民一体で工業化にまい進した結果、工業化のゆがみが人体や環境へ悪影響をおよぼした。司法に公害の悪を問うても一蹴され、国家や企業の利益のために裁判官も共犯者になっていた。政治・

行政・司法、そして援護射撃する御用学者や御用マスコミの責任はまぬがれないのだが、公衆衛生学の教科書にその記載はまずみあたらない。

最近の公害であるＨＩＶ薬害やＣ型肝炎薬害でも、感染症対策・薬事行政・血液事業などの厚生労働省の失態と責任はすっぽりとぬけおちている。公衆衛生関係者はそれを熟知しているのだが、自身が厚生行政のなかでがんじがらめとなり、お上への批判を極力さけている。公衆衛生学の教科書には、政治的・経済的要因をいかに隠ぺいするのか、その苦心のあとがすけてみえる。

戦前までは公衆衛生学よりも衛生学が主流であった。水や食品などの衛生を主とする衛生学が発達し、衛生状態の改善と医療技術の進歩で医療環境は劇的に改善した。戦後になると、アメリカ合州国から公衆衛生学が導入された。アメリカ合州国が医学部から独立した公衆衛生学院（学生は医療関係者とはかぎらない）を設置しているのに対し、日本は医学部のなかに公衆衛生学の一講座をもうけた。その結果できあがったのが、公衆衛生の医療関係者によるピラミッド型階層で、その頂点にたつのは、いつも厚生行政のお上である。

公衆衛生を効果的に実施していくには、医療関係者だけの集団である必然性はまったくない。ましてや公衆衛生の一分野である国際保健となれば、医療以外の専門家とともに検討する課題がたくさんある。社会・政治・経済・文化の専門家もくわわらなければ、公衆衛生や国際保健はなりたたない。医療関係者や厚生官僚だけでは、むしろ負の作用がはたらく。病気が発生した場合、病原体や薬物、せいぜいのところ環境に問題点が集中し、それ以外の要因、とりわけ国の政治的かつ経済的利害関係は意識的に無視され、構造的な原因究明がおろそかになる。それが厚生行政の失態であれば、なおさらであろう。かくして日本の公衆衛生学は、お上およびとりまき医療関係者が中心となる、社会的かつ構造的な分析を欠く、批判の芽をぬきとられたおとなしい学問となってしまった。

公衆衛生学にかぎらず、あらゆる学問分野で去勢術は成功している。膨大な事実の蓄積から理論をみちびき、学問の体系をきずくのが本来の道筋なのだが、どちらかというと、日本人学者は現実からみちびいた事象を理論化し体系化するのをニガテとする。

そこで理論や体系を外からさかんに輸入する。カール・マルクスやマックス・ヴェーバーの理論が日本に紹介されると、たいした吟味もせずにもてはやされたりする。中国起源の儒学も江戸時代に一時期にぎわいをみせた。なんら疑問をもたず、西欧や中国のものの見方をそのまま肯定し、すんなりと受けいれる。西欧社会や中国社会とはまるで実状がことなり、うまくゆくはずもないのだが、日本社会に輸入理論を無理にあわせようとする。学者や知識人はあてはめのうまい優等生となり、それだけでメシを食べてゆける。

現実とかけはなれた思想や知識は、こうして学問の世界にとどまる運命となる。権力批判でないかぎり外来学問は輸入をゆるされ、象牙の塔におしこめられる。西欧や中国の学問を追随したところで、独創的な発想や行動は最高学府からでてくるはずもない。おとなしい学問にさせたのは、きっと権力者の仕組んだ罠なのであろう。去勢された学者や知識人もそれに甘んじ、お上の御用ききとなり、内容にとぼしい分だけ権威づけにいそしんだ。

借り物の憲法と議会

輸入代行業者のお上や学者は学問や知識以外にも法体系や社会制度もあつかっていた。

江戸の幕藩体制では、老中による合議制によって最高意志決定がなされていた。明治になると、西欧型の近代国民国家へと変身するため、国家の基本となる理念や骨組みが必要であった。そこで明治政府は議会を設置し、法を制定した。大日本国憲法をはじめとする法体系や議会運営は、すべて西欧からの借り物であった。憲法の理論的な枠組みは当時の西欧社会にそくしているのであって、日本の実状にまるであわなかった。それでも無理にあてはめをおしとおした。

大日本帝国憲法は、イギリスの議会民主政治によるものではなく、フランスの人権思想から出発したものでもない、非民主的でみせかけの立憲主義ともよばれたドイツ帝国憲法をお手本とした。憲法上中央政府は議会に責任をおうのではなく、皇帝から任命された首相が大臣とともに政治を運営することとされた。皇帝は軍事と外交の大権をにぎり、皇帝の権限を制御する機構はそなえつけられなかった。これが、のちに日本とドイツのおおきな失敗のもととなった。両国ともブレーキがかけられず、総統や天皇（皇帝）が軍事官僚とともに暴走し、破滅の道をつっぱしったのである。

敗戦後になると、連合国軍総司令部（ＧＨＱ）から輸入品の日本国憲法を押しうりされたが、それは民主的で平和思想をかかげた中身の充実したお得な買い物であった。

法や制度のものまねは、さかのぼること平安時代にもみられる。刑法（律）や行政法（令）の制度は唐王朝からそっくりそのままコピーしたのだが、当時の社会状況にそぐわず、しだいにつかわれなくなった。

日本の実状にてらしあわせ、将来をみすえ、国家の基本方針を決定する作業は、まだ一度たりともなされていない。だから憲法で規定されていることと、現実になされる政治の実態とはおおきくかけはなれる。戦争を放棄し軍隊をもたないという憲法のもと、軍隊が存在するという珍妙な現象がおきている。いくら矛盾があっても、無理にあてはめをおしとおし、あげくのはて、つじつま合わせをしなければならなくなった。

憲法よりも下位に位置する法律もまた借り物にすぎず、出入国管理及び難民認定法もアメリカ合州国の国籍移民法をちゃっかり拝借していた。第三章「法による迫害」でのべたように、これも当時の実状とかけはなれた法律であった。

流動性の原理

不思議である。国家の基本となる土台や骨組みが固定されず、設計図もえがかれず、理念や原理原則が確立されないまま、これまでなんとかやってこられた。実態にてらしあわせて、土台となる基本方針を決定するのではなく、外から思想や法律や制度などを表面的に移植するだけでつじつまを合わせてきた。

それは、おそらく日本人が現実的だからだろう。失敗や欠点などをとりつくろいながら、一時的に間に合わせるびぼう策が得意なのである。理念や形式などにこだわらず、実状におうじて手ぎわよく処理する場あたり的な対応が日本人のとりえである。普遍的な原理原則はなく、あるがままにうごく流動性が日本人の行動原理なのである。明治維新では尊王攘夷から文明開化へと頭をきりかえ、敗戦では神の国から民主国家へとすばやく身をきりかえるのも、輸入学問や思想が一時期的にもてはやされたりするのも、この流動性の原理がはたらいている。ものめずらしい物にすぐにとびつくオッチョコチョイ精神が日本人の真髄といえる。

流動性の行動原理は政府の外国人への対応にも如実にあらわれている。タテマエでは外国人の単純作業労働者を受けいれない方針をつらぬいている。ところが少子高齢化で日本人の若年労働力が確保できないとみるや、一九九〇年に法律改正し、日系南米人をむかえいれた。非正規滞在者は存在しないとされながらも、一九九〇年代はじめには安価な労働力として三〇万人もの非正規滞在者を黙認していた。非正規滞在者の定住化傾向がすすむと、それではまずいと判断し、そこで研修制度にきりかえ、研修生・技能実習生をふやした分だけ非正規滞在者をおいだしにかかった。最近になり在留特別許可がふえたのも、外国人の安価な労働力確保というホンネがすけてみえる。一見支離滅裂な方針のようだが、そこはつじつま合わせと流動性の原理がきちんとはたらいている。

タテマエとホンネの乖離のしわよせをもろにうけたのが、外国人当事者、支援団体、教育や健康保険などの住民サービスをする自治体である。中央政府の官僚は本来の役目を放棄し、なんら手立てを講ぜずに傍観し、支援団体や自治体に無策のつけをおしつけた。系統的な外国人受けいれ方針と制度がないため、さまざまな問題に各地域で個々に対応せざるをえなくなった。一九八〇年後半に新来外国人が流入して以降、各地で支援団体が雨後のタケノコのようにでてきた理由は、ここにある。他の先進国では系統的な移民政策にもとづき、住民としての受けいれ方針にそって自治体はうごき、そのもとで支援団体が活動するだけでよく、その数は日本ほどではない。

ところで支援団体のメンバーもまた、官僚や政治家とおなじ日本人である。外国人無策に得意のびぼう策で対抗してゆく。健康保険のない外国人には無料健診や医療相談を実施し、行旅病法や医療費未払い補填事業の制度を駆使し、学校教育についても民族学校を設立し、難民不認定には難民弁護団を結成し、次々と対抗策をうちだしていった。

だが民間の支援団体では人材や資金面でかぎりがある。非正規滞在者や難民の行政訴訟では、弁護士などの支援者の労力・時間・資金は膨大となる。それは訴訟相手の日本政府とておなじである。外国人収容所にかける費用は被収容者ひとりあたり一ヵ月九万円にもなるという。収容に抗議する支援団体は被収容者に面会しているが、これまた莫大な労力を必要とする。子どもの教育も支援団体のとぼしい財源でまかなわれ、気のとおくなる膨大なエネルギーをついやしている。これまでよく維持できたものだと感心してしまう。こうした状態が今後もつづけば、いずれ矛盾がふくれあがり、あぶくのようにポンとはじけるのは目にみえている。

移民局がほしい

入管法だけで外国人を処理するには、もはや限界にたっしている。タテマエとホンエの乖離状態をはやく解消し、つじつま合わせでなく、実状に合わせたいと誰もがねがっている。法務省の入国管理局（入管）も過重な仕事と税金の負担をかるくしたいとおもっている（ハズである）。難民に関しても、難民認定を担当する入管職員は「認定後のことはご自分でおやりなさい」としかこたえられない。認定された難民は、そのようにいわれてしまえば、難民の保護や支援はどうなっているかととまどう。この状況に心をいためる入管職員もいる（ハズである）。

入管職員の心と体の負担を軽減するためというわけではないけれど、外国人受けいれにあたって法律と行政機関、たとえば移民法や移民局というものをこしらえてよい時期ではないだろうか。国民のあいだで一度も議論がなされず、外国人関連の法律がこれまで密室でつくられ、あたかも江戸幕府の老中による合議制がつづいているかのようである。本来であれば、国会できちんと議論されなければならないのだが、議会制度そのものが官僚に骨抜きにされ、外国人に関しては日本人の無関心をいいことに法務省の専売特許となっている。

二〇〇九年末現在、日本には二一八万人の外国人がくらしている。その数は一九九〇年の二倍となり、日本社会の構成員の国籍に変化がでてきている。そろそろ身近にくらす外国人を霞が関の老中だけにまかせるのをやめにしたらどうだろうか。外国人の法律や移民局というのは、日本人自身の手でつくってゆかねばならない。

すでに市民団体は外国人人権法を提案している。しかし、その成立はきっと難産となるだろう。日本人の現実的な行動原理がそうさせているからである。現実的というのは、問題がおきたとしても、それを正面にすえず、小手先だけの対症療法で表面をとりつくろうことを原則とする。流れに身をまかせる流動性原理そのものである。かりにうごくとしても、基本的に現状維持が大前提となる。未知のものにいどむ開拓者精神が欠落しているのである。

また、他国とくらべ日本は異文化体験にとぼしく、異民族に対する蔑視や差別がまだ消しされずにいる。これも外国人の受けいれをはばみ、異民族とのつきあい方がわからないまま、暴力的排除あるいは強制的日本化という奇妙な方向にすすんでいる。

だが突破する力はかならずでてくる。それはいったいどこからであろうか。じつは外国人自身にそのヒントがかくされている。

時はきたりて

世界の歴史には大激震といえる動きが三つある。ひとつは一三世紀の蒙古の襲来で、ユーラシア大陸がおおきくゆれうごいた。二つ目は一八世紀から一九世紀にかけての西欧による植民地分割と支配である。三つ目は二〇世紀におきた三度の世界大戦である。いずれも軍事力などの暴力によって世界はおおきな影響をうけ、それぞれの時期に国家を編成しなおしている。

日本も例外ではない。蒙古襲来は鎌倉幕府を衰退させ、室町幕府へと移行させ、黒船は江戸幕府の鎖国をとき、明治政府へと変身させ、連合国占領は天皇制軍事国家に終止符をうち、民主国家とさせながら西側陣営にくみいれた。歴史をふりかえると、日本を変貌させてきたのは暴力的な外圧であった。ショック療法のように外部からの刺激や圧力によって日本得意の流動性の原理がはたらき、すばやい身のこなし方で、日本社会はこれまでなんとかもちこたえてきた。その評価の善し悪しは確定できないが、いずれにせよ世界の歴史の流れにさからわずにうまく波にのった。

三つの大激震にともない、人の移動の大波もおきている。蒙古襲来は人々を東南アジアや中央アジアへと移動させ、西欧の世界侵略はヨーロッパやアフリカから新大陸への移動をうながし、世界大戦後の独立国家成立と冷戦後の国家分裂は民族の移動や難民を発生させている。人の移動は昔からみられる現象なのだが、近代となり加速化されつつある。現在地球規模の世界化がおき、政治的・経済的要素がくわわり、これまでにない人の移動が生じている。それは暴力的な大激震をともなわない大波として世界史のなかで認識されるだろうか。いずれの国も大波の影響からまぬがれないのはたしかである。

外圧はたいてい外国からの政治的・軍事的・経済的圧力なのだが、外国人の圧力という意味をふくめてもよいだろう。日本の外国人はこれまでにない数となり、これからも増加傾向はつづく。それが日本社会をよりよい方向へとかえていく可能性をひめている。

過去に外国人の圧力で日本社会が変化したことがある。それは一九八〇年代の指紋押捺反対運動である。旧植民地出身者の在日コリアンはながいあいだ目にみえない存在であったが、みずから声をあげ、ささやかな非暴力運動をつづけることで日本社会に民族問題を提起した。その後指紋押捺制度は撤廃され、一定の成果がみられた。

明治以降の日本は〝大和〟民族を頂点とした国家にまとまろうとし、それに最大の力がそそがれた。アイヌ・琉球・台湾・朝鮮などの少数民族は日本社会にのみこまれ、同化を強いられ、社会の底辺へと組みこまれてきた。だが同化の強制は完全な誤りである。少数民族を無視し、暴力的に排除すれば、民族間の緊張と摩擦はまぬがれない。いまや外国人は急速にふえ、もはや民族問題をさけてとおることはできず、日本はそれらに正面からむきあわざるをえない。外国人との交流によっておたがいに影響しあい、そこから借り物でない土着の思想を形成し、行動と体験をとおして理論をつみあげ、日本人と外国人の手でおたがいすみやすい社会にかえてゆかなければならないだろう。

他の国では移民を受けいれながら、国家を編成しなおしている。隣の韓国はすでに外国人処遇法を制定し、外国人の参政権をみとめ、次の文明の段階へと着実に準備をととのえている。それが近代化の道筋なのである。その点日本はおおきくたちおくれている。これからの日本社会に貢献する外国人がくわわり、近代化の大波をうまくのりきる以外、日本の生きのこる道はない。変革のときはすぐそこにせまっている。

第六章

歴史をひもとく

〔解説〕

移民と難民はどうちがうのだろうか。

移民が移動する動機に、生活の改善や幸福の追求などがあげられる。移民はだから、自発的にあたらしい土地へとおもむき、そこでくらす人々であるといえる。一方、難民は強制的に移動させられる人々である。ただし難民としてのがれてきても、その土地に定着すれば、移民としてあつかわれる。ビザの有無にかかわらず移民としてやってきても、後に難民と表明する人もいる。難民性の濃淡は、もちろん個人によってばらつきがある。となると、難民は移民の範疇にはいり、しかも難民と移民の区別ははっきりつけられない（図6a）。

そもそも難民はなぜうまれ、いつからあらわれてきたのだろうか。

もともと移民的な要素をふくみ、経済的な側面から難民発生をのべることは可能である。もちろん政治的な要因もからんでいる。人間が移動する現象は古くからみられ、そのなかから特定の人々に政治的な意味をあたえ、難民として定義したいきさつがある。冷戦時代の落とし子として誕生した難民条約がそれである。それ以降、難民という言葉がひろくしれわたった。それよりも時代をさかのぼり、難民発生の起源を検討すれば、もうすこし正確に把握できるのではないだろうか。これまで各章のなかで難民排出国や難民受入国の歴史をちりばめ、なぜ本国をはなれなければならないのかを記述している。本章ではそれらを「近代化がうみだす難民」としてまとめた。

その考察の下敷きとなったのは梅棹忠夫氏の『文明の生態史観』（中央公論社、一九七四年）である。梅棹氏はユーラシア大陸の両端に位置する日本と西欧を第一地域、その他を第二地域としている。第一地域の日本と西欧の文明は並行して発展し、第二地域の巨大帝国を形成した中国・インド・イスラム圏・ロシアの文明もまた、それぞれの並行現象がみられるという。そして近代になると、第一地域の侵略的暴力によって、第二地域は破壊されながらも再生していく、とのべている。なお文明とは、装置群と制度群をふくんだ人間の生活システム全体と梅棹氏は説明している。本著では第一地域にアメリカ合州国をくわえ先進国とし、第二地域にアフリカをくわえ途上国としている。先進国や途上国という言葉自体に差別的かつ進化的意味がこめられ、使用するのをためらうが、読者に理解してもらうため便宜上そのような表現をとった。

ちいさい頃わたしはタイムマシーンなどの空想小説や映画に夢中になったが、歴史そのものに関心はまるでむかわなかった。学校の歴史の授業は退屈このうえもなく、暗記を不得意とする者は落第点すれすれで学年をすりぬけていた。

現代的な事象というのは、過去の出来事がながい年月をへて堆積したうえに、地表にあらわれている。その表面は過去とまったく同じではなく、かならずあたらしくおおわれている。過去の出来事をほりさげ、現代おきている事象とむすびつければ、人は歴史に興味をおぼえるものである。歴史にたずさわる教員の誰もそのことを劣等生におしえてくれなかった。

この年におよんでタイムマシーンにのりこみ、時空をこえてニガテな歴史を旅するとはおもいもよらなかった。それは過去だけではなく、未来への旅立ちでもあった。

図6a　移民のなかの難民

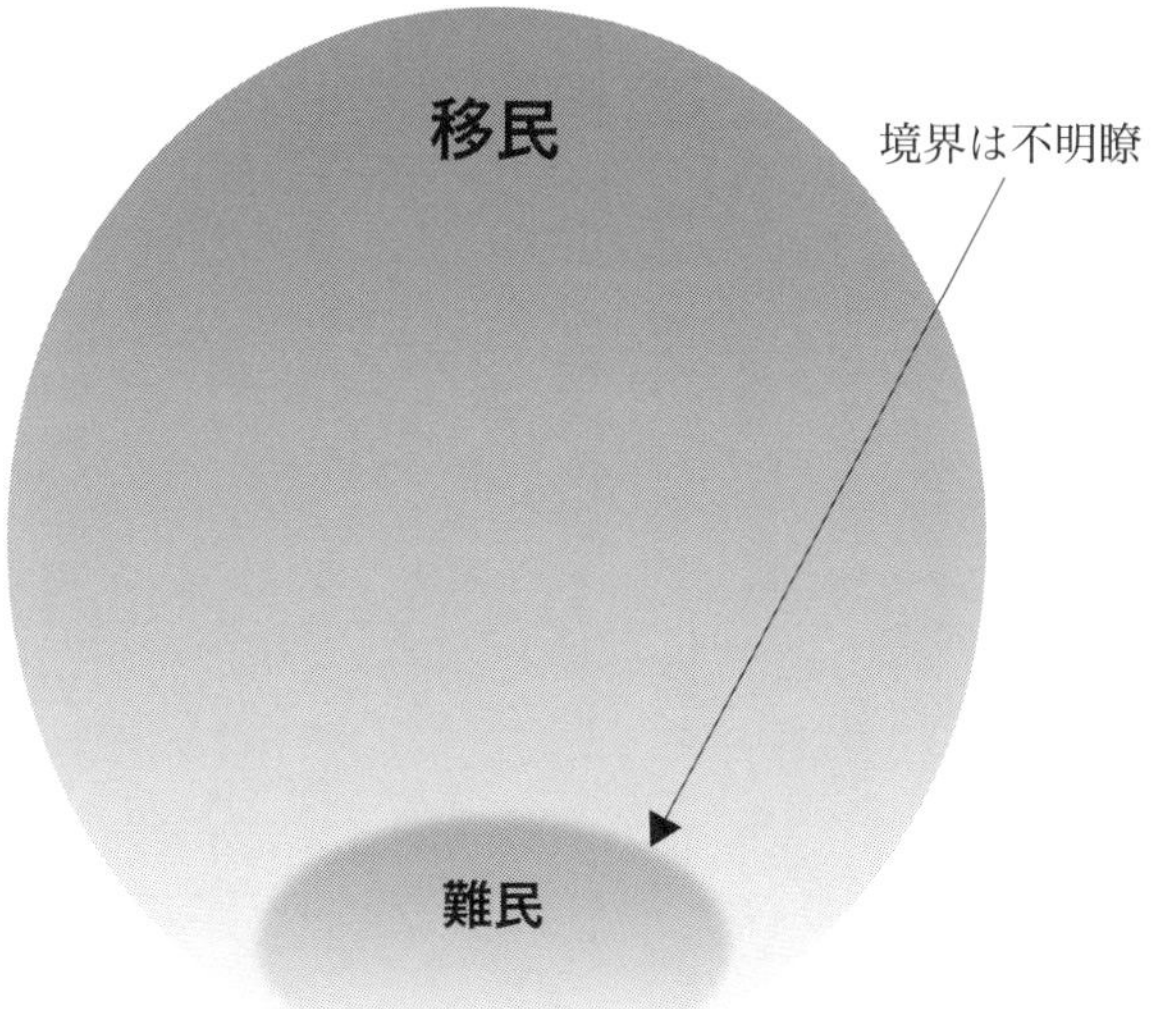

近代化がうみだす難民

国民国家の誕生と成長

国民国家が世界史に姿をあらわしたのは一八世紀中頃で、人類の文明五〇〇〇年の歴史からながめると、その存在はわずか二百数十年にとどまる。

最初に国民国家としてあらわれたのは、イギリスとの戦争で独立をかちとったアメリカ合州国である。それがフランスに飛び火し、革命がおこり、市民社会を前提とする国民国家がフランスに誕生した。アメリカ合州国の独立宣言の影響をうけたフランスの人権宣言には、人類の理想が高らかにうたわれている。自由・平等・博愛である。

フランスにつづき西欧各地で国民国家が誕生し、中央集権体制の強力な統治機構をめざした。それぞれの国家は法を整備し、官僚をそだて、警察や軍隊などの暴力装置を独占し、徴兵・教育・徴税の三点セットで人々に義務をおしつけた。学校と軍隊の教育をとおして国民や民族[46]の概念をうえつけ、〝わが国〟意識をそだてた。国家主義および民族主義[47]を国民統合の手段としてもちい、文化的差異があっても、国家の枠内にくらす人々に教育をほどこし、政治的権利と経済的利益をあたえながら国民として同化し、管理していった。

国民国家は新しい制度を導入し、旧体制の変革をもたらした。平等の原則をかかげ、身分制的かつ家父長的な社会制度を廃止し、中間層や下層の有能な男女に出世の機会をひろくあたえ、時代にそくした官吏や経営者を採用し、民主政治制度をつくりあげた。さらに発達した技術を駆使し、鉄道をしき、道路をつくり、橋をかけ、港をひらき、インフラを整備し、物と人の移動をうながした。郵便や電信などの情報伝達の技術は向上し、印刷技術の発達とともに近代ジャーナリズムが確立し、近代思想や言論の自由の概念がひろくつたわるようになった。

これらの制度や装置は合理化の産物である。近代では人や物を効率的にうごかすため、合理的な手段や能力が発達していった。その代表ともいえる近代の科学や医学が人々を飢えや病気から解放し、快適で便利な生活をもたらした。その成果を文明の進歩、あるいは人類の進歩と人々は信じてうたがわなかった。ゆたかな生活を享受する人々は、国民になることとひきかえに、自身を国家にゆだね、奉仕するようになった。

日本においても、明治政府は西欧の制度・装置・技術をやつぎばやにとりいれた。国家の統合の象徴として天皇をかつぎあげ、人工的な神話を創作し、ピラミッド階層を形成し、国家の統一をはかることに専念した。北は津軽から南は薩摩まで各地域は文化的に異質であったが、日本列島にすむ人々に三大義務を課し、日本人という意識を徹底的にうえつけ、管理していった。近場の蝦夷地をアイヌ民族から略奪し、琉球王国も日本領土に編入し、国家の統一をはかった。

同じ頃、ドイツは普仏戦争をへて国家の体制をととのえ、イタリアもまた対外戦争と内戦をへて地方の王国をたばね、アメリカ合州国は南北戦争を終結させ、それぞれが国内統一に成功した。

46 ここでいう国民とは政治的概念、民族とは文化的概念である。ちなみに人種とは生物学的概念である。これらの概念は近代になってあらわれてきた。

47 国家主義も民族主義もナショナリズムとしてひとくくりにされるが、前者は政治的な、後者は文化的な概念であり、かさなる部分はあるにしても、基本的にそれぞれことなる。

国民国家、その正体は宗主国

日欧米は国家の安定した統治機構を背景に殖産興業に力をそそいだ。産業や商業は活発化し、社会資本は蓄積され、経済機構が円滑に機能しはじめた。経済機構と統治機構は車の両輪のようにおたがい密接に連動する。経済機構をさらに発展させるには、自国および他国の土地や資源、そして労働力が必要であった。それらは力ずくで収奪しなければならない。そこで国内用には警察が、国外用には軍隊がそなえつけられた。

それらの国々はそれまで曖昧であった国境を線引きし、〝わが国〟と外国との区別を明確にさだめた。ことなる国を敵国として創出し、国家の危機をあおり、被害者意識を増幅させ、くりかえし愛国心をふるいたたせ、他国を侵略していった。国民国家は近代になって西洋があみだした制度であり、たえず暴力と差別を内にひめている。日欧米いずれも国民国家としてあゆんできた二百数十年は、アジアやアフリカへの領土拡張と異民族支配の歴史であった。

宗主国の統治技術

アジアやアフリカでは、国王や領主などの統治者はもともと人々を支配するのであって、人のいない土地を支配するという概念はなかった。西欧はそれに目をつけ、悪知恵をはたらかせた。主権者や統治者がいなければ無主地とし、先に名のりをあげた者がその土地を所有できるという論理をもちこんだ。西欧は地面に勝手に縄張りをひき、国境を確定し、アジアやアフリカの土地を手にいれた。むかった先に主がいれば、戦争をしかけ、土地を強奪した。

それにつけても、うばった土地はあまりにもひろく、異民族は数かぎりなくすんでいた。少数の植民者が圧倒的多数の人々を支配するには、統治技術にたけていなければならない。植民地支配には地元の協力者が不可欠である。そこで宗主国の支配者は妙案をおもいついた。人々の差異をみいだし、おたがいを反目させ、協力する現地人には地位をあたえ優遇し、敵対する人々は下層に位置づけた。人々の差異というのは民族であり、人種であり、そして階級（身分）である。それによって人々を分断し、間接的に統治する合理的支配技術をあみだした。

その典型はイギリスの統治にみられる。インドでのブラッシーの戦いにはじまりセポイの反乱にいたるまで、イギリスは現地人のあつかいに辛酸をなめた。そのにがい経験から教訓をえた。古くから存在するカースト制度を利用し、さらに民族や宗教の違いでインド人同士の分断をはかり、インド人によってインド人を支配させ、その頂点に統治者カーストとして少数のイギリス人が君臨したのである。争いは現地人同士にまかせよう、内部分裂すればそれだけ統治しやすくなるから。それが統治者の鉄則であった。イギリスはインド型統治方式によってインドを徐々に植民地化していった。他の植民地でもしだいに異民族に対する接触のノウハウを学習し、やがて植民地統治技術を洗練させてゆく。民族や国民国家の創出そして統治技術は、それがアダとなり、戦後の民族主義や国家主義のたかまりを準備し、植民地を手ばなすはめとなった。と同時に、それらの概念の浸透は現在につづく紛争の種をまくことにもなった。

だましの論理

ところで他国をおおっぴらに支配するには、植民地主義や侵略を正当化する論理をもってこなければならない。そこで当時脚光をあびていた進化論を人種と民族に適用した。人間を社会的立場でとらえるのではなく、人種的な差や文化的な差を進化のおくれとし、〝優秀人種〟が〝高等文化〟をうえつけることで植民地での支配や搾取を正当化した。黒人は白人より人種的に劣るという口実で奴隷の地位とされ、異民族は低級な文化をもっているという口実で被支配民族あつかいされた。植民地支配がつよまるなかで文化人類学が発展し、科学的なよそおいをこらしながら統治技術の一環としてくみこまれていったのは記憶にとどめていいだろう。

さらに〝文明と野蛮〟という対立概念ももちこまれた。文明化の差を優劣で判断し、野蛮人を文明化させるという大義名分をかかげたのである。そこには西欧の歴史観や文明観の独善性がおそろしいほどまでにあらわれている。西欧こそが文明の中心であり、西欧基準で世界が一つにまとまるという考え方である。それを象徴するのが、一九世紀後半につくられた国際法である。そこには、国際法は文明化された人類（西欧人）に適用され、野蛮あるいは未開の人類に適用されてはならない、とあからさまにのべられている。[48] 西欧中心の差別的な国際法が侵略の口実をあたえ、植民地支配の正当性をつよめた。

植民地の合理化

宗主国と同様に植民地も近代化しなければ、効率よく収奪できず、富はうまれない。宗主国内がそうであったように、電信の伝達網および交通などのインフラを整備し、植民地のエリートをそだてるため学校をたて、教育を開始した。経済機構の成長をうながすため、貨幣を導入し、銀行をつくった。そこに宗主国から役人・軍人・キリスト教宣教師・商人・技術者・経営者・教師・医療関係者などが文明の使徒としておくりこまれ、宗主国の官僚による統治、キリスト教の布教、教育や医療の普及がすすめられた。土地・資源・労働力などを合理的に搾取するため、現地調査用に地理学や文化人類学の専門家が動員された。

植民地の近代化はあくまで宗主国の繁栄のためであって、植民地の人々のためではない。宗主国の人々はだから、他国を侵略し、異民族をおいだし、莫大な富をもたらす植民地政策を熱烈に歓迎し、すすんで総動員されていったのである。

途上国の国内植民地化

二〇世紀は国民国家の形成期であると同時に、帝国や国家の分裂期でもある。それをうながしたのは三度の世界大戦である。

第一次世界大戦では日欧米からの暴力的介入によって旧帝国は分裂し、革命がおきた。ユーラシア大陸の西ではオスマン朝の帝国、ロマノフ王朝のロシア帝国、ハプスブルグ家のオーストリアハンガリー帝国などの解体がすすみ、帝国内部で国民国家が形成され、それぞれの国が近代化をめざした。同時期にユーラシア大陸の南と東では、イギリスによるムガール帝国への支配がつよめられ、日欧米による清帝国の半植民地化がすすんだ。

第二次世界大戦は宗主国同士の植民地分捕り合戦なのだが、その戦いで犠牲になったのは、宗主国よりもむしろアジア(およびソ連)の人々であった。そのような見方をとれば、第二次世界大戦もまた、

48　山内進「明治国家における『文明』と国際法」(『一橋論叢』第一一五巻第一号、一九九六年)には、当時の国際法学者ジェームズ・ロリマーがあらわした『国際法綱要』での国際法適用基準について解説されている。

日欧米によるアジアへの暴力的介入としてとらえられる。

大戦後は、植民地支配がいったん弱まったすきをとらえ、被支配層は力をたくわえ、しだいに独立の要求をつよめていった。宗主国は武力でたちあがる人々を屈服させられず、独立をあたえるほかなかった。こうしてアジアやアフリカにあたらしい国家が続々と誕生し、日欧米の新帝国は解体された。インドや中国をはじめとして、独立国すべてが国民国家をめざした。国民国家の理念である独立・自由・平等などの言葉は新鮮な響きでむかえられた。それは人類にあかるい未来を約束してくれたかのようであった。

ところが、おもわぬ事態がおきる。途上国は統治機構と経済機構が不安定で、独立国として国家を運営できず、軍事クーデター・独裁政治・政治腐敗などが枚挙にいとまがないほどくりかえされた。国家への不満をおさえ、特権階級の経済的利益をまもるため、強力な軍隊と警察は新興独立国家の支配層にとって不可欠だった。こんなはずではない、とだれもがおもったにちがいない。じつは、そこにおおきな落とし穴がまちかまえていたのである。

植民地には多様な文化・宗教・言語をもつたくさんの民族がくらしていたが、宗主国の都合で勝手気ままに国境線がひかれてしまい、彼・彼女らはしらぬまに国家の構成員、すなわち国民とされてしまった。そこで途上国の指導者は多民族国家の統一を強引にはかろうとした。その際、国内の異民族を支配するためとりいれたのは西欧起源の国家主義や民族主義であり、政治理念や統治技術であった。議会や政党をはじめとする西欧流の民主政治制度が軍隊や警察などの暴力装置とともに導入され、国家建設がすすめられた。

となれば、数で圧倒する大多数民族が絶対的に有利となる。民族主義あるいは国家主義のもとで統制をつよめれば、少数民族は脇においやられ、差別と抑圧にさらされる。別の言葉で表現すれば、地方は植民地化され、少数民族はドレイ化される。

周辺化された少数派はそれまで希薄であった民族としての自覚にめざめ、団結しながら自己主張する。少数民族みずからも民族を旗印に独立や自治を要求し、統治者に対抗しはじめた。社会問題が政治的あるいは経済的事実に起因していても、人々はそれを民族に関連するとおもいこみ（おもいこまされ）、それぞれの民族があらたに政治化される。途上国内の少数民族や不満分子を暴力的に排除すれば、対立がさらにはげしくなり、しだいに大規模な民族間の紛争に発展してゆく。

インフルエンザウイルスがまたたくまに全世界へとひろがるように、民族主義や国家主義などの概念は他の民族にも急速に伝播していった。とくに民族主義は言語や習慣などの生活に密着しているだけに、人々を統合するのに便利である。根拠のない神話や英雄物語が創作されれば、人々は容易にそれを信じこみ、統制されてゆく。特定の民族が民族主義を統治の原理としてもちいれば、それに刺激された他の民族もみずからの民族主義を主張する。植民地が宗主国に抵抗し、独立をはたしたように、途上国内部で植民地化された地域の人々が自治拡大や分離独立をもとめはじめた。

民族という概念は基本的に植民地支配のなかからうみだされ、この一世紀の間で固定化され、人々の分断がはかられてきた。民族間の争いはたえずおき、国内の分裂がすすみ、活発化しながら民族問題は二一世紀までもちこされた。

暴力的支配から暴力的支援へ

途上国の政治対立や民族紛争の激化には、ある要因がふかくからむ。それは先進国からの支援である。

戦後は三度目の世界大戦となる東西冷戦の幕あけであった。植民地が独立したといっても、経済的な自立からはほどとおく、先進国にたよらざるをえなかった。じつは先進国のたくらみがそこにかくされていた。民族主義の勃興を武力で制圧すれば、経済的・人的損失ははかりしれない。そこで宗主国は手なずけた途上国のエリートを支配の中枢におき、形式的な独立をあたえ、間接統治を継続した。これがもうひとつの落とし穴である。

東西冷戦時代には、東側諸国よりもむしろ日欧米の西側先進国が勢力圏拡大のためアジアやアフリカに積極的に介入し、経済的・軍事的援助をおこなっている。それによって地域紛争は拡大され、米ソの代理戦争といってもよい事態が生じた。アジアでは朝鮮戦争やベトナム戦争、アフリカではアンゴラやエチオピアでの戦争がその典型である。共産主義陣営にすりよる権力者もあらわれ、西側先進国の思惑どおりにはいかなかった。そこで軍隊やCIAなどの諜報機関をおくりこみ、途上国の権力者をだきこみ、時に強引にクーデターをおこし、政治の安定化をはかろうとした。西側先進国の後ろ盾をえた途上国の権力者は軍隊や警察などの暴力装置で政権を維持した。その結果軍事独裁がはびこり、政権に反対する人々は力で屈服させられた。ここでも犠牲となったのはアジアやアフリカの人々である。

さらに西側先進国は、政府開発援助（ODA）およびブレトンウッズ体制下の世界銀行や国際通貨基金などの構造調整政策をとおして、途上国の統治機構と経済機構の支配をつよめていった。途上国の貧困の処方箋が開発であるとうたわれ、技術援助として道路・電気・通信網・水力発電などのインフラを整備し、学校や病院をたて、教育をほどこし、教科書や医療機器などのモノを提供した。

三〇八ページに列挙した文明の使徒たちのように、アメリカ合州国の平和部隊や日本の青年海外協力隊といった官製団体やNGOなどのヒトをおくった。あたかも地元の人々に幸せをもたらすかのようにみえるが、実質的には時の権力者の腐敗と独裁に手をかしていただけにすぎない。

政治と経済の実権をにぎる支配層の関心はもっぱら権力の維持と富の追求である。貧困層への富の分配や社会福祉はまちがってもおこなわれない。強圧的な権力者のもと、ひとにぎりの裕福階層に富が集中し、貧富の差をさらにひろげている。もちろん西側先進国は独裁圧政と貧富格差を黙認している。なぜなら、先進国からの援助は途上国の権力の生命維持装置として機能し、政治の安定化がはかられると同時に、先進国の支配や多国籍企業の収奪が容易となるからである。

第二次世界大戦後に植民地が独立し、それにともない植民地という言葉は人々からわすれさられた。しかし、その後も植民地支配の影はつきまとう。文明の進歩・貧困撲滅・民主化・平和・安全・開発援助・〝人道支援〟・テロ対策の名のもとで、被支配者や少数派に対して強行する先進国の暴力的介入は、植民地時代となんらかわるところはない。援助といいつつ、資源や土地や労働力の収奪の意図が背後にかくされている。第四章で指摘したように、植民地政策と国際援助政策のあいだには連続性がみられ、学問の分野においても植民地経営学は戦後になると国際経営学と名称をかえている。先進国は統治技術をさらに洗練させ、おそろいで世界をより巧妙に支配するようになった。

宗主国による旧型の植民地支配の第一幕のカーテンがおろされても、戦後になり先進国による新型の植民地支配の第二幕がきっておとされた。表舞台で先進国同士は第一幕のような植民地分捕り合戦を演じることはもうない。おたがいおおきな経済的損失をこうむる、とさとったからである。過去のにがい教訓を肝に銘じ、先進国は〝人道〟の仮面をかぶり、あたらしくあみだされた国際機関やNG

〇を家来にしたがえ、以前にもましてかしこく演じはじめた。「争いは現地人同士にまかせよう、内部分裂すればそれだけ統治しやすくなるから」という基本姿勢をわすれず、主役の植民地主義者たちは仮面舞踏会の舞台でおどりつづけている。

難民発生の循環

日本・西欧・アメリカ合州国などは一八世紀から一九世紀にかけて戦争と革命をへて、古い体制を温存しながら、国家の統一をなしとげ、国民国家としての安定をはかった。二〇世紀にはいると、日欧米はアジアやアフリカに対し政治（軍事）・経済・文化などの暴力的介入をつよめていった。ほどなくしてアジアやアフリカの各国がその刺激をうけ、独立戦争や革命をへて、先進国をモデルに近代の国民国家をめざした。ところが途上国の場合、社会の頂点の支配層が入れかわるだけで、支配体制や下部層の社会構造は実質的にかわりなかった。頂点をめざし、力と力による権力闘争がはてしなくつづき、国家が不安定なまま現在にいたっている。かつてその地域において国家統合の核は宗教であり、帝国を象徴するのは王や皇帝であった。今では西欧起源の民族主義あるいは国家主義があらゆる場面に登場し、人々を情緒的に刺激し、敵をつくりだし、内紛をあおっている。

近代化がすすむにつれ、あらゆる民族が政治的・経済的な権利を主張しはじめた。国民統合をおしすすめるアジアやアフリカの国々において、西欧型の国民国家の建設は最初から無理であった。そこに日欧米の暴力的介入（支援もふくむ）によって国家の破壊と再生がくりかえされ、新興独立国家は解体にむかうかのようだ。国としての体がたもたれなければ、ある人は生活の糧をもとめ移民として、ある人は迫害をうけ難民として、人為的につくられた国境をこえる。近代の国民国家の成立と同時に

図6b　国家の形成・解体・再生

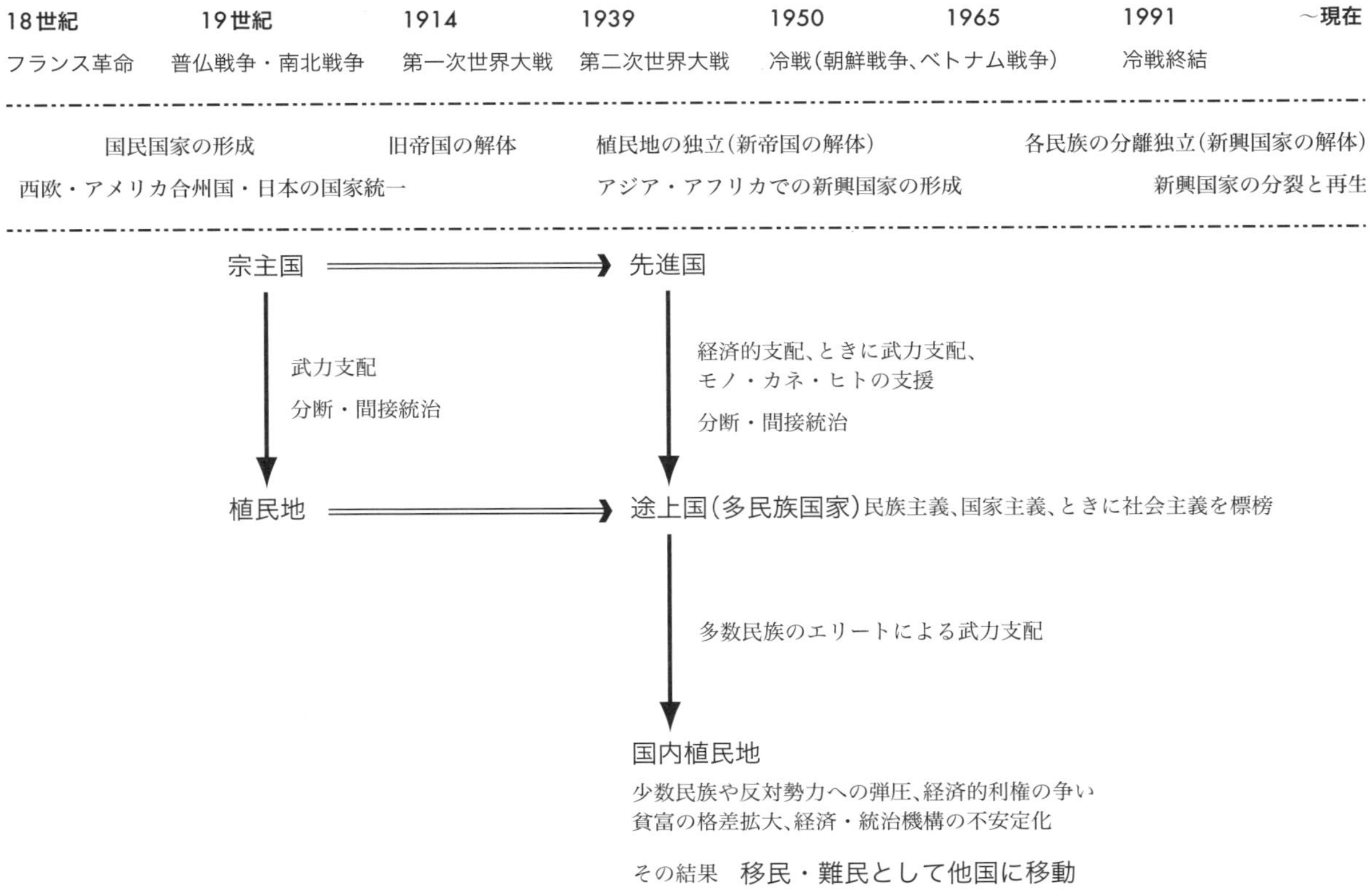
18世紀
19世紀
1914
1939
1950
1965
1991
〜現在
フランス革命
普仏戦争・南北戦争
第一次世界大戦
第二次世界大戦
冷戦(朝鮮戦争、ベトナム戦争)
冷戦終結
国民国家の形成
旧帝国の解体
植民地の独立(新帝国の解体)
各民族の分離独立(新興国家の解体)
西欧・アメリカ合州国・日本の国家統一
アジア・アフリカでの新興国家の形成
新興国家の分裂と再生
宗主国
先進国
武力支配
分断・間接統治
経済的支配、ときに武力支配、
モノ・カネ・ヒトの支援
分断・間接統治
植民地
途上国(多民族国家)民族主義、国家主義、ときに社会主義を標榜
多数民族のエリートによる武力支配
国内植民地
少数民族や反対勢力への弾圧、経済的利権の争い
貧富の格差拡大、経済・統治機構の不安定化
その結果　移民・難民として他国に移動

図6c　難民発生の循環

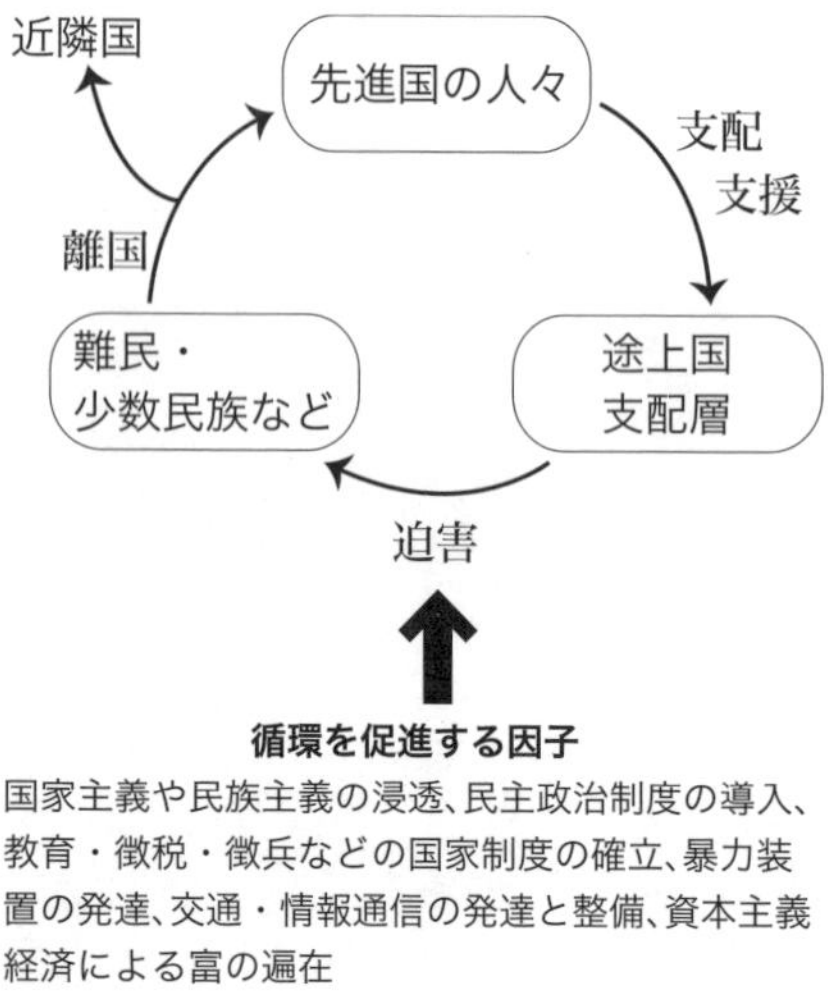

難民がおびただしくうみだされてきた歴史的背景がここにみられる（図6b）。

東西冷戦が終結すると、戦略援助の必要性がなくなり、冷戦中の仕切りが一気にとりはずされ、統制のタガがゆるんだ。武器流入があいまって途上国内の争いはより深刻化し、人々がうごきはじめた。人の移動を加速させているのが、高度に発達した交通の技術と整備網である。車や飛行機の登場で、人々は国家や地域の枠ぐみを容易にこえるようになった。

国家や民族の概念を浸透させ、合理的な制度や装置を発展させてきた近代化――文明の進歩ともよばれる――が、難民および移民を発生させ、近隣国や先進国への移動をうながしている。先進国は難民や移民をかかえこむことになり、途上国への支配や支援はアダとなってはねかえっている。今や世界の一体化がすすみ、各地でおきている現象が、きりはなすことのできないほど密接につながっている（図6c）。

いまわしい大虐殺

難民が発生する際、虐殺が同時進行している点にも注意をはらわなくてはならない。本著でとりあげたロヒンギャ・ジュマ・クルドなどの虐殺がその例にあたる。そしてルワンダの大虐殺は記憶にあたらしい。

わたしはザイールのルワンダ難民キャンプでフツの人々と一緒に医療活動をしていた。彼・彼女らは陽気でおだやかな好感のもてる人々であった。なぜフツの人々が虐殺にはしったのか、当時わたしは不思議でしかたなかった。彼・彼女らにきいても、あえて詳細にかたろうとはせず、悲劇を封印しているかのようであった。どうしてあのような大虐殺がおきたのだろうか。それは、彼・彼女らがおろかしいからでも、突然気がくるったからでもない。狂気をかりたてる要因が、かならず存在する。

民族対立が基本にあるといわれている。フツとツチがそれぞれことなる民族という前提であれば、それはまちがいではない。だが感情にもとづく民族対立は簡単におさまらない。現在のルワンダの安定した統治をみると、民族対立では説明がつかない。それに難民キャンプのフツは、わたしが接した範囲であるが、ツチという特定の集団に反感をいだいている様子はほとんどみられなかった。民族対立以外に大虐殺の原因をさぐる必要があるだろう。

二〇世紀におきたおもな大虐殺を時系列にならべてみる。

第一次世界大戦前後のトルコによるアルメニア人大虐殺がまずあげられる。それにつづき第一次世界大戦でのロシア革命とスターリンの大粛清、関東大震災の朝鮮人虐殺、第二次世界大戦ではナチスのホロコースト、日本軍の南京大虐殺、アメリカ軍による広島と長崎への原爆投下などがおきた。戦後になると、インドの分離独立時のイスラムとヒンズーの流血の惨事、イスラエル建国後のパレスチナ侵略による犠牲、一九五〇年代の朝鮮戦争での虐殺、一九六〇年代のベトナム戦争でのソンミ事件に代表されるアメリカ軍による恒常的な殺戮、インドネシアにおける共産主義者虐殺、一九七〇年代のクメールルージュによる大粛清、バングラデシュ独立時のパキスタン軍によるベンガル人虐殺、ウガンダでの殺戮、そして一九九四年のルワンダの大虐殺で終止符をうつ。二一世紀になっても虐殺はなくならない。アメリカ軍によるアフガニスタンの空爆およびイラクのファルージャ虐殺、イスラエル軍によるガザ侵攻、スリランカでの少数民族虐殺などがつづいている。

大虐殺にともない大量の難民が発生している。オスマン帝国末期のアルメニア人難民、ロシア革命の白系ロシア難民、第二次世界大戦のユダヤ難民、中東戦争のパレスチナ難民、朝鮮戦争での南北双方の難民、インド分離独立時のインドとパキスタン難民、ベトナム戦争のインドシナ難民、ポル・ポトによる赤色革命でのカンボジア難民、ルワンダ内戦での難民、アメリカ軍侵略によるアフガニスタン難民およびイラク難民などがあげられる。つけくわえれば、ビルマのヤンゴンでの二度の虐殺事件と難民発生がその隊列にいれられる。

これらの大虐殺を、アジアやアフリカの途上国と日欧米の先進国にわけてみよう。

途上国の同民族虐殺

途上国では同一民族間あるいは同国人同士での大虐殺がほとんどで、国家分裂や権力がおびやかされる過程で生じている。異民族への弾圧はもちろんある。それはしかし、民族関係というよりも、国家や権力を維持するためにうってでた強圧的手段である。

歴史上アジアやアフリカにおいて、権力者による暴虐・専制政治・血の粛清がたえずおこなわれていた。秦の始皇帝による焚書坑儒と万里の長城の建設、そしてピョートル大帝による一〇万人以上の犠牲者をだしたサンクトペテルブルク建設と容赦ない多数の処刑などである。他にもピラミッド・アンコールワット・パガン・タージマハルなどの巨大建造物に人々をかりだし、権力者は暴虐のかぎりをつくした。近代になっても専制政治はひきつがれ、ソ連の集団農場や中国の人民公社で人々を強制的に奉仕させ、近代型の農業や工業のおくれを人海戦術でおぎなった。それらの国々では人同士のつながりはうすく、個人はすくっても砂のようにバラバラである。まとまりに欠けるため、組織的な抵抗をしめすことはなく、人々はいとも簡単に権力者の集団的犠牲者となる。

ロシア・中国・インド・カンボジア・ウガンダ・ビルマなどでおきた同一民族への虐殺とおなじように、ルワンダの大虐殺は民族対立というより、国内の統制や権力闘争そして独裁者の暴虐が基本にありはしないだろうか。そして虐殺される側の人々の没個人的かつ非組織性という性質もその要因にあげられるのではないだろうか。その背景には、二極化された社会構造（二五三ページの図4b参照）がある。かりに民族関係から生じたとすれば、人間の感情にもとづくため、いやしがたい傷跡がのこり、対立ははてしなくつづく。だが、ルワンダでは大虐殺と内戦をへてツチが政権をにぎり、フツとツチのIDカードは廃止された。以降なにごともなかったかのように国家が運営されている。もともとそれぞれの習慣や言葉などの文化的な違いはなく、宗主国によって人為的につくられた差でしかなかった。しかもルワンダの大虐殺には先進国が間接的にかかわり、アメリカ合州国はツチを、フランスはフツを軍事支援していた。ルワンダやカンボジアでの大虐殺でみてのとおり、二〇世紀の途上国でおきた大虐殺には、先進国がかならず背後にひかえていたのである。

先進国の異民族虐殺

先進国の日欧米では、おなじ民族や国民同士の大虐殺はみられない。むしろ民族関連において先進国の残虐行為ははげしく、国内外での異民族との接触でくりかえしおきている。先進国から西アジアにおくりだされた暴力国家イスラエルもその範疇にくわえられる。

先進国による虐殺の根底には、異民族の価値を不当におとしめる民族差別が存在している。植民地支配の過程で異民族を暴力的に従属させる心得と習慣を身につけてしまったようだ。さらに先進国では個人主義がつよく、かつ組織的に行動する性質をもっている。その背景には、統制のとれた均一な集団と他の集団とを明確にわける社会構造（二八六ページの図5a参照）がある。異民族への差別的態度と組織的な行動が、殺戮や弾圧をいっそうすさまじくさせている。途上国にも民族差別は存在するが、先進国が途上国に対するほどの比ではない。ただ権力闘争や経済的利権がからむとなれば、話は別である。それらは民族問題へとすりかえられ、大規模な少数民族弾圧や民族紛争へと発展していく。

途上国にしろ、先進国にしろ、いずれにしても大虐殺には権力闘争・経済的利権・民族問題・社会構造がふかくかかわり、なんらかの引き金で社会や集団が一時的な興奮状態となり、個々の人間の奥底にひそんでいる差別意識が表面化する。その差別意識こそが、相手をおなじ人間とはおもわない思考回路を形成し、狂暴化や虐殺へとかりたてる。

「われわれ」意識というのは感情にうったえやすく、大脳新皮質を刺激する。統治者が「かれら」から「やられるぞ！」と被害者意識や恐怖心をうえつけながら防衛意識をはぐくめば、国家の統制力がいっそうつよまる。「かれら」が襲撃するという情報をながせば、「かれら」への憎悪がむきだしとなり、はげしい暴力が「かれら」へとむかう。行為がいかに残虐であろうと、差別意識と防衛意識が残虐性の感覚をマヒさせる。

文明の非人間化

大虐殺や難民発生には、かならずといっていいほど社会の急激な変化がともなっている。戦争・革命・内戦・独立である。それらの変化は文明化においてみられる一現象である。

わたしたちはともすると文明の進歩を人間社会の発展とかんがえる。そのような面は否定できないが、いくら文明化されたからといっても、人間の暴力性・支配欲・差別感情などの性質はなくならない。それらは、おそろしいことに、文明化の進展をうながしている。

文明化されるほど、統治技術が発達し、国家による人々への監視と統制がつよまり、警察や軍隊などの暴力装置が高度化・肥大化する。しかも管理が徹底されれば、官僚的組織のなかで人間性はうしなわれてゆく。さらに科学技術の発展で化学兵器・生物兵器・核爆弾などの殺傷能力のたかい兵器が巨大な暴力となり、異民族や敵対者に牙をむく。

そこに新聞・雑誌・映画・ラジオ・テレビなどの情報伝達媒体によって対立があおりたてられる。現在情報機器や情報網はめざましい発展をとげ、人々をいとも簡単に洗脳できる環境がととのえられた。統治者は、敵対する相手が法をおかした者あるいは犯罪者であるというイメージをつくりあげ、潜在化している差別意識を人々からひきだそうと情報を操作する。情報通信の発達もまた、難民発生と大虐殺の促進因子である。

文明の進歩とともに、人間は便利で快適な社会をつくりあげてきた。その反面、人間の欲望や野蛮な感情を抑制する制度や装置はまだ発見されていない。最高度に文明化されたアメリカ合州国が異民族に対して最高度の残虐行為をおこない、それを制御できずにいる。これまで日欧米などの先進国の暴力によってアジアやアフリカでは国家の破壊と再生がくりかえされ、そのたびに難民がうまれ、大虐殺が発生してきた。この傾向は今後しばらくやみそうにない。すさまじい勢いでおしよせる現代文明の荒波に誰もがのみこまれようとしている。

近代の呪縛をとく

模倣からの脱却

西欧の思想には対立が基本にある。自然と人間、神と悪魔、正義と不正、天国と地獄、キリスト教と他宗教などつねに相対する二つの事象でとらえられている。古くはゾロアスターが善と悪をとなえ、その系譜にユダヤ教やキリスト教がつらなる。デカルトの二元論では心と物をわけ、マルクスがとなえた階級対立はその延長線上にある。その後も文明と野蛮、ファシズムと自由主義、資本主義と共産主義、民主主義とテロが二項の対立としてあらわれる。

対立からうまれるのは、人をだます論理、そして相手を屈服させる武力である。相手よりも優位にたち、社会の層を序列化してゆく。そこから人を信じない思想がはぐくまれ、人間関係がうすくなる社会へと発展する。くわえて合理化と科学技術の進歩によって自然破壊術や人命殺傷術が高度化する。先進国は工業化や軍事化を高度に達成し、ゆたかな社会を実現させた。それは、植民地や途上国でのおびただしい数の犠牲のうえに成立したゆたかさである。

フランスやアメリカ合州国の近代的普遍主義者たちは理想をかかげたものの、途上国の人々や他民族にとってはひどく差別的な態度であった。文明化を称賛する声がひびきわたっても、人間にとって過酷なシステムの植民地支配や異民族の大虐殺の過去を批判的にみる目は、かの国々では決定的にかけている。人権思想が社会の暴走に歯止めをかけるとしても、それすら暴力への対抗概念としてうまれたものであり、西洋思想の枠内にとどまる。わたしたちは一度は西洋モデルから距離をおき、模倣からの脱却をはかる必要がありはしないだろうか。

土着思想をいかす

日本の歴史をすこしながい目でとらえなおしてみよう。

明治にはじまり一九四五年の敗戦までの約八〇年間は侵略戦争をくりかえしたが、それはむしろ特殊な時期であった。奈良・平安・鎌倉・室町・江戸は長期間安定し、戦国時代は都市騒乱程度のものであったらしい。江戸時代の頃は、武士といっても戦闘できたえられた軍人集団ではなく、藩の運営をまかされた経営者集団であった。ながい間の平和を享受したため、戦争についての技術はなく、戦争哲学もうまれなかった。鉄砲はもちろん、剣も槍もほとんどない江戸幕府の無防備さは、軍事的天才ナポレオンをして「まさか、なんてばかげた国だ」といわしめたという。

革命は本来血で血をあらそうのだが、明治維新は無血革命をなしとげた。それは、相手を徹底的にうちまかすほどの武器が民間になかったうえに、争いをさける術を江戸幕府の要人たちは心得ていたからである。幕府は話し合いをもちながら、江戸の無血開城をみちびいた。開国を強圧的な態度で要求するアメリカ人ペリーに対しても対話でもって、もめごとを回避していた。白村江の戦いと秀吉の朝鮮出兵——いずれも決定的にうちやぶられている——が例外的にあったにせよ、一五〇〇年つづく平和が日本の本来の姿であり、軍事力で他国に侵略することは異常事態だったのである。

明治になり、西欧型の国民国家の仲間入りをしたことで、軍隊という凶器を手にした。その扱いに慣れないまま力を過信し、西欧の先輩たちと同じように欲望をむきだしにして、植民地支配へと触手をひろげていった。あげくのはて見事なまでに大失敗してしまった。白村江の大敗が奈良以降の平和をもたらし、刀狩りが江戸の二五〇年の平和をみちびいたように、敗戦後の日本はアメリカ合州国による刀狩りでふたたび軍隊をもたず、戦後の平和をつくりあげ、戦争文明から撤退した。

日本人がそれをすんなりとうけいれたのは、もともとその土壌があったからである。せまい国土が幸いし、おたがいが平穏にくらせる社会をきずき、そこから日本人の争いをこのまない性質がはぐくまれ、非武装の状態が自然となじむようになった。非武装社会の伝統は理念的に体系化されていないだけで、平和思想はひとり一人のこころの奥底にやどっている。

戦争文明や植民地文明をつくりあげた欧米の優等生たちとことなり、落第生の日本では過去の侵略に対する反省の態度は、ところどころにみられる。国同士のかけ橋や世界平和など、日本人は国家をこえる理想をこころのどこかでいだき、平和主義をとなえている。UN（国連）教やHCR（国連難民高等弁務官事務所）教――質のよろしくない宗教ではあるけれど――の信者が日本に数おおく存在するのも、世界平和を祈願しているのだ、と解釈すればうなずける。

どうやら痛いしっぺ返しをくらった敗戦で、すこしは知恵がつき、近代以前にそなわっていた争いを回避する思想がよびおこされたようだ。戦争はもうこりごり、という平和を志向する人々は一定の勢力を保持している。本著で肯定的に評価している人々や団体にそれがみられ、西欧の論理にながされない地道な活動が日本社会に息づいている。その底流にながれているのは厭戦思想、そして助けあいの精神である。

途上国の人々は、戦後の日本の軍隊が他国の戦争にかかわっていない点をたかく評価している。戦争文明から落ちこぼれたのが幸いしているのである。日本に希望をいだいてやってきた難民や外国人もまた、争いのない平和な日本社会を肯定的にとらえている。

たくさんの日本人が平和をのぞんでいます。

そして彼・彼女らはつづける。

ただ、日本人の平和はなぜかひろがらない。日本だけが平和だったらいい、という気持ちがつよいのではないでしょうか。外国で平和をのぞむ人々まで日本人の目はとどいていません。日本人の平和を愛する心を、もっと世界にひろげてほしい。

分断の世界をつむぐ

難民や外国人がのぞむ平和を世界にひろげるには、おおきな課題がある。なにはともあれ、足元の身近な外国人との関係をみなおすことであろう。日本ではまだ民族差別がはびこり、民族の優劣の序列化がなされている。少数民族は犠牲をしいられ、民族差別がいまだに克服されていない。外国人をおいだすのではなく、もちろん異民族と対立するのでもなく、共存しながらおたがい様の精神をいかに発揮していくのかに知恵をしぼる。それは異民族の虐殺をふせぐ道でもある。

民族という概念は昔から存在しているわけではない。民族の境界線がはっきりひかれる近代以前、異民族同士がおなじ土地で生活をいとなむのは自然な姿であった。そのなかで人々は往来し、おたがいの言葉をかたり、自分の意志をつたえ、友としての交流をつくりあげていった。ことなる民族であっても、若者同士が結婚すれば、親戚一同がふかい絆をむすんだ。民族の軋轢はもちろんあった。

しかし軋轢を紛争や虐殺にまで発展することをふせいでいたのは、民族をこえたつながりである。近代となり、周辺の民族との違いが鮮明化するにつれ、民族の自覚があらわれ、民族主義がつよまり、民族どうしの摩擦はますますふかまり、かつおおきなものになっていった。

民族による争いの愚をさとらせ、それを克服する道へとみちびかせるのは、各民族とのつながりをもつ、ふたつ以上の文化をいきかう人々である。絶対的な価値基準で文化や文明の優劣をつけず、相対的民族主義の立場をつらぬき、異文化同士のあいだにたつ人々こそが、摩擦や争いをふせぐ重要な役目をはたす。

そのようなかけ橋となる人を活かし、分断された世界をつむぐためには大前提がある。対立を基本とする西欧の論理にながされず、高度に文明化された現代を一度はたちどまって近代をふりかえり、民族や国家の概念をとらえなおすことである。

国民国家が形成されるなかで、対立をうながしながら自己肥大化していった軍隊もかえりみる必要があるだろう。冷戦終結でその存在はもはや無意味になりつつある。先進国によるアジアやアフリカへの暴力的介入——それは難民や大虐殺をうみだしてきた——をおわらせる時期がきているのではないだろうか。軍事力にもとづく平和維持は、かりそめの平和でしかない。それよりも対話をつみかさね、国家の武装をとくことで、これからの世界のあゆむべき道がしめされる。それを実践してはじめて、世界への説得力をもつ。

いにしえの日本は国土のせまさから争いを回避し、平和を維持してきた。今では世界はせまくなり、民族や国家の不信がうずまいている。複雑な難問に直面している世界のなかで、もめごとをさける日本人の知恵をいかしていく。

戦後の日本は戦争文明からしりぞき、どの国よりもさきに最初の障害物をのりこえた。つぎは民族や国家によって人々を分断し、争いをひきおこす意識を克服するときである。難問をとこうとする日本は、世界に名答をしめすことができるだろうか。

おわりに　そして、旅はつづく

「はじめに」の話にもどろう。

わたしの活動は、フィリピンでのピナツボ火山噴火被災者の救援からはじまった。この活動をとおして、フィリピンのなかに巣くうすさまじい貧困、そして先住民族アエタに対する差別や偏見をわたしは身をもっておもいしらされた。それでも悲惨な現実をのりこえ、医療や教育によって状況をかえようと、自身が被災民であるアエタの保健婦さんたちは母親や住民に予防教育などの知識をつたえようと奮闘していた。ある知識や技術を導入しさえすれば、困難をみずから克服できることを彼・彼女らは実践でしめした。この能力は本来誰にでもそなわっているもので、条件さえととのえれば向上していく。

わたしが活動の地をはなれる際、アエタの保健婦さんがかたった言葉は今でも耳にのこっている。

わたしたちはもとの村にかえれず、このとおり貧しく、生活はくるしい。それでも困った人を助けてあげることに、わたしはなんら努力をおしまないわよ。わたしたち保健婦の役割や精神は、次の世代へときっと引きついでみせるわ。

わたしはすがすがしい気持ちでいっぱいであった。先住民族の苦難は今後もやまないが、底辺であっても彼女たちのように献身的な人々がいるかぎり、希望はある。当時わたしは彼女たちの姿勢に共感をいだき、ともに活動する喜びをかんじていた。

日本からとおくはなれた地での少数民族や難民に誰も関心をよせることはなく、少数民族の迫害や苦難はほとんど話題にのぼらなかった。しかしわたしにとって、その現場にいたことはたいへん有益であった。日本が平和な時代であっても、別の世界を体験することで、過酷な運命の人々とともにすごし、社会のみにくさや欺瞞をしるようになった。それでも奴隷化に身をもって抵抗する人々がすくなからずいることを心強くおもった。ユーモアをもち笑いの絶えない元気な人々でもあった。経済の独立なくして自己の独立はありえないことも、ふかく心にきざんだ。途上国というとおくれている印象であったが、彼・彼女らはわたしにそれをただしてくれた。そうした人々と対等につきあえたことをかぎりなくありがたい、と今でもおもっている。

支援において、もしわたしへの見返りがあるとすれば、それは人間関係であろう。外国人や難民の支援をとおして、わたしはこれまでたくさんの人々にであった。彼・彼女らから学ばされたことはたくさんあり、はかりしれない影響をうけた。わたし自身がいかされている、といってもいい。助けあい精神による人と人とのつながりが、なにものにもかえがたい財産となった。だがこうした経験は、ほんの一部の人だけが享受するにおわっている。

日本は途上国にさまざまな援助、すなわち暴力的介入をしている。その国々への暴力的介入が難民発生の一因となり、人々の移動をうながし、まわりにまわって日本にたくさんの難民や移民がやってくる。わたしはこの難民発生の循環を好機ととらえている。日本に難民や移民がふえれば、それだけ日本社会の人々が関心をいだき、日本政府の外国人への対応のオソマツさに気づくと同時に、日本政府の海外援助に対する疑問をいだくきっかけにもなるからである。現在日本でおきているさまざまな社会問題の解決の糸口を少数派からひきだせる、ともおもう。途上国の人々の価値を不当におとしめる文化・文明絶対主義の考え方もいずれかわってゆくだろう。

難民は世界をいきかう人々である。その旅人はきっとあなたを「難民への旅」や「目ざめへの旅」へといざなう。そこからおたがいの旅の第一歩がはじまる。

【参考文献】

第一章

田辺寿夫、根本敬『ビルマ軍事政権とアウンサンスーチー』角川書店、二〇〇三年
永積昭『東南アジアの歴史』講談社、一九七七年
レシャード・カレッド『知ってほしいアフガニスタン』高文研、二〇〇九年
吉田康彦編『現代アジアの最新事情』大阪経済法科大学出版部、初版、二〇〇二年
土井たか子、村井吉敬、アジア人権基金編『アジア・ヒューマンライツ』梨の木舎、二〇一〇年

第二章

中島由佳利『新月の夜が明けるとき』新泉社、二〇〇三年
鈴木董編『暮らしがわかる〈アジア読本〉トルコ』河出書房新社、二〇〇〇年
綾部恒雄監修、松井健、堀内正樹編『講座世界の先住民族　中東』明石書店、二〇〇六年
宮田律『物語　イランの歴史』中央公論新社、二〇〇二年
ファム・ディン・ソン、加藤隆子『涙の理由』女子パウロ会、二〇〇五年
川上郁雄『越境する家族』明石書店、二〇〇一年

第三章

木暮太一監修『これならわかる！　マルクスと「資本論」』青春出版社、二〇〇九年
後藤道夫、木下武男『なぜ富と貧困は広がるのか』旬報社、二〇〇八年
姜徹『在日朝鮮人の人権と日本の法律』雄山閣、初版、一九八七年
川原謙一『アメリカ移民法』信山社出版、一九九〇年

第四章

阿部浩己『国際人権の地平』現代人文社、二〇〇三年

外務省国際協力局編『政府開発援助（ＯＤＡ）国別データブック　２００９』倉田印刷、二〇一〇年
勝俣誠編『グローバル化と人間の安全保障』日本経済評論社、二〇〇一年
酒井哲哉『近代日本の国際秩序論』岩波書店、二〇〇七年
佐々木卓也編『戦後アメリカ外交史』有斐閣、新版、二〇〇九年
ギョーム・ダンドロー『ＮＧＯと人道支援活動』白水社、二〇〇五年
中生勝美編『植民地人類学の展望』風響社、二〇〇〇年
藤岡美恵子、越田清和、中野憲志編『国家・社会変革・ＮＧＯ』新評論、二〇〇六年
ロニー・ブローマン『人道援助、そのジレンマ』産業図書、二〇〇〇年
若井晋、三好亜矢子、生江明、池住義憲編『学び・未来・ＮＧＯ』新評論、二〇〇一年
渡辺和子監修『もう一度学びたい世界の宗教』西東社、二〇〇五年

第五章

梅棹忠夫編『日本文明７７の鍵』創元社、一九八八年

第六章

梅棹忠夫『文明の生態史観』中公文庫、初版、一九七四年
フィリップ・ゴーレイヴィッチ『ジェノサイドの丘』上・下巻、ＷＡＶＥ出版、二〇〇三年
松村高夫、矢野久編『大量虐殺の社会史』ミネルヴァ書房、二〇〇七年
「月刊みんぱく」編集部編『キーワードで読みとく世界の紛争』河出書房新社、二〇〇三年
森下伸也、君塚大学、宮本孝二『パラドックスの社会学』新曜社、パワーアップ版、一九九八年
山上正太郎ほか『世界の歴史』一〇～一二巻　社会思想社、一九七四～七五年

【著者紹介】

山村淳平（やまむら　じゅんぺい）

1955年岐阜県生まれ、山形大学医学部卒。病院勤務をへて、各国の被災民や難民の医療支援にたずさわり、現在は横浜の診療所に勤務。専門は内科。編著に『壁の涙——法務省「外国人収容所」の実態』（現代企画室、2007年）がある。

難民への旅

発行　：2010年10月20日　初版第1刷1500部

定価　：2,500円＋税

著者　：山村淳平

装丁　：野田雅也

発行所：現代企画室

150-0031　東京都渋谷区桜丘町15-8-204

Tel. 03-3461-5082／Fax. 03-3461-5083

e-mail. gendai@jca.apc.org

http://www.jca.apc.org/gendai/

印刷所：中央精版印刷株式会社

ISBN 978-4-7738-1015-8 C0036 Y2500E

現代企画室の本——関連書籍と二〇一〇年の新刊

＊価格は本体価格（税抜き）です。

壁の涙　法務省「外国人収容所」の実態

「壁の涙」製作実行委員会＝編　一三〇〇円

圧制や経済的苦境から日本へ逃れてきたのに、滞在がみとめられず苦しむ外国人たち。彼・彼女らが拘留される入管収容施設で、いま何がおきているのか。綿密な聞きとりにもとづく徹底調査ルポ。

それでも彼を死刑にしますか　網走からペルーへ——永山則夫の遙かなる旅

大谷恭子＝著　一六〇〇円

各級裁判所の判決に「生」を翻弄された永山則夫。不意の処刑を経て、彼の夢は遠くペルーにたどり着く。執行から一三年、裁判員制度がはじまった現在に問う「それでも彼を死刑にしますか？」

子どもたちと話す　天皇ってなに？

池田浩士＝著　一二〇〇円

「天皇」は私たちの生活とは縁遠いもの？　祝祭日はどこからきたのか。日の丸や君が代、元号とどう向き合うか。おじいちゃんと孫たちは、世代を超えて自由な意見を交わす。

マルクス＝エンゲルス素描

エルネスト・チェ・ゲバラ＝著　太田昌国＝訳・解説　一〇〇〇円

コンゴからボリビアへと移る革命闘争のさなか、ゲバラはマルクス＝エンゲルスの簡潔な伝記を書きとめていた。すべての苦しむ人びとに共感し、貧困なき世界を夢みた思想家の等身大の姿。

〈鏡〉としてのパレスチナ　ナクバから同時代を問う

ミーダーン〈パレスチナ・対話のための広場〉＝編　二四〇〇円

多岐にわたる視点へとナクバを開き、異なる領域との経験分有を目指す。ナショナリズムと排外主義に満ちたこの時代が、いまパレスチナという〈鏡〉に映し出される。阿部浩己、板垣雄三ほか。